范蠡传

从两度奇相到东方商圣

刘俊生 著

中国·武汉

图书在版编目(CIP)数据

从两度奇相到东方商圣:范蠡传/刘俊生著. —— 武汉:华中科技大学出版社,2021.5(2023.9重印)
ISBN 978-7-5680-7037-9

Ⅰ.①从… Ⅱ.①刘… Ⅲ.①范蠡(前536年-前448年)-传记 Ⅳ.①K827=25

中国版本图书馆CIP数据核字(2021)第065443号

从两度奇相到东方商圣:范蠡传
Cong Liangdu Qixiang dao Dongfang Shangsheng:Fan Li Zhuan

刘俊生 著

策划编辑:	亢博剑
责任编辑:	章　红
责任校对:	阮　敏
封面设计:	今亮後聲 HOPESOUND 2580590616@qq.com ·任晓宇 梅杨
版式设计:	赵艳霞
出版发行:	华中科技大学出版社(中国·武汉)　电话:(027)81321913
	武汉市东湖新技术开发区华工科技园　邮编:430223
印　　刷:	天津中印联印务有限公司
开　　本:	710mm×1000mm　1/16
印　　张:	17.75
字　　数:	270千字
版　　次:	2021年5月第1版第1次印刷　2023年9月第1版第2次印刷
定　　价:	45.00元

本书若有印装质量问题,请向出版社营销中心调换
全国免费服务热线:400-6679-118　竭诚为您服务
版权所有　侵权必究

【序言】

活得明白的政客，过得潇洒的商人

自古以来，名臣良相数不胜数，但善始者众多，而善终者绝少。春秋时代的范蠡却是一个善始善终的完美典范，两千多年来一直为后世所称道。

范蠡是中国历史上的一代奇人，他的人生之路、经商之道值得我们重新审视和追寻。

范蠡青少年时代，虽生活在"衰贱"之家，却饱读典籍，胸怀大志，但又愤世嫉俗，性情怪异，被人称为"狂人""疯子"。大夫文种慧眼识珠，相邀入越事奉越王勾践，深得重用，为越王重要谋臣。

公元前496年，吴国和越国发生了槜李之战，吴王阖闾阵亡，因此两国结下深怨。公元前494年，阖闾之子夫差为报父仇与越国在夫椒决战，越王勾践大败。范蠡断言"越必兴、吴必败"，向勾践进谏"屈身为奴以事吴王，徐图转机"，并陪同勾践夫妇在吴国为奴三年。三年后归国，他与大夫文种拟定兴越灭吴九术，越国经过"十年生聚，十年教训"后，终于打败霸主吴国。范蠡二十余年忍辱负重、呕心沥血，以其坚韧不拔的毅力和宏远的谋略辅佐勾践兴复濒于灭亡的越国，创造了扶危定倾的奇迹。越王封他为上大夫、大将军。

但范蠡认为，有大功于越王而难以久居，"飞鸟尽，良弓藏；狡兔死，走狗烹"。他深知勾践为人"长颈鸟喙"，可与共患难，难以同安乐，决计急流勇退，弃官经商。他变易姓名（朱公、鸱夷子皮），泛舟五湖，又辗转入齐。其间，戮力耕作，经商治产，几致千金。他仗义疏财，施善乡梓，其贤明能干被齐人赏识，齐平公把他请到国都临淄，拜为右相国。三年后，他喟然感叹："居官至卿相，治家能致千金，对于一个白手起家的布衣来讲，已经到了极点。久受尊名，恐怕不是吉祥的征兆。"于是，他再次急流勇退，向齐平公归还了相印，散尽家财，又以朱公之名居于陶地。

范蠡忠以治国、勇以克敌、智以保身，确实是治国良臣、兵家奇才。而且，他把治国之术用于经商，三次致家产千万金。他善于聚财，乐于散财，又肯帮助别人发财，聚财散财，随心所欲；财富对他来说几乎是招之即来，挥之即去，简直达到出神入化的境界。人们对这位驾驭财富得心应手的"商业英雄"顶礼膜拜,愈传而名愈显。在陶地民间,朱公完成了从凡人到圣人、由圣人变神仙的演变过程。秦汉以后,陶朱公就一直被商家奉为祖师爷——商圣、财神。

从司马迁到后世的李白、苏轼以至冯友兰、孙轶青等,对范蠡都有极高的评价,有人说他"文武双全、德才兼备、忧深思远、坚忍不拔",有人说他"忠以治内、勇以克敌、智以保身、商以致富",称范蠡为"治国良臣、兵家奇才""商学大师""经营之神""中国古代谋臣的楷模""中国古代第一个弃官经商者",乃至"沿海经济开发的创始人"等等,不一而足。

本书描写范蠡波澜壮阔充满传奇色彩的一生,展示了范蠡卓越的政治、军事才华,侧重写范蠡弃政从商后创造巨大财富的种种奇迹。同时,也破解了英雄、美女给人们留下的许多不解之谜。本书中的范蠡是个完美男人,令春秋末年的血腥霸业多了些人性的气息和欢欣的味道。他的天赋人格越过岁月沧桑,至今依然活灵活现于我们的心目中。那些蝇营狗苟的钻营小利,那些纷纷扰扰的争斗是非,他都不放在眼里。他如此冷静，却不做自命不凡的世外高人，热切地参与政治，为自己效力的国家谋求最大的胜算。一旦事成便身退自隐，去过自己想要的人生。他有雄霸天下的胸襟和能力，他有为人臣子的隐忍和忠诚，他也有为朋友的古道热肠，还有做一个普通人的随和亲切。本书让你见识一个真实可感的"财神"形象。

目 录
Contents

第一章 横笛牧牛少年痴 ·················· 1

    1. 生于乱世 ························ 1

    2. 楚越结盟 ························ 7

    3. 文种访贤 ······················· 13

    4. 隐名入越 ······················· 17

第二章 吴越动戈布衣谏 ·················· 24

    1. 范蠡论"道" ····················· 24

    2. 槜李之战 ······················· 30

    3. 三谏越王 ······················· 36

    4. 夫椒决战 ······················· 41

第三章　辱身为国肝胆见 ·· 48
1. 被迫忍辱 ·· 48
2. 伴君事吴 ·· 57
3. 婉拒夫差 ·· 66
4. 尝粪问疾 ·· 71

第四章　节事图强誓伐吴 ·· 78
1. 灭吴九术 ·· 78
2. 全民皆兵 ·· 84
3. 美人妙计 ·· 94

第五章　破吴千秋竟不还 ·· 103
1. 舞榭馆娃 ·· 103
2. 郑旦悲歌 ·· 110
3. 伐齐杀伍 ·· 116
4. 一次别离 ·· 125

第六章　中原问鼎成霸业 ·· 130
1. 图霸中原 ·· 130
2. 笠泽之战 ·· 135
3. 悲情夫差 ·· 140
4. 勾践称霸 ·· 146

第七章　急流勇退泛舟去 ……………………………… 151
1. 西施迷踪 …………………………………………… 151
2. 功成身退 …………………………………………… 158
3. 初泛江湖 …………………………………………… 163
4. 三个传闻 …………………………………………… 168
5. 五湖琴音 …………………………………………… 170

第八章　惨淡经营富贵乡 ……………………………… 174
1. 围湖养鱼 …………………………………………… 174
2. 荆溪朱公 …………………………………………… 178
3. 勘察商道 …………………………………………… 183
4. 多元相济 …………………………………………… 187

第九章　青山不转流水转 ……………………………… 192
1. 不速之客 …………………………………………… 192
2. 行迹江湖 …………………………………………… 200
3. 千里贩马 …………………………………………… 205
4. 白马饭庄 …………………………………………… 211

第十章　千金散尽还复来 ……………………………… 216
1. 独山农庄 …………………………………………… 216
2. "平粜"之策 ……………………………………… 222
3. 出使燕国 …………………………………………… 227
4. 浮海出齐 …………………………………………… 233

第十一章　齐地再现陶朱公 …………………………… 240
1. 陶地朱公 …………………………………………… 240

2. 知地取胜 ………………………………………… 245
　　3. 千金赎子 ………………………………………… 250
　　4. 英灵化神 ………………………………………… 258

附录一　范蠡的著述 ………………………………… 261

附录二　范蠡的基本思想 …………………………… 264

第一章　横笛牧牛少年痴

1. 生于乱世

春秋末期，诸侯争霸，中原狼烟四起。

公元前519年（周敬王元年、楚平王十年），吴王僚率公子光（即后来的吴王阖闾）等再度兴兵进攻楚国战略要地州来（今安徽凤台）。楚平王急遣令尹田臼、司马蒍越率楚、许、蔡、顿、沈、胡、陈等国联军救援。联军六万余人直奔州来，气势浩大，吴王僚不得不避其锋芒，撤出了围困州来的主力，移军钟离（今安徽凤阳东），待机而动。

两军对峙数日，突然从楚军中传出消息：督军的楚令尹田臼病亡。这一消息像爆竹，在楚、吴两军阵营里炸开了锅。

楚军一边，未战先失主帅，军心早已动摇。蒍越年轻，阅历浅，威望低，指挥不了多国联军。为了稳住阵脚，无奈之下，蒍越决定将楚军的嫡系撤回鸡父山，同时将附庸国的军队分成两部分，分别布置在鸡父山的东北和正南，以作为楚军的屏障。

对蒍越这样的部署，联军大都敢怒不敢言，只有陈国一个名叫百里良的百夫长忍不住发了几句牢骚："司马大人如此分亲疏，此围难解；况且两个犄角伸得太远，主帅难以及时了解军情变化，更不便了解吴军的变化，肯定会吃亏啊。"

没想到此话传到蒍越耳中，他当即令人把百里良关押起来，军法从事。按例，妄议者应斩，但因大战在即，从轻发落，改为鞭一百。执鞭者是楚军的一个伍长，叫范诚。因敬佩百里良的胆识和刚直，范诚对他手下留情，擅自减至五十鞭。

再说吴军那边，吴公子光认为，楚联军同役而不同心，今又新丧主帅，士气受挫，建议乘机进击，以奇袭取胜。吴王采纳公子光的意见。

吴王将吴军分为三路：公子光率中路主力直插鸡父山，于七月二十九日突然出现在楚军帐前。薳越的美梦被打破了：原以为吴军要攻击楚军嫡系，需先与六国联军交锋，即使能突破防线，也是筋疲力尽，再跟楚军主力交战，恐怕毫无胜算。但没料到吴军以突然袭击的战术避开屏障直打楚军主力。仓促之下，楚军来不及列阵，纷纷败退。

吴王亲率右路军对付沈、胡、陈三国军队。以不习征战的三千名囚犯为诱兵攻击，主力则预先埋伏。刚接战，吴国诱兵便佯败后退。三国军队贸然追击，痛遭伏击，胡、沈国君及陈国大夫被俘。

公子掩余率左路军主力对付许、蔡、顿三国军队，他采取的是攻心战术。他释放胡、沈国战俘，使之奔向许、蔡、顿三国军队中，诈呼沈、胡国君被杀。吴军乘势进击不战自乱的三国军队，将其击溃。

范诚随楚军溃退。刚跑几步，他突然想起了那个挨了鞭打的百夫长，于是又折回去寻找他。在临时搭建的茅棚里，百里良满身血痕，一动不动地趴在那里。范诚一把背起他就跑，也不管他是死是活。好在范诚身魁体壮，一口气跑出四里来地，见后面并无吴军的追兵，这才长长地舒了一口气。

"发生了什么事？我们要去哪？"百里良早就醒了，但一直不得机会问清逃跑的原因。这时，范诚停下来，他才从范诚的肩上挣脱下来。

"楚军败了，我背着大人逃命啊。"至于要去哪，范诚也说不清楚。百里良此时才发现楚军的大队人马早已全无踪影。"兄弟，你还是追赶大军去吧，不要因为我成为一名逃兵。"百里良含着歉意说道。

"某若是怕你连累，又何必回去寻你？某感佩军爷的耿直，愿与你同行。"范诚说话直爽憨实。

"兄弟有恩于我，本该患难与共，但你楚我陈，你西我北，不同路啊。"

百里良一句话让范诚转过神来：是啊，两个不同国别的败兵怎么能一起走呢。

范诚是楚国宛县三户寨人，世代以农耕、渔猎为生。范氏祖辈家贫，人丁又不旺，常受人欺辱。范诚从小喜好舞刀弄棒，加上身高体壮，英武逼人，家中难堪的境遇才有所改观。正因如此，每逢楚国发生大的战争，范诚就被征召参战，征战结束，便再回原地，该干啥继续干啥，官府酌情给点补偿或奖励。这次已是范诚第三次出征，他也算是个有资历的老兵了。

百里良是陈国贵族之后，博学多才，具有军事天赋，而且侠义心肠、能言善道，广交天下好友。只因陈国是楚国附庸国，才使他英雄无用武之地。

此时，夜色渐深。百里良和范诚饥肠辘辘，只得相携来到一户农家，讨了点吃的，然后躺在草棚里。两人彻夜叙谈，深感志同道合。随后，通报年龄，正巧同庚，都是24岁，便结成生死兄弟。

第二天清晨，二人道别，百里良从怀里摸出一镒金子，塞到范诚手里，说："仁兄此番回去，官府定然不会接济，一家老小生计堪忧，这点钱权当是解一时之急。"

范诚推让再三，怎奈百里良盛情难却。他感激道："兄长如此慷慨，也许能活我一家人性命，来日定当报效。"

百里良说："仁兄有好身手，心地慈善，我有一至交，叫辛研，人称计倪，居晋国蔡丘濮上。乃辛氏望族，才势俱备，知其名者甚众，不妨前去投作舍人，他日必有可为。"

范诚与百里良分手后，日夜兼程赶回家里，时已入秋。本该秋忙，但他家的稻子被水淹了，颗粒无收。老母雍氏、妻子薛氏、儿子范伯三人每日都以野菜稀饭果腹。只盼望他征战归来，能得官府几斗大米的赏。

范诚有苦难言，用那一镒金子向人换来几斗米，然后拿起弓箭，一头扎进山林里。

一冬一春很快过去了，到第二年初秋，范诚家无谷种可种，靠渔猎也难维持太久。他想起了百里良的临别之言，于是离家北上，直奔晋国蔡丘。

正如百里良所言，晋国辛氏家族世代显贵，计倪之名在蔡丘几乎无人不知。但不幸的是，范诚被辛家接纳之时，正是辛氏家族内部权力斗争最激烈之时。计倪本无心于权势，但因博学无所不通，尤善计算，影响甚大，晋国王室权贵对他颇为忌惮，感到他是最大的潜在威胁，势必除之而后快。因计倪已有所觉察，所以王室几次欲偷偷毒杀计倪都没成功，便以武力相逼。范诚为掩护计倪出逃，负伤落水。后被人救起，但因伤势过重，三天后就去世了。

楚国是晋国的老对手，斗来斗去已有百多年。范诚临终时，托计倪照料家人。因此，计倪出逃时首先就逃往楚国。公元前518年（楚平王十一年）冬，计倪找到楚国宛县范诚老家附近，在丹江之侧的寨湾湖搭建茅屋而居。

寨湾湖上接丹江，下连汉江，西靠层峦叠嶂的龙山，山重水复，烟波浩渺。计倪乐居于此，以叉鱼狩猎为好，时常游历于江湖。当然，他居于此地的另一隐情是为了暗中照顾范诚一家。

再说楚平王经鸡父山一役后，感觉曾经强大的楚国如今像个历尽沧桑的老人，已病入膏肓，需求神医良药来治才能起死回生。于是，下诏遍采贤士之策，广招文臣武将。

消息传到寨湾湖时，已经有些迟了，但计倪还是向楚平王呈上了《通玄》一册。《通玄》重点阐述"得道""失道"、阴阳转换、极而复反之理，即"道"之玄义通释，为治国的根本原理。然而，也许是楚国谈"道"者太少，也许楚平王只是做做样子，平息民怨而已，计倪的治国之策如石沉大海，杳无音信。

公元前517年（楚平王十二年）四月初七（关于范蠡的出生日期，另有一说为公元前536年），范诚的妻子薛氏又生下一子。据说这个男孩出生时个头异于常人，虎头虎脑，十分可爱，只是一声不哭。家人好不着急，却又无计可施。直到满月的那一天，他才第一次发表了"出世宣言"。

薛氏此时尚不知道丈夫范诚已经不在人世，只知道寨湾湖边有个叫计倪的人一直在帮助他们家，而且他是个学识广博的高人。她托人请这位高人给孩子起名，此后这个男孩便有了一个名字——范少伯。

计倪在起这个名字的时候，自然想到了范家的大儿子范伯。算来他有八岁多了，懂事又勤奋，小小年纪过早承担了许多本不该他来做的劳动。计倪很感慨，便请人在茅草房旁边扩建了两间木屋，开馆讲学。范家老大范伯是他的第一个学生。

公元前516年，楚平王薨，其子芈轸继位，为楚昭王。次年春，吴国兴师伐楚，公子掩余和公子烛庸率吴军主力与楚军主力相持于潜邑（今安徽霍山东北），吴军后路被楚军切断，进退两难。这时吴国国内又发生宫廷政变，公子掩余逃往徐国，公子烛庸逃往钟吾国（今江苏宿迁）。

阖闾夺取吴国王位后，要求徐国引渡公子掩余，要求钟吾国引渡公子烛庸。两位公子无奈，转而向楚国请求避难。楚昭王令监马尹大公迎接两位公子，把他们安置在养邑（今河南周口沈丘），为两位公子筑城，并扩大他们的封邑。吴王阖闾因徐国和钟吾国纵令两位公子逃到楚国，一怒之下攻灭了这两个小国。

之后，阖闾任命伍子胥为行人（官职名），向他询问伐楚的计策，伍子胥建议吴国军队兵分三路，轮流出击楚国。

伍子胥，原名伍员，出生于楚国的贵族之家。其先祖伍举曾是楚庄王时的名臣，以直谏而闻名于世。其父伍奢任楚平王的太子太师。伍家在楚国地位显赫，伍员的未来看似一片光明。

可是命运弄人。楚平王为太子建聘娶秦哀公的妹妹孟嬴为夫人。迎亲的大夫费无忌见孟嬴美如天仙，就想借此讨好楚平王，于是唆使好色的楚平王娶了这位儿媳，挑起平王与太子建的争斗。

费无忌帮楚平王抢走太子建的夫人后，怕太子建继承王位后追究自己的罪责，千方百计地在楚平王面前谗害太子建。对于昏庸的楚平王来说，儿媳都可以占为己有，儿子的性命也可弃如敝履，很快太子建被楚平王派人追杀，流亡诸国，最终在郑国殒命。

城门失火，殃及池鱼。王室父子的争斗使朝堂动荡不宁，正直的伍奢在这次政治风波中坚定地站在太子建一边，事后沦为阶下囚。

此时的伍员与其兄伍尚皆不在楚都，费无忌对这哥俩很忌讳，怕哥俩逃亡国外日后向自己复仇，于是劝说楚平王下诏，命令伍奢给两个儿子写信，让两兄弟到王宫与伍奢相见。

接到使者的信后，两兄弟就识出这是一个圈套，但两人最后的决定却不同。伍尚认为，不能抛下父亲不管，是圈套也要去钻；伍员认为，去不去，父亲都难免一死，被一网打尽了，谁来为父亲复仇、为伍家洗冤呢？不如暂且投靠别的国家，借助他力来为父亲报仇。最后，伍尚回楚都，不出所料，和父亲伍奢一起被冤杀，伍员则带着仇恨耻辱开始了他的流亡之路。伍员改名伍子胥，在逃亡中历尽艰辛，最后逃到吴国，被吴王重用。不久，伍子胥受任执政大夫，位同上卿。

阖闾与伍子胥、孙武、伯嚭（楚国左尹伯郤宛之子）伐楚，奇兵突袭，俘获公子掩余和公子烛庸而杀之。此后吴国军队又先后三次袭扰楚境，伍子胥采取"彼出则归，彼归则出"的策略，使楚国军队疲惫不堪。

在楚昭王继位后的第二年，计倪再次上书，向昭王提出六条建议和一个预言，即治国七术，并署名文子。但楚昭王此时还是个孩子，最终没有采纳计倪之策。计倪留在楚国，继续给六七个学生讲学。范伯很聪明，对老师所授之课不仅能背诵如流，还能讲出些道理来。只因家务太重，所学终究有限。

一晃又过了五年，范诚离家六年未归，早让老母雍氏和妻子薛氏起疑。在她们的再三询问之下，计倪终于说出了范诚已逝的实情。得知这一不幸的消息，雍氏气血猛升，一口气没接上便一命呜呼。一个半月后，薛氏又投湖自尽。这样一来，范伯和弟弟范少伯便成了孤儿。好在范伯已十四岁，几乎可以自立，再过一两年就能娶妻成家了。

范伯失学，而少伯正好到了启蒙的年龄，但他愣头愣脑的，远不如哥哥聪明，对老师所讲的知识也毫无兴趣。相反，他特别喜欢捞鱼、打猎、放牛，一有伙伴相邀，便弃学而往。计倪想：这孩子不是大愚，就是大智，不可用教常人的方式和内容教他。此后，计倪便常带几个学生在湖滨、山林之中，一边捕鱼、打猎、耕作，一边传授知识。谁也不曾预见，在类似游学的活动中，会培养出一个济世良才、国之栋梁。

2. 楚越结盟

公元前506年（周敬王十四年、楚昭王十年）春，晋、齐、鲁、宋、蔡、卫、陈、郑、许、曹、莒、邾、顿、胡、滕、薛、杞、小邾共十八国在召陵会盟，商议伐楚。因晋大夫荀演贪婪成性，向小国索贿，几个小国没有答应，会盟毫无结果。吴国又邀越王允常一起出兵，越王不好直接拒绝，只得委与虚蛇，议而不决。这时，蔡昭侯派一位公子到吴国做人质，央求吴国讨伐楚国。经蔡昭侯牵线，最终组织起一个以吴国为主角的反楚同盟。

鉴于楚国地广兵多，吴王阖闾决定避开楚军的正面防御，以主力向其守备薄弱的东北部实施迂回奔袭，兵贵神速，直捣楚国腹地。同年冬，阖闾与孙武、伍子胥、伯嚭等诸将率军乘船溯淮水而上至蔡地，弃舟登陆，取道豫章西进，以蔡、唐军队作后勤和引导，迅速越过楚国北部的大隧、直辕、冥阨（均在今河南信阳南）等边关要塞，直抵汉水东岸。楚昭王急派令尹囊瓦及左司马沈尹戌率军至汉水西岸布防，与吴军隔汉水对峙。根据沈尹戌建议，楚国计划由囊瓦率主力依托汉水阻击吴军；而沈尹戌北上集结方城（楚长城，今河南方城东）一带楚军，迂回至吴军侧后方，焚毁淮河吴船，再回军阻塞三关，切断吴军归路，之后与囊瓦南北夹击吴军。

然而，沈尹戌北上后，囊瓦欲独得战功，竟改变既定作战计划，擅自率主力渡汉水向吴军进攻。吴军为免遭前后夹击，移师后撤。囊瓦企图速胜，紧追不舍，在小别（今湖北汉川附近）至大别（今大别山）之间与吴军连续三次交战均未获胜，士气严重受挫。十一月十八日，吴、楚两军列阵于柏举（今湖北麻城境内）。吴王阖闾的弟弟夫概率所部五千人突袭囊瓦军。楚军一触即溃，阵势大乱。吴军随即以孙武、伍子胥的主力投入战斗，扩大战果。孙武不愧为"百世兵家之师"，他的这支部队反应迅速，进军速度惊人。囊瓦惊惶失措，弃军逃亡郑国，楚军主力遭重创后西逃。吴军乘胜追击至清发水（今汉水支流涢水），吴王用夫概的计策，待楚军渡河到中间时出击，再败楚军。吴军进至雍澨（今湖北京山西南），与由息（今河南息县西南）回援的沈尹戌军遭遇，发生激战。沈尹戌重伤身亡，楚军主力惨败溃逃。

柏举决战后的第九天，楚昭王丢下老母、妻子，只与其妹芈畀及随从弃都避难，逃往郧国，然而仍然得不到安全保障，又逃到随国。

对吴国来说，柏举决战已取得决定性的胜利，可以与楚国谈判、缔结盟约了。主将孙武也极力主张退兵，但满怀仇恨的伍子胥不肯罢休，稍做休整，便朝楚国都城郢都直扑而去。

柏举决战后的第十天，吴军攻破郢都。吴军主帅伍子胥找到杀害父兄的仇人楚平王的坟墓，命令士卒撬开棺椁，将楚平王的尸体从棺木中拖出，摘掉他头顶的玄色寿冠，鞭尸三百，才算作罢。而吴军士卒自吴王而下，按尊卑顺序，分别住进楚昭王的宫室和令尹、司马等官员的府第，并强占了他们的妻妾。偌大的楚国郢城中，尽是哭泣声和号叫声。

就在楚国将亡的前一刻，楚大夫申包胥跑到秦国求援，对秦哀公说："吴国像野猪、长蛇一样，要把上国一个个吞灭。敝国灭亡了，贵国也将不得安宁。贵国何不出兵？出了兵，至少能分到一些土地和民众。敝国如果永劫不复，敝国的土地和民众也将是贵国的。贵国如果有意保存敝国，敝国将世世代代服事贵国。"秦哀公听了不为所动，称要与大臣们商量后再做定夺。申包胥不肯告退，也拒绝进食，哭了七天七夜之久，秦哀公终于答应出兵。

入郢都前一直打主动仗的吴人，入郢都后却变得被动起来。吴军在楚国的腹地滞留得愈久，遇到的困难就愈严重。楚人有怀旧、念祖、爱国、忠君的传统。吴军入郢后，平民不惜与吴军拼命。吴军的行为愈残暴，楚人的反抗就愈强烈，对阖闾尤为痛恨，以致有一夜阖闾竟换了五个住处。楚人群起与吴军斗争，没有将领，就由当过兵的负责操练和指挥，口号是"却吴兵，复楚地"。

秦国派遣子蒲、子虎率兵车五百乘援救楚国，此乃虎狼之师，兵力约三万七千五百人。他们在申包胥的引领下经商谷（今陕西商州一带）、襄阳，南至荆门，与从随国赶来的子西、子期率领的楚军在稷地（今河南桐柏县境）会师，并很快与夫概所部开战，随后直逼吴军临时大本营郢都。夫概先行逃回吴国，并欲废阖闾，自立为王。与此同时，弱小的越国也想乘机摆脱吴国的制约，抗贡（越国每年要向吴国进贡）备战，偷袭吴军。

阖闾闻讯，大惊失色，决定退兵。事情到了这个地步，伍子胥自然明白楚国的局势已经不可控制，只好随吴王悻悻回到吴国。他安慰自己："自群雄争霸以来，人臣报君者，我也算做到了极点，该满足了！"

吴军退走之后，历时十个多月的大战终于结束。楚昭王回到饱经蹂躏的郢都时，正值深秋十月。一眼望去，但见故都残破不堪，满目疮痍，不觉凄然泪下："宗庙被毁，社稷遭难，百姓受苦，此皆寡人之罪、寡人之罪呀！"年轻的昭王如噩梦初醒，重新振作，他召集群臣，商议了几条复国措施。

其一，论功行赏。得到重赏的有王孙由于、王孙圉、王孙贾、钟建、斗辛、斗巢、斗怀、申包胥、宋木等九人。

其二，迁都。在这场大战中，受祸最惨的是郢都。于是，昭王决定向西迁都，称为"上郢"（今湖北宜城）。

其三，让宛县县尹文种急召宛县文子进宫。县尹文种，字子禽，楚国郢都人,满腹经纶,胸怀大志,精明干练。这位新上任的县尹驾车跑遍了治所的大村小寨,湖区山野也搜了个遍,根本没有发现有文子其人。只听说有个叫计倪的晋国人,天文、地理、军事、农事无所不知,还能知人前世,预测未来,胸藏韬略,有圣人之资。但不久前已离开宛县,不知所踪。

其四,重建法治,修文治武。楚复国后,百官失法,社会动荡。幸好这时候大臣蒙谷及时献上"鸡欢之典",使百官得法,百姓大治,军队重树信心,社会日趋稳定。

其五,与越国结盟。此乃长久之计,意欲东西牵制吴国。楚昭王派出大夫申包胥、将军冯同、王室女芈季爰、宛县县尹文种等人赴越。

越国地处东南,属东夷之地。吴、越两国同属百越族,其文化是直接从河姆渡文化、马家浜文化、良渚文化延续下来,两国都衣麻葛,食稻米、鱼类,住干栏式建筑,行舟楫,书写鸟篆文字,断发文身,崇拜鸟,喜欢划破手臂盟誓,两腿张开而坐。据说,越国是大禹的第六代子孙夏后帝少康的封地,少康之子无余往后传了十几代就衰落了,渐渐沦为平民,越国的百姓便重新推举出一个叫无壬的人担任国君,又传位数代。到越王允常这一代,都是无壬的后代。

公元前502年(周敬王十七年、越允常九年)的一天,越王允常准备和太子勾践与几位大臣一起会见楚国来使。

越王允常已年迈,看上去老态龙钟,太子勾践扶着允常先来到禹庙正殿,三跪九叩,拜祭圣祖大禹。再入招贤馆内,越王父子并行入座。越国太宰石买、大夫若成、大夫计然、大夫舌庸、大夫皓进、大夫皋如、大司马诸稽郢、大将军灵浮姑等依序列位而坐,迎候来使。

楚国大夫申包胥一行人馆,双方见过礼,又一一介绍、寒暄了一番。勾践细观来使,见那芈季爰果然不愧是大国公主,虽然国难当头,言行举止仍不失王家风范,端庄娴雅,仪态万方;那文种虽说是书生打扮,但举止从容,沉笃稳健,谈吐不凡;冯同英姿飒爽,精明干练。勾践心中暗暗称道。

申包胥作为主使首先讲道:"自成王封楚以来,传至楚庄王时,楚国逐鹿中原,问鼎诸侯,煊赫不可一世。然历时一百五十余年后,不料晋派遣楚之叛臣巫臣至吴国,教吴以车战步战之法,结成晋吴联盟对付楚国,使楚入主中原之势受挫。如今阖闾又启用孙武、伍子胥、伯嚭,先是在鸡父山击败楚军,再进侵柏举,继而攻入楚之郢都,令楚元气大伤,如果没有盟国出手相援,不要说再图雄霸中原,恐怕连复国也没有希望了!我主昭王久念越国与楚同病相怜,又有相同的复国之策,若两国东西呼应,则吴国不敢再恣意妄为。小臣奉我主之命,前来与贵邦交好。"

越王允常看了看身边的几位近臣,又看了看太子勾践,缓缓道:"楚乃泱泱大国,今与我邦结盟,此为越人之大幸。只不过如今越国仍受制于人,诚恐无自持之力,更难助楚以一臂。"

文种心明眼亮,一眼看透了越王的心思和难处,他劝导说:"在王纲失坠、诸侯纷争之际,贤智之王守一隅之地并非上策,依文某拙见,无德之邦恃强凌弱,正因为贵邦势弱,才更需要纵横结盟。"

太宰石买是越国的第一权臣,他首先考虑的是结盟后的权益分配问题。他原本有继越国王位之心,但太子勾践提前出山,打乱他的计划,一旦与楚国结盟,恐怕自己现有的权力地位都难保了。他轻蔑地笑了笑,说道:"据我所知,文大人在楚国只是个小县尹,如何能替楚昭王代言?"

季爱听石买之言,意在借文种的官职轻视楚国来使。她看了石买一眼,对允常说:"君上,太宰大人是贵邦的肱股之臣,但不知太宰大人是否可替君上代言?楚使申大夫位居行人,文县尹亦是外交使臣,交邦之事自然是代表王兄之意,君上是不是觉得楚使人微言轻呢?"

越王早听出话中的异味,连忙说道:"两国交好是计议已久之事。太宰一向谨慎,并非小觑来使,请公主不要误会。"

太子勾践早对太宰的跋扈专权心生不满,故意不理会他的话。而文种之语正合他的心意,他默默听来,一双鹰目大放光彩,向文种行礼问道:"敢问先生,如何才能让弱小之邦结交更多的盟友?小国如何图霸中原?"

文种笑了笑,说:"此非一时之功。不过,依文某之见,此次吴国攻破楚都,纵然楚国日后有望复国强盛,其锐气必已大减,恐怕再难有入主中原之机,代之而起的必是吴国。阖闾其人英武善战,任用了不少外邦能臣猛将,但他不能持高远之节,实属目光短浅之人,不足以谋大事。君臣皆骄奢淫逸,仇恨满胸,杀伐太重,必将重蹈死地。吴越虽说同风共俗,但越国遵守盟约,从未侵犯过邻邦。国君开明,朝纲整饬,诸侯胸怀美德,百姓各自守分,目下国力虽不及吴国,但只要楚越结盟,同抗强吴,霸业创立,则非越莫属!"

勾践虽为太子,不曾主政,却是雄心勃勃,意气方遒。但转念一想,楚国国力远在越国之上,楚国尚且遏制不住吴国的疯长势头,小小越国又能奈之何?他轻叹一声道:"先生有所不知,我越国临海而居,地广人稀。纵有逐鹿中原、匡扶周室之志,惜无贤臣辅佐,终是枉然。"

这时候,季爰浅浅一笑,清脆之音随即传出:"楚国使者除了申包胥大夫之外,文县尹、冯将军,还有小女子都可以留在贵邦,佐主公一臂之力。"

越王允常见太子勾践满腹狐疑,解释道:"我儿不知,楚昭王已照会于孤,只需申大夫回去复命即可,其他几位孤已酌情授予官职。而今孤年迈体衰,这几位贤士将是孤的遗命之臣。"勾践闻言,大出意料,又忧喜参半。楚越结盟,一拍即合。

石买虽还有话要说,但碍于楚越结盟乃既定国策,而且太子勾践与自己各执己见,只能暂且按下不表。

越王允常当即诏命文种、冯同为大夫,全力辅佐太子勾践习政。至于季爰,则不便授予官职,她在与勾践的交往中,很快发展出超出一般盟友的关系,同年年底成为太子妃。

3. 文种访贤

公元前504年，计倪在文种找到他之前就悄悄离开了楚国。他在楚国的所见所闻及隐居寨湾湖十四年的经历，使他预料到楚国早已盛极而衰，难以再现当年楚庄王称霸中原的辉煌。凡事只得顺势而为，他选择离开。再说，范伯已经成家两年，少伯虽小小年纪，但也学有所成。少伯对兵法、兵器悟性极高，一点即通，远远超出了他的父亲；对天象、农耕、计算、畜牧有独到的见解，并初用于实践中。但这些只有计倪深谙心间。

计倪临走时，特意给少伯留下十二册竹简，并叮嘱说："凡事可行则行，事当行则行，知足不辱，知止不殆。你要切记：修为在己，立一志，专一志，才能成一志。"

这些语重心长的教诲深深烙印在少伯心里。他并没有因为老师的离去而伤心难过，也没有因为老师的离去而更加发奋用功。他依然与年长的同伴捕鱼打猎，与年幼的伙伴嬉戏玩耍于湖畔田间。有时他们也拉开架势，发动一场"战争"，每次战役，他都打得对方落花流水。

在乡民眼里，少伯和同年的伙伴比，几乎毫无过人之处。只有一点人们看得很清楚：这孩子有些痴，言行古怪，不合时俗。他有一支铜笛，是老师为他雕的。他常常在清晨人们还沉醉于梦乡的时候吹响它。有时，他一身青衣，用黑巾束发，放牛归来，倒骑在牛背上，吹起悠扬的曲子。他无心管牛，任由它四处走。他还有一把竹剑，那把剑从不离身，只是没有人见他练过剑。他已经习惯做一个山野闲散之人。

越国这边，文种做了越国大夫之后，意外地遇到了当年寻访不得的文子。不曾想，文子竟在越国与他同朝为官，做掌史大夫，并改名计然。若不是计然向越王上了一策书简，署名文子，文种可能永远无从得知此人就是在楚国几次上书楚王的贤士。文种对计然敬慕已久，多次拜访后尊为老师。

太子勾践得到一批贤士相助，不仅信心倍增，还对越国的未来做了重新规划。他原来想的只是如何治理好越国，让越国尽快富强起来，不再受强国欺凌。自从文种等人来后，他的野心开始膨胀：将来不仅要超越吴国，还要做诸侯霸主。勾践年纪虽轻，但城府深不可测，而且从小就开始豢养死士、玩弄计谋，结交各方面的人才。他常问计于计然、文种、冯同，讨论强国之道。

像过去一样，计然依然淡泊权位，他将自己研究多年的学问一部分传授给了文种；另外，在太子问得紧迫时，也献出几条计策来。他早已嗅到了腥风血雨的味道，预感到越国不久将有战事发生，但越国缺少有实战经验的将才，于是他推荐了自己的好友——陈国的将军百里良。就在百里良到越国后不久，计然再一次"神秘失踪"。只听他家的仆役说，大人去拜会老聃了。

勾践天生不知足，对人才也是如此，多多益善。他豢养了近千名死士，结交了大批侠客，又让文种在越国全境搜罗人才。根据文种的观察，越国人身怀绝技者的确不少，但真正能以一国之大局高屋建瓴、统筹谋划者却寥寥无几；能算一时之机、一事之计者也不乏其人，但要主掌五年、十年之趋势者却屈指可数。思考了好一会，他对勾践说："越国本是荒僻之地，要想在群雄中夺得一席之地，急需能辅佐储君建功立业的大智大慧之人。"

"哪些人才是大智大慧之人？吾应去何处寻访他们？"勾践眼光犀利，让人避之不及。文种心里明白，勾践并非求贤若渴，而是急于成就霸业。

这一问，倒把文种问住了，他一下子也说不出哪里有大智大慧之人。情急之下，突然想起计然曾经说起在楚国宛县有几个他的学生，多有所长，其中有堪大用之才。文种向勾践回道："楚地有人才，下臣可去暗中查访，太子殿下以为如何？"

"甚好。只是往返周折，此事宜从速。"南方的楚国和北方的晋国各自称霸一方已逾百年，这两国的人才最让勾践心动。

于是，文种便派出小吏前往楚国宛县打探。一个多月后，小吏回来禀报："宛县并无奇人异士，只有一个叫范少伯的天生异禀，当地人称他有'圣人气'，但他时痴时醒，是个狂人。"文种听到范少伯的情况后心中诧异，想了想，笑道："据我所知，士有贤俊之姿，必有佯狂之讥；内怀独见之明，外有不智之毁。这是一般人所不懂的。"由范少伯而想到自己，他不由得感慨万分。自己年轻时，也曾立志建业树勋、光宗耀祖，希望参知政事，辅佐君王，不是也因为锋芒毕露、为时所讥、为人所诉，最终错失良机吗？转眼已过而立之年，幸得越王赏识，才有施展的机会。所谓千军易得，一将难求。因用一人而立国者，前史不乏其例。如此一想，文种决定亲自前去拜访。

由越至楚，千里迢迢。文种带着几个仆役紧赶快行三十余日才到楚国宛县。文种曾在这里做县尹，他对这里的一村一寨都非常熟悉。跨过一条弯曲的小溪，见到路口有两棵百年银杏树，西边便是三户寨。

文种在村头下了车，径直走向范家。为见范少伯，他还特意修饰了一番：头上高挽发髻，用头巾小心系好；上身穿一件华丽长袍，下身着一条绸缎长裤，脚上蹬一双薄底快靴，再将自己每天用来练习武艺的青铜长剑悬挂在腰间。到范家门外，却见少伯住的破旧院落大门紧闭。

越国大夫亲自来访一个狂人，立刻在全寨引起轰动，乡民们纷纷赶来观看。门外早站了一群看热闹的大人小孩。文种跨进范家门后，突然看见院墙下的破洞里有个头发散乱、满面灰尘的人，正趴在洞口"汪汪汪"地学狗叫，还不时朝着文种挤眉弄眼。周围的小孩子们哄笑起来，齐声叫喊："范疯子，学狗叫，汪汪汪，真好笑。"几个仆役赶紧上前，想把破洞挡住，担心文种感到难堪。文种却说："不要挡了，我要拜访的正是这位先生。"他看不清少伯的脸，只得走过去对着狗洞毕恭毕敬地拜了一拜。里面的少伯却把头一扭，不再多看一眼。文种示意随从们不要吭声，沿原路回去了。

第二天，文种又来了，他还是衣冠整齐，言辞谦逊。少伯穿着一身麻衣，满脸污垢，倒骑在牛背上，吹着他的铜笛，毫不理会来客，逍遥而去。文种听那曲调激越高亢，充满天地灵韵，沛然大气，这似乎不是一个痴人所为。少伯的哥嫂觉得过意不去，忙出来向文种道歉。文种尴尬地笑笑，再次无功而返。

第三天，少伯对他的兄嫂说："今日有客人来，请借我一套衣帽，我准备见客。"少伯穿上干净衣服，梳洗得整齐利落。果然，刚收拾好，文种就来了。此时的少伯仪表堂堂，一见文种，赶紧迎上前去，长揖行礼。文种回拜，上下一打量，只见少伯神态潇洒，面目英俊，一双眸子炯炯有神。而且他的态度有了明显转变，不再傲慢无状，而是如谦谦君子，请文种进屋细谈。两人纵论天下大事，"终日而语，疾陈霸王之道，志合意同"，十分投机。

少伯这种前后矛盾的举动，只有眼光独到的文种才能看破。文种对随行的一班人说："有高世之材，必有遗俗之累；有至智之明者，必破庶众之议；有大志者，有拘于细；论大道者，不合于众。"

其时，楚国的政坛被贵族豪门把持，范少伯乃是一乡野村夫，既无钱行贿买官，又无达官显贵举荐，因此尽管他满腹韬略，也无人问津，想进入政界施展抱负，却不得门路。

既然怀才不遇，前途无望，他也就"不求闻达于诸侯"，整日披发佯狂，笑傲俗世，乐得扮演一个疯癫而出世的角色。倘若有人真心求才，必能礼贤下士，不然像楚王一样只是做做样子，也不是真心求才。

与文种晤谈后，范少伯毅然决定离开楚国，随文种入越。这一年是公元前497年，范少伯二十岁。

文种一行经过近一个月的舟船劳顿，于夏秋之交，在桐汭（今安徽附近）上岸，骑马东行。一天后，终于在楚、吴、越三国交界处入越境。刚踏上越国的土地，少伯便翻身下马，对文种说："文大夫，某有一件要事须办，请先生先行一步。"

文种不明其意，问道："少伯你从未踏足此地，不知有何要事？"

少伯不答，从身上取下那把竹剑，把它埋在一棵粗壮的大叶榉树下，言道："既然已经决定辅佐越王，这把剑还是不用为好。"

文种更感疑惑，问道："只是一把竹剑，何须埋它？"

"剑乃杀戮之器。负剑而见越王，必助其杀气，有违王道。"少伯一脸严肃地说。他埋剑后在树上做下记号，又拜了拜，甚感惋惜地长叹一声。

文种颔首而笑。少伯接着说道："我现在改名范蠡，蠡者，虽为圣虫，但也是很不起眼的小虫子。请文大夫回禀越王，范蠡明年春上准到，将效命于越。"

文种明白少伯的用意——要实地去考察越国的民俗风情，顺便考验越王是否果有诚意。"好，我回朝后立马向越王禀报，也请范蠡贤弟多多保重，后会有期。"两人心有灵犀，不再相问，就此暂别。

4. 隐名入越

范蠡一路南行，看到越国境内多为水域和丘陵，人们住在湖荡河汊中，开辟出一片一片的田垄，以耕种过活。果林、桑林连绵不断，条条小溪弯曲迂回，从河湖分流而出，汇成溪流。溪水纯净，掬一捧入口，清冽甘甜，入嗓而生津。越国人又喜欢渔猎，以捕鱼或追逐飞禽走兽作为家中肉食，因此民风颇为彪悍。这种风俗，倒是与楚国多有相似的地方。

他印象最深的，是安居乐业的农人们。飘绕不散的歌声，回绕在田头里、江船上，一群群赤脚裸臂、挎着篮子的姑娘，冰肌如雪，一队队光背袒胸、肌肉块块凸起的青年小伙，壮实如山，不论男女，都放开歌喉唱个不停。听那清脆圆润的吴语，如云雾飘入天际，范蠡听得入迷，在溪河边驻足不前。

迎面过来一位老者，推着独轮车，须发微白，但身体硬朗，显得老壮而精神。范蠡下马迎上前去，恭敬直立，欠身道："老丈，请问此地是何所在？"

老者答道："这河名曰苕溪，往西不远就是吴国的太湖，北去是吴国都城,往东几十里地是槜李,往南百余里可入禹杭城(今浙江杭州),过浙江(今钱塘江),可到诸暨,那也是座大城。"

范蠡拱手谢道:"谢老丈指点。"他勒住马侧身让老人过去,然后沿苕溪南行。老人停车回望范蠡背影,叹道:"这个外乡人年轻得很,却如此有礼貌,真是少见!"

范蠡听了老者的介绍后,想:何不先去槜李看看?那里最靠近吴越边境,要帮助越国反制吴国,至少要先了解吴国,于是返身向东而行。路上有挑担者、推车者、携儿带女者,都和范蠡同一方向前行。范蠡细细打听,方知槜李西北面有一个白马圩,是吴、越边境集市,今日正是圩日。每月初三、十三、二十三是小圩,每月初五、十五、二十五是大圩。范蠡一算,今日正是七月十五,赶上大圩。所以一路上,缕缕行行,络绎不绝。

白马邑有近三百户人家,在越国是少有的大村庄。东、南、西、北四条笔直的大路,构成白马邑的井字集市,遇上圩日更是热闹非凡。不仅越人来集市交易,有时附近的吴人也过河来交易。

范蠡干脆牵着马,一边走一边与赶圩乡民聊起来。

"老哥,"范蠡见到比自己年纪大而又不太老的汉子就这样招呼,"这次赶圩做何呢?"

"我们这一带以养畜为业,牛、马、羊、猪都养,小家今春产羊特别多,羊一多,青草、青苗都被吃光了,只得拿它们换点东西。"这位老哥有点腼腆地说。

"这能换到什么东西呢?"范蠡很有兴趣地问。

老哥说:"换上浦的盐,太湖的鱼蚌,吴兴的绢、米之类。"

"吴兴离此地尚远,那里的人也来此赶圩吗?"

"有人来。我们有时也去吴兴,就是禹杭那边也得去啊。"

"那老哥为何不用船运呢?这里水路四通八达。"

"过路人你有所不知,越邑人的活路分工很细,用船要找专门的船家,买鱼须找专门的渔家,若要换牲口,就得找我们。以物易物很方便，一交换，双方都可得到需要的东西。若要先兑成钱币，再购物就比较费事。找船家来运，他若不需要牲畜，就得付钱币。小门小户的买卖哪有那些余财？"

"哦，原来如此。"转过头来，范蠡又与一位三十出头的妇人打招呼，"大嫂，担鱼赶圩啊？"在楚国，这常是男人干的活。

他这一问，妇人的脸上晕出绯红。"没法子，一家老的老，小的小，得活命啊。"原来，她家的男人是专门捕鱼的，前年跟吴国打仗上了前线，结果战死，留下一家老小，她不得不学会捕鱼、卖鱼。

听完年轻妇人的追忆，另一老妇叹道："这些年吴、越两国总是打仗，壮年男人都要出征，没几个能活着回来，家里干体力活的男人越来越少了。四个妇人就有一个是寡妇，难呐！"

范蠡一路走，一路看，一路问，一路感伤。这是了解民风民情的好机会，也是了解民心的好时机。一个国家，一个朝代，民心向背，将决定国家和朝代的兴衰。

在圩上，范蠡还了解到吴、越两国物产的差异，吴产稻米、水果远多于越，还有小麦、大豆、荞麦等粗粮，蚕丝品种丰富，也胜于越国的苎麻，人口繁衍发展比越国快；越国的制盐、畜养、制酒、玉石、陶瓷加工等则优于吴国。两国的货币稍有差别，越国使用青铜质的戈币和贝币，吴国使用黄铜或金质的刀币。金质刀币约为青铜、黄铜币值的五倍。

范蠡在圩上逗留了大半天，再沿途而返，逆东苕溪南下。

溪河两边有郁郁葱葱的槐林、杉木，沿着低矮的山坡丘陵，不时有小溪潺潺，蜿蜒流经村庄。一路上，范蠡观望小路两旁阡陌纵横的田野，注目迤逦连绵的山林，谛听水流鸟鸣……天色不知不觉暗下来，范蠡便找到一户农家歇脚。

农家主人姓徐名竺，四十出头，是当地远近闻名的造船匠。他因常潜入吴国，到太湖水域捕鱼，所以对往来吴越的水上之路很熟，平时也常将湖蟹、鳗鲡、白条鱼、河鲤等鱼蟹从水道送到越地，然后再从圩上换些稻米、粟米回来。

范蠡一听是位造船匠，马上想拜师学艺。徐竺不便答应，但还是与他聊了些船舶知识：船有扬帆航行的，有摇橹划桨的；有楠竹扎成的，有杉木钉成的；有两三层的楼船，有带窗户的一层舱船，还有平板小艖。船是捕鱼的主要工具，渔家不可不备，楼船一般用来打仗，而舱船则代步用。徐竺为吴国造过无数船只，但打起仗来，又得站在越国一边。当着生人的面，他很谨慎，不谈造船，只闲谈捕鱼之法。他对黄鱼、黄花鱼、鲤鱼、鳕鱼、青鱼、草鱼、白鲢、花鲢等重要鱼类的产卵和觅食、洄游行程和喜温或喜寒之习性均了如指掌，尤其是能针对各种鱼的不同洄游习性，用不同方法、不同渔具捕获，可算得上一流高手。范蠡听得津津有味，十分佩服。

渔家的晚餐自然离不开鱼，烧鲤鱼是主菜，还有咸泥螺、咸蟹、腌鱼等。鱼入菜的做法让范蠡大开眼界，他牢牢记住了这位造船匠的名字。次日，再三道谢，不舍而去。

范蠡沿东苕溪岸的小径南行，流连数日。溪流越来越小，后来竟突然向右拐到山里去了。他便打马飞奔，直到富春江边，这一带是越国的中心。这里天空湛蓝如水，轻云朵朵。天目山已远去，一片黄色的庄稼地呈现在眼前，犹如一片金色的海洋。

从禹杭城西过了富春江，从三江口沿浦阳江（又称浣江）南行可到越国都城诸暨。浦阳江是诸暨的母亲河，穿城而过，与钱塘江汇流后入东海。范蠡并不急于进城，而是沿浦阳江西岸而上。这一带风光甚好，他情不自禁地一边行进一边吹笛，信马由缰，好不惬意。突然，他的坐骑两只前腿陷入泥中，欲拔不出，一下将他掀落在地。范蠡连忙勒住缰绳往回拉马，马也拼命挣扎，无奈越挣扎陷得越快，最后马的整个身子都淹没在淤泥中。这里是浦阳江的一个岔口，其江面虽宽不及三十丈，但淤泥为底，深不可测。

一场虚惊后，范蠡不得不打消继续西南而行的念头。没有坐骑，只得从岔口往回徒步东行。他从一竹桥过江，这一段便是若耶溪（后称浣纱溪）。薄薄的白雾笼罩着溪边的小村子，溪边的垂柳柔顺而妖娆地摇摆着。几支洁白无瑕的玉簪花含苞欲放，花枝上滚动着晶莹的水珠，浓郁的芳香扑鼻而来。迷蒙中，范蠡走入一片桂花林中，茫茫然迷失了方向。

这时，远远地传来细碎的脚步声，不一会儿就看到一个袅袅婷婷的女子分花拂柳而来。她走到若耶溪边，从箩中拿出几缕纱放在溪中漂洗。

范蠡想问询道路，便跟来溪边，从背后看是位十二三岁的少女，便轻声说道："打扰姑娘了。"

少女起身回头，范蠡顿觉艳光四射，双眼有短时间的眩晕。

少女见他一副憨态模样，抿嘴一笑，如玉簪花绽放，高洁、温婉、娇艳。

范蠡好一会儿才回过神来，连施一礼道："在下行经此地，不想迷路于此，还望姑娘指点。"

少女见他文绉绉的，像个书生，又抿嘴一笑问："公子欲往何处？"

范蠡一怔，只好说："在下见此处山水甚好，便随性游走，孰料在此迷路，请姑娘指点回都城的路。"

"沿若耶溪一直往东行便可到。"少女回道。

"哎呀！"一声惊呼，范蠡抬眼看去，原来说话时少女浣洗的纱顺水飘走了。看着少女颦眉的样子，范蠡毫不犹豫跳进水中。当他全身湿淋淋地把纱递给少女时，少女莞尔一笑，轻声说了句："多谢。"

"不知姑娘如何称呼？家住何方？"范蠡问。

"小女子施夷光，家住附近西村。"少女说话时恰有一阵清风吹过，林里的桂花纷纷掉落。

范蠡原本就想走访农家，借机说："姑娘，你看我的衣服湿透了，可否去你家避避风？"

东夷族没有太多的男女大防，少女觉得这个魁梧英俊的外乡人说话有些呆气，倒有几分好笑，爽快地说道："随我来吧，家父是个好客之人,见到有客人来一定会很高兴。"见她如此一说,范蠡即欣然而往。

若耶溪蜿蜒东流,环抱曲折,沿溪而行,两边柳荫芦苇、流水小桥,间有人家。他们先是穿过了一片小树林,又跨过一条小溪,再穿过一大片桑树地。桑树繁枝茂叶,树枝横七竖八地交错着,一根桑树枝斜着拦住了去路。

少女在此向右拐,她的家就在这片桑树地边上的苎萝村。村头是会稽山余脉中的一座小山,名曰苎萝山。山不高而峻,树不密而秀,一条小溪把村子一分为二,苎萝村便有了东、西二村。施夷光居西村,故村民叫她西施,叫东村姓施的姑娘为东施。

苎萝山虽只是像丘陵一样的小山,但野兽却很多。在这方原始的山地上,山居的越族男人"随陵陆而耕种,或逐禽鹿而给食"。女人则养蚕种麻,缫丝浣纱。苎萝村的民风淳朴,过客到村民家中歇脚,是极寻常之事。

施夷光之父年约四十,以卖薪打猎为生,是个开朗豪爽之人。见来客风清俊朗,谈吐不凡,虽是文雅之士,却有英武之风,便与他谈猎狩之法。范蠡曾以狩猎为生,自然对"猎经"感兴趣。他们先就辨迹寻踪、围猎蹲守、春发冬藏之理探讨一番,然后又谈到东夷土著猎人的绝招。

东夷猎人有一种弩药,在狩猎时涂抹在箭头上,因其药性有毒,所以再凶猛的野兽,只要身中毒箭,也在劫难逃。此药由数十种药物制成,多半是具有毒素成分的草本或昆虫。材料备齐后,在铸成弩药之前,还要举行一场仪式。由一人扮虎,在密林中学虎叫,另一人喊:"老虎来啦,快来打虎!"一边喊,一边奋力在碓里舂药。这是当地流传的原始舞蹈,演绎的情景源于越族先人们面对凶猛野兽时的顽强抗争。

最后范蠡与施父由狩猎谈及国家的争斗。"越国连年征战,民不聊生,我们村里的男丁都被拉去充军了,战争不停止,乡民何以安生?"施父叹道。

范蠡对施父说道："天下荒荒，黎民倒悬，国与国之间兵戎相见，百姓自是怨声载道，各诸侯国都想称霸天下。吴国如果不是想当霸主，也不会侵犯越国。越国仅是个小国，并不好战，只因不甘臣服吴国而奋力反抗，牺牲士卒在所难免。"

施夷光给范蠡端来茶水，"越人不怕牺牲，越国虽小，可越人志气不小，只要能从吴国的控制下脱离出来，付出代价也值得，只可惜小女子身为女儿身，无法上阵杀敌。"

范蠡见她谈吐不俗，心想："此女若投身男儿，必成国之栋梁。可惜可叹！"随即，他安慰施夷光道："救国之难，最重要的不是男丁，而在于全民要勠力同心。只要有为国效力之心，即便是女儿身，也可胜过百十男丁。"

范蠡的一番话，让施夷光豁然开朗，备受鼓舞。少女的玲珑之心荡漾成一片粼粼湖泊，泛起层层涟漪，将她引入另外一个奇妙的世界。谁也未曾料想，一次寻常的偶遇竟暗藏天意，在冥冥中拉开了两国兴亡的历史序幕。

第二章 吴越动戈布衣谏

1. 范蠡论"道"

越王允常听太子勾践说文种推荐了一位楚国奇才,想亲自召会相谈。而范蠡也因失去坐骑被迫取消了继续南游的计划,准备提前入宫觐见越王。于是,越王挑选吉日,以太子为主考官,在淮阳宫开了一次"招聘会",众臣在列。

范蠡初见越王,不行跪拜之礼,仅作一长揖,说:"草民万幸,拜见越公。"越王瞥了范蠡一眼,没有言语。倒是勾践有些耐不住性子,说道:"听文大夫说,先生乃大智大慧之才,可有富国强兵之策,让我越国彻底摆脱吴国的牵制?"

范蠡暗暗叹息一声,勾践想要强国的心情几乎迫切到不加掩饰,可是以越国当下的实力,想要强盛,绝非一朝一夕能办到。他略微沉吟,开口说道:"一个国家的盛衰随阴、阳二气的变化而转化,阳气盛,弱者可以变强;阴气盛,强者亦可变弱。但正如万物生长各有定时,不到一定的时机,不可勉强生长。国家的强弱转化也一样,天时不到,人事不调,国运就不可能彻底转变。因此,顺乎自然以处当世,等到机缘成熟,就可以一举扭转不利局面。此为'天道'。"

众人听得一头雾水,越王干脆闭目养神,勾践略微不悦,问道:"先生请有话直说,我越国地处偏僻,受中原文化熏染甚少,实在不懂这番大道理。"

范蠡阐述道:"富国强兵,富国先富民。富民需降税赋、息干戈、兴修水利,苦民所苦,急民所急,《尚书》云:'皇天无亲,惟德是辅;民心无常,惟惠之怀。'说的就是这个道理。天下强国之术众多,然而万流归宗,到底脱不了一个'德'字。国君有德,待庶民如亲生骨肉,万事为民着想,丰年保民安定富裕,灾年保民不受饥馑流离之苦。此为王道。"

勾践问:"行此王道,即可富国?如何富?"

范蠡道:"以农为本,不忘渔业、畜牧业和商业,靠山吃山,靠水吃水;农民闲时做些买卖,官府降税赋,鼓励手艺人以商为业,加速货物流通。先民富,后国富,民小富则国大富,人强则兵强马壮,可御八方来敌,保一方平安。"

越王突然睁开眼睛,问道:"今强吴在北,咄咄逼人,如何面对?"

范蠡道:"先强我,重防守,渐积蓄国力,静观其变。后乘虚而入,避其锋芒,攻其虚弱,则胜券可操,大王无忧矣!"

越王又问:"几年可胜强吴?"因他已染顽疾在身,来日无多了。

范蠡见越王这么问,料定他对天道、王道并不认可,于是说:"君上,王道乃正道中费时最短之道也,大约百年。百年内,越国可臣服天下。"

"百年?"越王冷笑一声,"先生,今日暂论至此,后有闲暇,再听先生高论。"

范蠡走后,越王在大殿上直接对文种发了一通脾气,说:"孤觉得,仅以王道,不足以强越。当今之势,各国代周之心日盛。诸国争天下之际,无坚甲利兵,则每战必败;无高地深池,国必早亡;无严令繁刑,民早弃君。若行王道之法,我越国早就亡于吴了。"

石买担心范蠡也像文种一样受到越王的赏识,于是抓住这个机会向越王允常进谗:"大王,民间常说卖弄风情的女人不讲贞节,自我夸耀的人没有信用,这个从楚国来的年轻人绝不是什么贤才。他如果是和氏璧,早就被人抢走了;如果真有稀世之才,识人者早已不畏道路险阻去请。他何必跑到我越国来,显然是只会自吹自擂而没有真才实学之徒,请大王明察。"

文种见石买如此落井下石,立刻上前禀报越王说:"《易》有言,有卓越才能的人,必背负世俗之累;有至智之明的人,必遭一般人的议论责备。成大功者不拘泥于俗见,论大道者不合于众议。"他还强调说范蠡有姜子牙、管仲之才,请越王三思。

文种退出朝堂,回到文府时,范蠡已在等候,文种说:"越王年事已高,唯恐等不到越国强盛,可刚刚你说百年才可兴越,他怎么可能感兴趣呢?"

范蠡叹道:"小弟不才,可这是最扎实稳妥的兴越之道,其他捷径纵然可保一时强盛,但难保后续辉煌。"

文种拍拍范蠡的肩,"认清时势吧,现在越国被吴国压制,每年向吴国纳贡,君臣内外恨不得明日就推翻强吴,怎么可能等得了百年!"

"原来如此,怪小弟莽撞了,若得宜,你让我再见越王一次,我自有办法说服他。"

文种在越王面前极力为范蠡美言,加上勾践对范蠡印象颇好,也希望父亲再给范蠡一次机会,于是越王再次召见了范蠡。这次召见,没有越国其他臣子,只有勾践、文种两人在侧。

越王先发问道:"听闻先生还有富国强兵大计要献上,今日就请畅所欲言,孤洗耳恭听。"

范蠡直视着越王,说道:"方今天下列国争霸,国力消长为兴亡根本。何为国力?其一,人口众多,百姓富庶;其二,国库充盈,财货、甲兵、粮食经得起大战与天灾的消耗;其三,民众与君上同心同德,举国凝聚,如臂使指;其四,甲兵强盛,兵器精良;其五,君上仁德,不奢靡,不浪费民力,不加税赋,无严苛峻法。"

"先生只谈富国,却未谈强兵。"勾践看着范蠡,问道,"是对强兵没有策略吗?"

范蠡抬头看向勾践,吃了一惊。上一次看勾践,虽说相貌堂堂,但神色凝滞，站在越王身边并不显眼；今日一见，粗密的眉毛下一双眼睛炯炯有神，鹰钩鼻高耸，戴着用红羽毛织成的冠冕，醒目又威严，让人一望而知此人城府深沉，不是等闲俗子。

范蠡直视着勾践言道："强兵在于能胜，而要胜，敝人以为吴国的孙武将军总结的五点最全面，一曰道，二曰天，三曰地，四曰将，五曰法。道让百姓与君王心意相通，可共赴生死之事，全国齐心，危险自除。天是说阴阳、寒暑、时制等。地是说远近、险易、广狭、死生等。为将者，要集智、信、仁、勇、严于一身。法，是严明纪律、管理政事的准绳。凡此五者，军中大将应熟稔于心，它将决定两国交战时能否胜出。孙武将军虽将兵法传于吴国，但以敝人看来，吴国并没有得兵法精髓。"

勾践眼皮微跳，身子前倾，极力压着声音问："先生的意思是，吴国军队可胜？"

"当然可胜。"范蠡高声答道。

"好。"勾践高兴地应道。

越王看了勾践一眼，勾践察觉自己失态，立刻低下了头。越王问范蠡："以先生之言，我越国胜吴国需多长时间？"

"以越王和太子的胆略与智谋，二十年之内越国一定能强大起来，顺利的话，十年之内可以胜吴。"

越王听后，满意地点点头，让太子勾践尊范蠡为师。随后，传众大臣相见，拜范蠡为大夫，授军师。军师这个头衔，资政相当于国师，治军则相当于参谋总长，权限可谓非常大。满朝文武向越王道贺，庆贺越国获栋梁之材。越王又特别嘱咐太宰石买："军国之事，可随时与范蠡军师商议。"石买无奈，黯然答应。

越王命人为范蠡筑大夫府，赏赐美女，范蠡不受，诚恳地说："大王厚爱，蠡实不敢受。蠡乃一介草民，寸功未建，不敢骄奢，待臣察民情、知民风后方可理政。不知国情民风犹如盲人骑马，既不能为君上出谋，也没有治军之法。"

越王说:"民情可由下官上报,何用大夫徒劳?"

范蠡道:"百闻不如一见。听则为虚,眼见为实,查实利弊方可对症下药,此乃蠡之本责。"

越王赞叹:"军师真大家之智啊!"

范蠡自此后白天常在勾践的带领下巡视军队,也常去访察民生,晚上则与勾践习读兵书、探究君王之道。范蠡暗暗为勾践的好学而惊讶,他说的每句话,勾践总能记住,他传授计然当初教他的知识,勾践也能很快领会。但他也不无担心,因为他发现勾践的好学不是出于对富国之道的渴望,而是出于想要打败吴国的勃勃雄心。作为未来的君王,勾践太急于求成了。表现得太迫切,就会显得浮躁,非越国之福。

一日,范蠡从越王宫出来,太子勾践紧跟其后,恳求道:"先生既然传授了君王之道,想必也可传授王者之器,求先生成全。"

范蠡知道,王者之器首属大鼎,而太子尚武,尤其笃爱宝剑,这非王者之器,但君命不可违。范蠡沉吟半响,说道:"那臣下就为太子打造一柄王者之剑吧。"

范蠡既已受命,顿觉时不我待。次日便带两名军士直奔吴兴,取出他埋在大叶榉树下的竹剑。原来那不是竹剑,而是一块夹在竹片中形体如剑的玄铁。之后,他又纵跨国境七百里,赶往南方的湛卢山。

湛卢山位于越国最南端(今福建松溪境内),山高一千二百多米,绵延数十里,有湛云峰、玉女峰、剑峰三峰并立,秀丽挺拔,奇险无比。山中季节变化不大,但一日之中却时有云雾凝聚,晦明不定。

此山中有位铸剑大师,名叫欧冶子,与干将齐名。据说欧冶子为铸剑凿开茨山,放出山中溪水,引至铸剑炉旁成北斗七星环列的七个池中,起名"七星"。剑成之后,俯视剑身,如同登高山而下望深渊,缥缈而深邃,仿佛有巨龙盘卧,是名"龙渊",故名此剑为"七星龙渊剑",简称龙渊剑。

后来欧冶子为越王允常铸剑,共铸成五柄宝剑,分别是湛卢、巨阙、胜邪、鱼肠、纯钧。湛卢剑居五柄盖世名剑之首;巨阙剑钝而厚重，但坚硬无比，故号"天下至尊"；胜邪剑是随身佩带的短剑，既可防身，又可用于作战；鱼肠剑属于暗器，剑体曲折，可藏于鱼腹，专为伺机刺杀而作；纯钧剑专用于作战，欧冶子承天之命，呕心沥血，与众位铸剑师铸磨十载，此剑方成。此剑为越王专用，故称之"越王剑"。

此次范蠡受命来请欧冶子铸"王者之剑"，心中早有预感，剑属杀戮之物，与王道相违。然时势所迫，不得不顺势而为。

欧冶子已七十有余，仍精神矍铄，英武不凡。他四方阔脸，额圆鼻高，身材魁梧高大，其力可拔千钧，令人十分敬佩。范蠡见到欧冶子时，当即取下身上的佩剑，上前作揖，以万分诚恳的态度对欧冶子说："晚辈乃越国大夫范蠡，早听闻欧大师铸剑有术，铸出的宝剑锐利无比，削铁如泥，蠡万分佩服，只是相逢恨晚。今带玄铁一柄，烦劳大师铸为王者之剑。"

欧冶子深居湛卢山中数十年，一心铸剑不问世事，也未曾听说范蠡之名，但他料想来者一定是识剑之人。他请范蠡到舍中小坐，看了他送上的玄铁，稍许沉默后，略有惭色地说："老朽铸剑已数十载，曾为越王、吴王、楚王三国君主铸过许多宝剑，吴国的干将、莫邪与我乃是至交。今日范大夫想得一把剑，并非难事，但要我将这块玄铁铸成王者之剑，恐怕有些作难。"

范蠡听了，大惑不解，问道："大师所言何意？"

欧冶子说道："所谓'王者之剑'者，以贤良之士为脊，以才辩之士为镡，以豪杰之士为夹，以勇猛之士为锋，百姓为背，仓廪为锷。此剑一出，行王道，伐无道，如雷霆之怒，声震四方，四封之内无不宾服，成就霸者之名。至于小人之剑，激于一时之怒，徒逞一时之快，动辄白刃相格，流血无妄，不足为论。"

范蠡万万没有想到，隐居乡野的欧冶子对王者之剑竟有如此高论，实在令人佩服。"大师所论令晚辈茅塞顿开，原本以为用剑与王道相违，今日方得知剑道可与王道融会。"

范蠡向欧冶子行师礼，欧冶子说道："范大夫的这块玄铁乃至坚非凡之物，别说以现今的铸造术很难将它熔化铸成利剑，即便可以，老朽也难从命。"

"这是为何？"

"此等集天地精华之物历经千年岁月，早已有了灵气，自有保护之法。若非大仁大德之人，恐难降服此剑；而一般人若挥舞此剑，恐遭反噬，带来无穷祸患。"

"大师的意思是，这块玄铁不能用？"

"若要用，唯一的方法就是不经冶炼，直接将其打磨成型，不露锋芒，不沾血污。此乃最稳妥的方法。"

范蠡深明欧冶子话意，神色一敛说道："晚辈知大师乃天下剑圣，如何打造，全由大师定夺。"说完，再拜而去。

2. 槜李之战

在吴、楚"柏举之战"后，吴国进入鼎盛时期。吴王阖闾觉得自己为吴国南征北战，打拼了半辈子，也该享享清福了，于是派太子夫差在西北江淮之地驻守，以防备北方。自己则在吴国兴土木，建造宫殿楼台。尽管相国兼行人伍子胥坚决反对，但也无法让阖闾改变主意。

阖闾在王宫附近的平安里修造了一座射台，在平昌里兴建了华池，在平乐里盖起南城宫，又在姑苏山上的平缓处筑造高台，取名姑苏台。吴国国都姑苏城原本就富有而美丽，经过这番改造，都城及周边更显繁华。姑苏一时成为南国少见的大城，临海近湖，水网交错，放眼望去，好似一座浮动在银波之上的仙城。

姑苏城水路四通八达，出行便利。阖闾秋冬在姑苏城内的宫殿里处理政事，到了夏天就去姑苏台别宫避暑游乐，骑马、射箭、狩猎、歌舞、弹唱，都成了他的常规节目。阖闾在宫廷中休息享乐，同样，吴国也在休养生息，而这一休整差不多有十年。这期间，吴越两国相安无事，且有频繁的互市往来。

公元前496年的早春二月，越王允常挨过了最后一个寒冷冬天后撒手仙去，太子勾践继位。越国沉浸在国丧的悲痛之中。

允常去世的消息很快也传到了吴国。这些年来，阖闾志得意满，变得有些自负毛躁。静极思动，回想起当年越国曾趁他攻打到楚国郢都时偷袭吴军，阖闾心中涌起一阵愤恨，如今何不趁机攻打越国，教训越国一顿呢？

吴、越两国有近十年不动刀兵，阖闾和吴国勇士们都跃跃欲试。大将军孙武几乎是在计然离开越国的同时离开了吴国，但由这位军事奇才训练出来的士卒都是耐不住寂寞的斗士，即使过着安定平和的生活，也需要一点鲜血的刺激。

吴王阖闾在廷议中提出对越作战计划后，执政大夫伍子胥第一个表示异议，他说："越国虽然曾经偷袭过吴国，但他们的国君刚死，举国百姓都很悲痛，所谓哀兵必胜。而且趁越国国丧去攻打他们，将来还会被人视为不义，其他诸侯国必将多有指责。只要过了国丧这段时间，随时都可以伐越。"在他看来，吴国攻打越国并不是没有胜算，但这个时候攻打，对吴国的名声和士气都不利，会付出更大的代价。

阖闾置若罔闻，什么哀兵必胜！吴国军队把强大的楚国都给打败了，可谓天下无敌，还有何疑惧？"伍大夫，你若不同意，孤亲自去，你就等着孤凯旋吧！"

公元前496年（吴王阖闾十九年，越王勾践元年）四月，阖闾安排伍子胥驻守吴都，自己御驾亲征，带着三万五千人的精锐之师气势汹汹地朝越国杀奔而去。

兴师伐越的消息在吴出兵前就传到了越国，新越王勾践心里不胜慌乱，毕竟战事来得太突然，没有丝毫准备，怎么办？情急之下，勾践只得将国葬草草了结，急召各大臣商议用兵之事。

太宰石买提议："将越国全部能作战的军队分为两部分，一部分在浙江（今钱塘江）南岸阻敌，另一部分在诸暨都城附近防守。"石买在文种和范蠡来越之前，一直主持部分军务，然而范蠡一来，勾践趁机夺回了全部军权。如今他看着坐在大殿之上神色不定的勾践，莫名有些得意。

石买的提议遭到大司马诸稽郢的反对，因越国能集结的作战部队不过两万八千人，若再分成两部分，拿不足敌方一半的兵力去抵抗，且不说装备及经验不及吴军，仅数量上就无法与来军对峙。

大臣们觉得诸稽郢说得有理，但议来议去还是没有一个可行的御敌方案。

范蠡始终沉默不语。在他看来，此时，缄默是最安全妥当的应对方式。第一，他资历最浅；第二，战事突发，比他预料的时间要早很多，还没来得及将他的强军之策推行下去就要仓促应战；第三，越国的实力不足，打赢这场敌强我弱的战争需要精心谋划，否则没有任何胜算。可在他沉默的时候，勾践早把目光投向他，寄望殷殷。

范蠡作为军师，不能一直缄默，他抬头与勾践对视，不动声色地微微点头，然后高声说道："用兵之术，首重力与气。力者即军队实力，气者即士气，力不足则气来补。国家有丧，不许兴兵，吴废礼制，已失信义，大王可借此唤起民心，同仇敌忾！若能化悲痛为力量，未必不能与强吴一搏。只要大王能给将士们鼓足这口气。"

勾践早就想和吴国在战场上一决高下，而且他了解本国人的性情，此战显然是吴国倚强凌弱，越军的勇气及百姓的士气都不难调动。但具体该如何调动，他让范蠡先谈具体的迎敌方案。

范蠡接着说道："吴王举精兵三万余人分三路并进，因吴水师有限，他必经过吴淞江由东边往南攻，我军也可一分为三迎击。第一线不是在浙江南，而是在国境最北。"

范蠡的话还未说完，众人惊诧之声已起。石买的两分越军尚不可行，三分越军又该从何谈起？

范蠡没理会众人的质疑，继续讲解他的方案："臣得闻吴军左军先锋由吴国公子累将军统帅，此人善于战阵，但脾气暴躁，易被激怒，因此可以派三千人作诱军，引诱他快速追击，与吴中军拉开距离。吴王的右军，战斗能力并不强，是辎重和补给部队，应该是在太湖东南岸登陆，因此我们可用五千人的水军袭扰，减少这支右军对我们的威胁，也削弱了吴中军的援助力量。我军攻击的重点是吴王亲率的中军主力，约一万五千人。这支由孙武建立起来的正规军，军容整肃，布阵严谨，若能动摇其军心，我军就有可乘之机。"

范蠡滔滔不绝的战术布置，让不懂军事的大臣摸不着头脑，越王勾践倒是有所启发。为了深入有效地探讨策略，他只留下太宰石买，大夫若成、冯同、范蠡及大司马诸稽郢，又召来将军灵姑浮、百里良，共商御敌细节。

按计划，越军把两万主力士卒及一千余名死士悄悄部署在越、吴边界南仅二十里地的白马寨南面。年轻的勾践为了鼓舞士气，将近千名死囚召集起来，问道："你们愿意像英雄一样到战场上去作战，牺牲后家属得到荣耀和优抚，还是愿意作为罪犯被送到刑场上杀头，死后家人蒙受耻辱？"这批死囚当然选择前面这条路。

初夏的黄昏，细雨绵绵，凉风习习。身穿越甲的勾践威风凛凛，他站在战车上，高声喊道："吴王趁我国丧，侵我疆土，扰我百姓，天地不容！越国的勇士们，为了越国的存亡，为了父母姐妹不受欺辱，你们愿意献身吗？"

"愿意！愿意！"勾践周围的数千士兵手举兵器，齐声喊道。

战事的进程几乎跟范蠡预料的一样，吴国公子累将军的左军将三千越军当成了主力，一路狂追猛打，很快追过了嘉兴石门湾。吴国的右军则被越国的五千水军拖住，短时间内无法上岸。吴王的中军以攻击阵形前进，士气高昂，所向披靡。越军大部队仍潜伏不动，只以三四千人分成若干小队向吴军冲击。但越军无论以横队还是纵队攻击吴军，都被吴军分割在七八个严实阵垒中，全部剿杀。一天激战过后，越军损失千余人。吴王阖闾好不得意，跨马挥鞭，高喊道："孤三日内饮马浙江！"

次日，战事重起。吴王的中军仍是锐不可当，很快杀至白马寨南面的樵李，且将士都严阵以待。临战，阴沉沉的天空被撕开一道口子，阳光从裂缝中辟出金黄色的通道，直直地投射到地面上。配甲的士卒们腰带吴钩，手持的青铜长戟反射着太阳的光芒，扩散出阵阵金黄色的光彩，远远一望像极了一片即将要收割的麦田。

这时，吴军阵后传来一片呐喊声，一股人马由背后汹涌杀出。阖闾初以为是越军中二三千人的漏网之鱼，并不在意，只令弓箭手准备。这股人马在快速行进中忽然分作三队，每队各三百人左右，身穿白衣，披头散发，手持短剑，他们脚步坚定、神情肃穆地看着吴军，在快要进入吴军弓弩射程内时，整齐地停下脚步，齐声喊道："越国必胜，越国必胜！"

阖闾冷笑："区区死士，就想冲破我一万五千人的中军大阵，真是自不量力！"

没想到，这近千名死士喊完后，纷纷挥剑自戕。只见剑光闪处，鲜血飞溅，人首虽已落地，身体却屹立不倒。三个横队接连上前，都做了同样的动作。这突如其来的悲壮一幕，当场惊呆了对面的吴军，这些吴军虽然杀敌无数，但从来没有见识过如此惨烈的景象，一个个都呆若木鸡。

而越军在见到同袍们的这一悲壮举动后，个个怒火中烧，热血沸腾，此时他们对吴国的仇恨之心可谓达到极点。

正在吴军士卒议论纷纷、争相看热闹时，忽听一阵鼓响，一声"杀啊——"惊天动地。只见潜伏的越军如狼似虎般从潜伏处杀奔过来，战场一时间尘土四起，旌旗猎猎。灵姑浮、百里良、胥犴各自率领一支精锐，左冲右突，迅速打乱了吴军阵营，后面越王勾践驱动大军，汇合诸稽郢的部队，也一并杀至。

吴军早已乱成一团，弓箭手手脚发软，无法稳住阵脚，成了待宰羔羊，瞬间被淹没在人海里。双方共三万余人近身搏杀，你来我往，撼人心魄，鲜血、残肢，惨叫声、呐喊声，一时间风云变色，天昏地暗！越军越战越猛，而吴军越战越怯，越怯越慌。阖闾没想到战场形势逆转得如此迅速，来不及指挥重新布阵，只好匆忙下令："撤！快撤！"

吴军应该向北撤，但因越军是从北边向南冲击，慌乱之中，阖闾为避越军的锋芒，反而率部向南逃去。

越国大将灵姑浮在乱军之中发现吴王阖闾正准备逃跑，立即纵骑飞奔追了上来。护卫吴王的大将专毅见状，忙调转马头，折身而回，手提长剑前来迎战。灵姑浮飞骑而起，借着战马冲力，手中长戈直刺而出，犹如离弦之箭，一下子斩断了阖闾的一只脚趾，阖闾顿时鲜血直流。灵浮姑当然不会放过这个掳杀阖闾的大好时机，飞奔上前又刺一戈。专毅及时拦挡，挡住了灵姑浮的二次攻击，掩护阖闾撤至距檇李约十里的陉地。

黄昏时分，战场上处处可见乌鸦，它们粗粝嘶哑的叫声给这里增添了无尽的死亡之气。入夜时分，从湖面吹来的凉风把檇李南北正盛开的银杏花卷得漫天飞舞，纷纷飘落，为这片充满血腥的战场披上了诡异的色彩。

望着满地的吴国士卒尸体和已狼狈逃去的阖闾，越王勾践悬着的心终于放了下来。战场上的越军士气高昂，一声接一声地呐喊："越王！越王！越王！"

灵姑浮近前问道："大王，要不要乘胜追击？"

这时，范蠡赶过来对灵姑浮说："大将军恐怕来不及追吴王了，公子累的左军还在前面呢，你得先去会会他。"

吴王阖闾逃到陉地后，心中突然有一种从未有过的孤独感。他仰天望着无尽的苍穹，想到自己这一生征战无数，大败楚国，刺杀吴王僚夺取大位，如今国强民富，本可过逍遥日子，没想到一时不察，竟落到如此地步，今日被小小的越国打败，不甘！委实不甘！他的人生不该如此结局！

可是不甘又如何，他的脚还在流血，他的身体已经明显衰弱，他甚至感觉到生命像水一样正从自己的身体里流逝。阖闾遥望吴国方向，知道自己今生可能再也回不去了。天命不可违，没想到自己的终途竟然如此惨淡狼狈。

"父王，父王。"赶来的这队人马并不是阖闾期待的公子累，而是夫差和公孙雄率领的一支王宫卫队。

"孤在这里！"吴王阖闾的声音依然洪亮，即使用一只脚，他也同样站得笔直，浑身充满霸主的气概。

"夫差，有你兄长累的消息吗？"吴王阖闾问道。

一将军上前禀报："禀主公，累将军因率左路军冒进，中了越军诡计，被引到水泽之中，遭到越军伏击，已经战死沙场。"

"什么？……"吴王阖闾听到这个消息，顿时急火攻心，吐出一大口鲜血，晕了过去。待他醒转过来，又吐了几口血。接连的打击已经使他奄奄一息，但他依然神情肃穆，两眼燃着仇恨的火焰。他双手紧紧抓住夫差的手臂，强撑着身子坐起，说道："我儿，你会忘记今日越国的杀父之仇吗？"夫差说："请父王放心，孩儿绝不敢忘！"

这时吴王阖闾挺直身板，一把推开夫差，起身紧走几步，双手搭在宇墙上，整个身躯笔直地傲立在高坡上。过不多久，他望着苍茫的大地哀叹一声，带着无限遗憾离开了人世。

3. 三谏越王

越国在槜李之战中险胜，令越国的文武大臣对范蠡刮目相看。越王勾践封他为掌兵大夫，并将自己的纯钧剑赐给他。

吴王阖闾亡故后，夫差继位。他为了给父亲阖闾建造墓穴，征召了成千上万的吴国民夫在破楚门外七里处的海涌山（今虎丘山）上取土堆丘，又在丘上修建起长、宽各六十步的剑池，池水深达一丈五尺，据传"剑池泓淳，彻海浸云，不盈不虚，终古湛湛"。阖闾总算安眠九泉了。据说此墓修成三日后，坟丘上出现了一头吊睛白毛大老虎，所以此后人们又将阖闾墓称为虎丘。

槜李之战使吴国与越国结下了比钱塘江还长、比太湖水还深的血仇。战后，两国都重新调整了大政方针，加快了富国强兵的步伐。

范蠡向勾践进言:"吴国虽败,但并没有到一败涂地的程度。阖闾丧期过后,吴国新君夫差必将为父报仇,以更残酷的手段报复越国,我们须早做准备。希望大王能在险要之地建城设关以防吴。"

勾践不以为然,但紧接着文种也提出了同样的建议。于是,越王依文种、范蠡的计议,勘选地方修新城。几经挑选,范蠡相中了会稽山。但勾践却坚持要把城建在会稽山北麓开阔的水泽之地平阳(今绍兴越城区),利用八个弧丘建了一座城邑,陆上设四座门,水上设两处门,这座小城又叫"勾践小城"。

夫差在登基大典结束后,率领吴国文武百官在安阳宫大殿举行了继位后的第一次朝议。此时的夫差满脸威严,身着紫袍,头戴王冠,腰系玉带,右配宝剑,昂首立于王座之前。他俯视殿中群臣,虎目神光闪闪,浑身上下充满王者霸气。"孤在此立誓,不灭越国,绝不踏入后宫半步。殿中立二十卫士,每日早中晚提醒孤,勿忘国耻,扫灭越国!"

自此开始,吴王夫差就命一个人站在王宫门口,每当他出入时,那人就高喝:"夫差,你忘了越国的杀父之仇吗?"夫差立即回答:"绝不敢忘,三年内必报此仇!"夫差从继位的第一天就做出了一系列举动,除了显露他的野心外,也显示出他壮大吴国的决心。

群臣对他的种种做法点头嘉许,对他坚定的强国信念很是满意。接着,夫差又颁布诏令,加封伍子胥为相国,辅掌政事,加封伯嚭为太宰,加封公孙雄为大将军,加封专毅、熊胜为上将军。

诏令颁发后,夫差单独召见伍子胥,问他说:"相国,孤要重组一支三万人的水军,你看交由谁负责训练呢?"

伍子胥一听,暗吃一惊,"大王,此时重新组建如此庞大的水军,怕是国库难以支撑。"他硬着头皮,出声反对。

夫差提出第一个宏伟计划就遭到否定,心中大为不悦,他不客气地质问伍子胥:"相国,这次我吴国败于越国,很大的原因就是越国水军强势,行动迅捷,以舟船运输士兵,使我们难以侦察到他们的兵力部署情况,以至于中了埋伏而败。因此重新组建一支水军,是我吴国灭越的关键。而且，灭越只是我吴国未来三年的计划，我吴国更长远的目标是北上图霸，而不是偏居在这东南一隅。只有图霸中原，才能建立我吴国的辉煌大业。而北上的关键，依然离不开强大水军，不管是南下攻伐越国还是北上齐鲁，吴国都需要涉江渡水，没有强大的水军，能过江涉水吗？"

伍子胥并不在意夫差的指责，对于阖闾之死，他内心十分自责。要不是当初自己跟吴王阖闾意见不合，他就不会留在吴国，而是与吴王一起出征；要是自己跟阖闾一起出征，阖闾或许就不会战败身亡。伍子胥是个有仇必报、有恩必还的人。当年他身负血海深仇，辗转流亡到吴国，要不是阖闾仁义收留他，并帮助他报仇雪恨，他早就变成一个异国之鬼了。所以，他一定要为阖闾雪耻。而对于夫差，伍子胥则怀着一种父亲般的深厚情感。这位吴国公子，是他看着长大，也是他一手扶上王位的。夫差的丧父之痛和满腔仇恨，伍子胥感同身受。所以尽管他认为此时不适合扩军，但还是答应了夫差训练水军的要求。伍子胥披发明志，在姑苏山下太湖边修建了一个规模宏大的军港，在太湖上日夜训练吴国水兵，并搭建射棚，教授士兵射箭之法。

夫差自从继位后，每日必临早朝。朝会之后，又昼夜住在水军营地，与士卒同甘共苦，大有发奋图强的意志和决心。

勾践听说吴王夫差日夜练兵、准备报复越国的消息后，不由得焦虑起来。性子原本急躁的他不想坐以待毙，也从越军中挑选了一批人马，分别进行训练。改任冯同为左司马、大将军，训练一万五千带甲步卒；封灵姑浮为右司马、大将军，负责改善越军装备；封胥犴为上将军，训练三千车驾弓弩手；封百里良为上将军，训练一万两千水军。为应对吴国，越国的中心工作转移到积储备战上，其他所有事情都围绕这一中心展开。

勾践一向急功近利，槜李之战仅过去一年，他又生出了伐吴的念头。一天，他把太宰石买，大夫文种、范蠡，大司马诸稽郢等人召入殿内，忧心忡忡地对他们说："孤近来常做噩梦，可能是因为太担心夫差会率大军来复仇。故此,孤一再思虑,与其静坐不动让夫差充足备战后来攻,不如先发制人,兴兵伐吴,不知诸位意见如何?"

"大王万万不可轻率行事!"文种第一个上前,回奏道,"吴王虽然新丧,然而吴国的带甲之兵超过五万,尚有水军三万,况且孙子兵法之谋略为世所共睹。吴军之败,非败在军力不如,而败在人心之乱。我军不过乘一时之威,以逸待劳,才能侥幸取胜。今若远涉吴境,与吴军正面交战,吴军战虽不能,然而守则万无一失。我以疲劳之师被迫持久相抗,只怕不等胜利,整个国家的财力就耗空了。臣以为,当今之要,我王应安抚国内,休养练兵,外与楚、齐修好,才是正道;倘主动出战,恐怕是有害无益啊!"

听完文种的进言,勾践铁青着脸,对范蠡说:"孤此时不伐吴,吴迟早兴兵伐越。不如趁其不备,先发制人,或许还有一线生机。如果坐等吴国兵强马壮,到时我们岂有还手之力?"

范蠡回禀道:"臣听师言,'兵者,凶器也,战者危事',作战是逆德的行为,发动战争又出师无名是下下之策。吴国本来比越国强大甚多,而夫差纵然仇恨满怀,却没有妄动刀兵,说明他不是鲁莽轻率之人。我们从未与夫差交过战,不知其实力,先发制人只会使我们过早暴露实力,不如静观其变,一旦窥测到敌军异动,我们再动兵不迟。眼下时机尚未成熟,我们不宜率先挑起干戈。"为此,他积极主张持久防御,避敌锋芒,防止出现过早大规模决战的被动局面,指出"彼来从我,固守勿与",做到以静制动、以逸待劳、以屈求伸、以主应客。

文种也赞成范蠡的说法,他说:"大王应知越国国力始终不如吴国,现在夫差一心报父仇,其锋芒势不可当,以越国现有的实力与其硬拼,几乎没有胜算。但如果吴国入侵,那便是劳师远伐,我们则以逸待劳,不仅可弥补实力的不足,且有可能像前次一样以智取胜,这才是上上之策。"

越王对这种坐等敌人上门的战略很不解,但在群臣的反对下不得不再次打消伐吴念头,无奈地走了。

公元前493年（勾践三年），在老越王允常忌日，过去一向受老越王宠信的太宰石买借纪念仪式重提伐吴一事。石买知道，越王勾践并不信任他，从老越王死后，他的权力逐渐被楚国来的几个外臣削弱，自己已经没有什么筹码可以与楚人争锋比肩，只有帮勾践促成伐吴大计，才是首功一件。石买对勾践说："老臣近来天天都睡不着觉，一直为大王担忧伐吴之事。已近三年了，大王却还沉得住气，不做丝毫作战筹划。吴国早就跑到了我越国前面，如此拖延，只怕吴国万事俱备，而我越国到时只能束手就擒。"

石买的话正中勾践下怀。几年来他昼思夜想的就是对吴开战，现在有一位朝中老臣如此支持，机不可失。他想了想，说："孤何尝不想了此心愿，可时机不成熟啊。文种、范蠡、诸稽郢等人又一再劝谏，孤怎能不稍加顾忌呢？"

石买闻言，心中暗喜，乘机说道："伍子胥是楚人，文种、范蠡也是楚人，吴、越两国都重用楚人，要是有朝一日他们联起手来，还不是他们想帮哪国就帮哪国，谁能掌控得了呢？楚人最奸诈，真到了关键时刻，还得靠咱地地道道的越国人！"石买说得兴起，竟顾不得当不当讲，径自怀疑起文种、范蠡等人来。

勾践的一双鹰眼紧紧盯住石买，正色道："太宰不可妄言，两位大夫忠心为国，孤自有分寸。"话虽这么说，但等石买退下后，勾践心里还是荡起涟漪，伐吴之事不可再推，需立刻提上日程。

范蠡还是极力反对："天时不到，人事不应，则隐忍不发。现在君主不盈而溢，不盛而骄，不劳而矜其功，实在是逆于天而不和人。若是强行去做，一定会危及国家。"他的话说得很不客气。

勾践却不以为然，说道："吴国经槜李一战，早已是兵疲将寡，实不足为惧！况孤也厉兵秣马三年，正要趁此机会，一举灭掉吴国。"他的态度也很坚决。

范蠡又进言："古代善于用兵的人，常遵循天地之常理。后则用阴，先则用阳；近则用柔，远则用刚。根据当时不同的情势用兵，方为制胜之道。吴王夫差因其父为我越国所杀，既受辱又愤恨，三年来矢志复仇，秣马厉兵，君臣上下同仇敌忾，其志愤，其力齐，兵精将勇，实力雄厚。我们出击硬拼，肯定无法占取优势。明智之举只能是以逸待劳，坚固城防，大王千万不可跟他们大规模决战！"

勾践看着范蠡，面有愠色："大夫的意思是我越国不如吴国？"范蠡抬头直视勾践，从容说道："目前实力如此，大王不可不察。"

这一次勾践根本不听谏言："孤既已决定，就不要再说了。"但文种不甘心，继续劝说："大王，吴国阖闾虽死，还有老谋深算的伍子胥在，何况吴国已有准备，兵强马壮，国力雄厚，我越国此时万不能与之硬拼啊。请大王明鉴！"

勾践见文种当着众人把出兵攻吴说得必败无疑，大发雷霆，竟当场将他赶出朝堂。文种见勾践屡谏不听，又心生一计。他回到府中设起灵堂，挂起白幡，为越国吊丧，并学"寡妇三哭"，边哭边喊："越国要亡啦！"他希望通过这一举动促使勾践醒悟。

文种为越国吊丧的消息迅速在都城传开，石买又借机派人在都城传播谣言，说文种本是楚人，对越国不忠，他这么干，显然是在动摇军心，灭我军威。勾践闻报，龙颜大怒，挥剑要砍杀文种。文种只得请越王夫人季爱出面，向勾践代为求情。

是年春末，越王勾践最后下定决心，趁吴国尚未准备充分，先发制人，令石买、诸稽郢征集越国所有兵力，与吴国一决高下。

4. 夫椒决战

吴国自欈李战败后，夫差立志报仇雪恨，并以三年为期。在这一目标的驱使下，夫差不亲妻子，不近酒色，饥不饱食，寒不重彩，一心想着灭掉越国，替父亲阖闾和兄长累报仇。在伍子胥的辅助下，夫差行"立城郭，设守备，实仓廪，治兵库"的强国之道，仅在吴越边界就筑有管城、晏城、萱城、何城四城，另筑有烽火台。如今三年丧期已满，吴国七八万经过严格训练的水陆大军时刻准备与越军进行一场生死决战。正愁找不到合适的借口和时机,没曾想越国竟先发制人,贸然出击,给了夫差迎战的理由。

公元前493年初夏,越国以灵姑浮为将的三万步卒、以百里良为将的一万两千水军以及以胥犴为将的三千车驾弓弩手誓师后皆从诸暨城北先后出发,由水、陆两路向北挺进。石买、诸稽郢、文种、范蠡随军辅佐勾践参与军机。

勾践动用六百余艘戈船,每只船上部署四十八名士卒;此外还有五艘楼船,除主要将帅外,每艘船布置八百名士卒。水路大军直趋太湖,浩渺的湖面上连吴国的半只船影也不见。勾践命令继续往水面搜索,隐约间,看到湖中两座山峰兀立于前,岛上树木葱茏、怪石耸立,这是太湖中两座奇秀的小山——夫椒山。

两天后的一个清晨,寒风吹过太湖烟波浩渺的水面,透过弥漫的雾气,隐约可见夫椒山顶立着一队队全副武装的吴国士兵。范蠡凝目遥观,发觉有些异常。

"有何敌情?"勾践漫不经心地问。

范蠡回道:"大王,您看那海鸟突然齐齐惊飞,说明小山背后有隐蔽之敌在行动。"

"我们的行动如此神速,不可能……"石买的话还没说完,只听夫椒山上突然战鼓擂动,三人惊觉,再一看,山弯中集结待命的吴国水师一齐出动了,一只战船、两只战船、三只战船……配有多种兵器的一百余艘大翼战舰驶了出来,每只舰上有百余名士卒,大翼的左侧是数百只小翼,右侧是数百只艨艟,后面是数十只楼船和桥船,中间是夫差的"盛皇"楼船。

勾践抬眼望去,只见吴军万舰齐发,刀枪林立,旌旗飘飞,太湖瞬时变成一片旗海。吴国的大军终于来啦!勾践拔出宝剑,大声喝道:"快,传令全军准备战斗!"

这时石买的脸上掠过一丝难以察觉的惧色,他没有经历过如此规模的战役，好在越王就在旁边，依仗王威，不至于惊慌失措。他传令百里良的八千水军迎战，两千水军护驾，还有两千水军做预备队。越军水师使用的兵器颇有特点，其中的钩拒和钩镰是为了水战中两船靠近的特殊用途而设计，其柄为竹制，长约一丈五尺，顶端有弯曲的铁刃。两船靠近时，可以用它将敌船推开不让靠近；也可以将敌船钩住拉拢，不让逃跑。然而武器再精良，在战场上也无法起到决定作用，水战的主要装备是战船。

但勾践、石买哪里知道，吴国的战船是专门为对付越国而特意建造的。伍子胥为配合新水师的作战方案，依照陆军车战编制，结合吴、越两国水战特点，经过详细规划，布下了水阵。除水军外，配有双栖步卒，舰只则分为馀艎和三翼，包括楼船、桥船、大翼、小翼、艨艟等种类，相当于陆军的重车、轻车、冲车、行楼车、轻足骠骑。

激战开始了，伍子胥的旗舰是一艘馀艎舰，他带着这一支舰队冲在最前面；吴王夫差的楼船也是馀艎级别的大船，带着近百艘大翼紧跟其后，侧翼的伯嚭、公孙雄则率领数十艘桥船迂回包抄。初战，双方即纠缠在一起，混战了一天，打成平手。因为舰船过于密集拥挤，任哪种舰船都无法发挥自己的优势。双方的水兵冲上对方的甲板，格斗争船；而水兵的搏斗能力毕竟不如戴甲步卒，不断有士兵在惨叫声中跌入波浪翻滚的太湖中。从早到晚，求救哀号声不绝于耳，士卒溺死无数。

这场恶战一直持续到黄昏，依然处于胶着状态。突然，天气骤变，浓云密布，狂风肆虐，湖面上波涛汹涌，一道道闪电撕裂天空。风向对吴不利，大船都被刮到附近的小山边，小船则被吹沉，坠入水底，太湖湖面上尽是破碎船片和被杀的兵士浮尸。吴王只得下令鸣金收兵。

次日开战，吴军总指挥伍子胥调整了部署，将投入战斗的舰船减少一半，每只舰上配置一定数量的步卒，大小舰船连成一片，以发挥双栖步卒的优势。

越军疾飞的戈船不期遇到了吴军的大翼、小翼、艨艟的连环阵，猝不及防中来不及掉头。说时迟那时快，吴军连环阵中弓箭齐发，越军的戈船碰壁，大部分船只被撞穿，无数士卒落水。

勾践远远望见此惨景，不由大惊，忙问石买对策。石买心想，既然吴军可以配双栖部队，越军当然要针锋相对，让戴甲步卒上船。他急命灵姑浮带两万步卒由楼船输送投入战斗。

范蠡见势不妙，赶紧向越王勾践建议："敌舰大，又连成片，互相呼应，我舰即使配上步卒，因没有经过专门的攻击训练，很难靠近敌阵。据臣所知，东苕溪和石门湾两处是吴水军入越的必经之地，不如命步卒在那里布阵以待，再派胥犴的车驾弓弩手到大小舰船上参战，远距离攻击敌人。"

石买反驳范蠡，认为此举是懦夫所为。勾践也不愿被动防御，只轻蔑地"哼"了一声，就派石买、灵姑浮率步卒迅速投入战斗。

接到信号，灵姑浮、石买的两艘楼船和三百余艘配有步卒的戈船向夫椒山方向驶去。在"盛皇"楼船上的夫差一看越国的楼船向前逼近，命大将军专毅列阵迎击。

石买求功心切，急命女婿灵姑浮直扑"盛皇"号，攻击吴王夫差。灵姑浮的楼船冒着箭雨，倾力而进，终于靠近并登上了"盛皇"号。他率死士冲上去，与专毅交手，往来数个回合，灵姑浮寻到一个机会，一戟从背后刺中专毅，戟从前胸扎出，专毅挣扎了几下后重重倒在甲板上。

夫差一见，面色大变，高声喊道："来人，快援救孤！"

这时，越国戈船都向"盛皇"楼船冲来，而吴军的主战舰、各将帅的指挥舰也都回援而来，将越国舰队整个围住。

伍子胥见状，又惊又喜，忙大声传令："全体弓箭手预备，放火箭！"

一时间，万弩齐发，越国的戈船还未与吴国船舰接触，就已起火，借着大风转瞬就变成"火蛾"。微暗的天空顿时被一片火光照亮，风助火势，越国舰队笼罩在一片火海中，这熊熊大火仿佛把整个太湖都烧沸腾了。

灵姑浮跳上自己的楼船,想下令撤退,回头一看,石买的楼船早不见了踪影。稍一迟疑,只见两个吴甲武士飞追而上,挥刀砍来。灵姑浮急忙躲闪,他先躲过了一刀,却被另一刀砍中,"砰"的一声掉下水去。他的楼船着火倾覆,船上士卒与灵姑浮一起永葬在太湖之底。

石买原想一举击败夫差,抢个头功,没想到自己的舰队这么快就战败了,而且败得如此莫名其妙,让他简直不敢相信这是事实。而正在他想得出神时,无数吴军的战船已经冲到他的舰船前,他感到杀气迎面而来。

就在越国的戈船陷入火海时,他做了一个自认为无比恰当的决定——逃命!他传令百里良率全部能参战的舰船阻击敌人,掩护越王和他自己撤退。

勾践率几千人由水路回撤。一路上,勾践慌乱回逃,夫差紧追不舍,在此情况下,百里良为了给越王争取时间,在石门湾(今嘉兴境内)死守,与吴军拼到最后一刻,全军覆没,百里良将军英勇战死。

越王勾践奔逃了两天两夜,终于到达勾践小城。范蠡令两千甲士在勾践小城北面的城山坚守,而吴军穷追至此并不惜代价突破了城山守线。因勾践小城无险可据,勾践等人只得继续向后逃至会稽山。经过艰苦对战,上山的越军仅有五千余人。

会稽山属越国中心之境,虽然越王所居之地山高仅五百米,但山上草木丛生,山洞满布,泉水四季不绝,几千人坚守在山上,十天半月也难攻克。于是,吴王派近三万士卒把会稽山重重包围起来,试图把勾践困死于此地。

此时的勾践悔恨交加,他痛心疾首地对范蠡说:"都怪孤没听大夫的劝告,以致落到这般境地,越国就要毁在孤的手里了,孤怎么对得起先王,怎么对得起列祖列宗!"

范蠡见勾践涕泪横流,心中多有不忍,但此时又实在想不出应对的妙策。他只得安抚勾践说:"事已至此,大王也不必自责太甚。兵书云,胜败乃兵家常事,此番我越军虽败,但只要大王吸取教训,勤练兵马,充盈国库,我越国就还有希望!眼下最重要的是要想出一个保全越国的应急之策。"

"大夫,可是有了反败为胜的奇策?"勾践见范蠡如此说,眼睛又亮起来。

范蠡摇摇头,"如今我越军已入绝境,反败为胜恐不可能,如今我们要想办法存活下来。"

勾践听完颓然坐在地上,瞬间丧失了勇气。

越军将士见国君颓丧,也失去了忠勇之志,一时怨声载道。他们声言总指挥官石买临阵退缩,必须为夫椒之战的失败担责,于是纷纷到勾践面前告发:石买这个人实在无才无德!他嫉贤妒能,几乎与每个同僚都结怨,只知道谄媚求荣;既没有指挥才能,又贪生怕死,是个典型的小人。大王必须严惩他,不然他还会给越国带来更大灾难。

这时候的石买在越军中已经完全失去了往日的威严,不仅那些将军不再理会他,就连普通士卒也开始出言不逊。石买很生气,一连下令鞭打了几个不听令的将领,试图用严刑峻法来挽回自己的颜面,重整越国将士的军心,结果事与愿违。

没过几天,越军就崩溃了,有的人当了逃兵,还有人竟投降了吴军。越军群情激奋,很多人意欲冲进越王勾践避难的山洞,向大王兵谏!但都被范蠡挡住了,他告诉将士们,一定会给他们一个合理的交代。

范蠡独自进到越王暂居的洞中,奏道:"大王,目前军心离散,不杀石买,不足以平军愤。请大王速做决断吧!"他站在洞口,面色凝重地说。不远处传来士兵们山呼海啸般的呐喊:"杀石买,杀石买!"

勾践心里明白,战败的最大责任者是自己,他长叹了一口气,欲言又止地看着范蠡又低下了头。思考良久,他的眼神中又重新恢复了坚定和刚毅。他大步跨到洞外,面对越国的数千甲士,大声说道:"将士们,太宰、执政大夫石买指挥不力,临阵脱逃,滥杀无辜,罪不容赦。孤决定把他当众处死,以告慰在战斗中死去的将士!"

石买早就被几个愤怒又大胆的士兵绑了，推到越王勾践面前。"大王，我对越国有功，即便此次战败有失，但罪不至死呀！"石买披头散发，一边跪地叩头，一边竭力告饶。

勾践心一横，手一挥："拉下去，斩！"

几个士兵早已按捺不住，冲上来乱剑齐下，几欲将石买乱刀分尸。越军欢声雷动。这场有惊无险的兵变，其中玄机留待后人评说。

第三章　辱身为国肝胆见

1. 被迫忍辱

滂沱的大雨已下了几天几夜。浙江水骤涨，海水进逼倒灌，山洪暴发，通往会稽山的大小道路被洪水冲没，山水激涌而下，将会稽山围成一座孤岛。洪水之外有吴军围困，在会稽山顶端喘息的越国残兵又冷又饿，好在有险可守，吴军短时间内还攻不上来。

吴军主帅伍子胥在山下气定神闲，他让两万多水军围而不攻，只扼守水道和木鱼池，一是谨防越军从水上逃走，二是掐断他们干净的水源。但伍子胥哪里知道，会稽山上的甘泉四季不竭，清甜可口，仅靠泉水就可以支撑月余。没办法强攻，伍子胥只好硬着头皮跟越军继续耗下去，哪怕他的士兵也同样在吃苦。

吴军没有一点撤退的意思，勾践一筹莫展，只得向随他逃到山上的残余将士、避难百姓发出号令："父老兄弟、与我同姓之人、仍能战斗的官兵们，有能为我出谋划策、设计退敌者，我将与他同掌国政。"

文种认为勾践此举无异于临渴掘井、腹饥种粮，于是进前说道："作为国君，太平之时，就要注重发掘和培养谋臣战将，以备战时所用。好比蓑衣，平时置备，看似无用，一到雨天，可就用得着它啦。大王到这紧迫之时才寻求谋臣，岂不是太晚了吗？"

战败之前，文种这番话必然会让勾践大怒，甚至会招来杀身之祸，但这时勾践却怒不起来。文种自从石买被杀后，便接替了石买的职位，成为太宰、执政大夫，只是如今国家将亡，根本无政可执。

勾践憋着一肚子火，可是他毕竟理屈。他召集几位重臣入洞内商议退敌之策："大局既已无可挽回，那就不必议论之前的事了。孤只问眼下该当如何？"他开门见山地说。

文种奏道："臣有一计，斗胆说与大王。既然吴王夫差妄图灭亡我越国，我们可做的只有两种选择，一是与吴军决战到底，不活一兵一卒，那样越国就真的不存在了；二是向吴国请降求和。虽说让吴王放下仇怨和谈非常困难，几无可能，但我们至少可努力争取一下。这肯定会给大王带来屈辱，给越国百姓造成苦难，但要保全越国，别无他法。"

请降求和？这个众位大臣都心知肚明的方案终于被文种说出来了，勾践虽然有心理准备，但在这一刻仍然感到锥心刺骨之痛。他不曾预想，一场战争竟让他面临亡国之危，事情败坏到如此境地，他终于认识到自己的鲁莽和冒进会产生多么严重的后果。

范蠡看着勾践惨白的脸也很痛心，但此时实在想不出更好的办法，他只好劝慰勾践："大王，臣听说懂得盈而不溢这个道理的人，上天会帮助他；能扶正倾危使国家安定的人，人民会拥护他；行事节制的人，大地会厚待他。依臣之见，这三条大王都具备了，想必上天不会让越国就这样灭亡。大王先以谦卑的姿态向夫差送上厚礼，如果他还不答应，那就把自己当物品一样献给他。只要大王能活下去，就总有重振越国的那一天。"

勾践紧锁双眉，默不作声。他看上去很疲惫，瘦削的脸庞轮廓分明，洞中昏暗的光线更把他的神色衬得冷峻阴森。他见其他人都不发一语，只好将此事改日再议。

次日，范蠡进到勾践居住的山洞内，正遇见两名士卒押着文种出去，他吃了一惊。范蠡把士卒拦下，要他们放开文种。

勾践阴沉着脸，闷声吼道："推出去，斩了。"

"大王，这是为何？"范蠡慌张进前问道。

"没想到貌似忠诚的人，竟是叛臣逆子！"勾践的眉头耸起，鹰眼放出光芒，怒指文种。

范蠡瞄了文种一眼，随即明白。他说道："大王息怒。想必文大夫救国心切，口不择言了。但如今危难之际，更需要良臣出智出谋，还望大王给他一个将功抵罪的机会。"

"危难之际？正是因为危难之际，孤才不能轻易宽恕他。"

"臣斗胆问问为何？"

"为何？你知道他给孤出的什么主意？他竟然，竟然让孤去给夫差匹夫做奴仆！"

"大王，恕臣直言，臣与文种大夫的想法一致。如若有罪，臣甘愿领罪。"

勾践逼视范蠡："你敢再说一遍？！"

"大王，臣以为，事到如今，我们只有这一条路救越国。乞降于吴能活下来，活下来才有东山再起的机会。"范蠡的语气还是一如既往地平静。

勾践拔剑刺向范蠡，被挣脱开的文种冲上来死死拦住。"大王息怒，范蠡大夫不可杀，您杀臣一人就够了！"文种跪地哀求。勾践一脚踹向文种，剑锋直抵范蠡心口。

范蠡面不改色，直视着勾践。勾践在范蠡的注视下渐渐恢复了理智，缓缓收剑，说道："你们都是父王托孤之臣，孤暂不杀你们。都走吧，下山降吴去吧。凭文种、范蠡的名声，夫差一定会重用你们，让你们享受荣华富贵……"他挥挥手中的王者之剑，又指着周围的侍从，说道，"你，你们，还有谁要投降，都跟着走吧。最后哪怕就剩孤一人，也要跟夫差匹夫拼个死活。夫差不是孤的对手！不是！"他嚷着，愤怒地走出洞去。

文种与范蠡等人商议后决定，还是让范蠡再去劝谏越王。过了一会儿，范蠡来到另一岩洞内，只见勾践夫人季爱搂着十来岁的王子鼫与，缩在角落里瑟瑟发抖。地上躺着两名宫女的尸体，勾践踏过尸体，逼向夫人。

季爱悲声道:"大王还是乞降吧,妾之生死不足为惜,但大王你得活下来……还有鼫儿,也要活着……"勾践斥道:"住嘴!我放过鼫儿,夫差匹夫会放过他吗?他是王子,与国共存亡是他的使命!"

勾践伸手去夺王子鼫与,季爱拼死抵抗,泣求道:"大王三思啊,请先杀了妾吧。"勾践割下襟带,递与季爱,"若你不忍心看见他死,那就先走吧。"他赐夫人自尽。

鼫与死死拽住母亲的衣裙,哀泣不已:"母后!母后!"季爱喊:"孩子,母后先走了,你要听父王话……"鼫与不顾一切地说:"母后,不要!让父王先杀孩儿吧。"

鼫与夺过襟带,反身搂住季爱,将自己后身暴露给勾践。"父王,孩儿甘愿为国一死,请父王动手吧。"娘儿俩抱在一起,全身不停颤抖着,闭上眼睛。勾践缓缓举剑,奋力挥剑而下。

这时,范蠡箭步上前,牢牢抓住勾践的手腕。"万万不可啊,大王!"勾践骂道:"又是你这竖子!"

范蠡直言道:"大王,王者之剑岂能如此滥用?"说话的同时,他向王后使了个眼色,让她带王子躲避,季爱愣了一下,随即拽着鼫与跑出了岩洞。

勾践愤恨地说:"他们躲过孤的一剑,能躲得过吴人的千万把剑吗?难道你要他们受尽夫差匹夫的侮辱再死吗?天要亡越,谁能躲得过?"

范蠡松开勾践的手,劝道:"大王,既已战败,侮辱在所难免,但事在人为。是死是生,全看大王定夺。"勾践道:"事已至此,生路何在?"范蠡劝道:"忍辱则能生。此事须看大王的决心、忍心有多大。"

勾践道:"你虽为楚人,但来我越国是为了帮孤富民强国、成就霸业的。你怎能叫孤忍辱偷生!"他挥剑向范蠡砍来,范蠡不躲不闪,但剑只砍到石头上,溅起一股火花。

范蠡又说道:"大王忍辱不是为了自己偷生,而是为了越国重生,臣现在想的只是大王,正如大王只想着国家存亡。"

勾践冷笑道:"这就是你送孤的王者之剑吗?连个人也杀不死!"

他转移了话题。

"大王，王者之剑不是用来杀人的。它是一把没有开锋的剑，是指挥千军万马、显示王权与王者之气的剑，是用以供奉宗庙、安定社稷、上决浮云、下绝地纪之剑。"范蠡的眼神与越王对视。

勾践收回宝剑，说："孤若不死，就能保越国不灭吗？"

范蠡道："大王若在，越国不在也在。从前商汤被桀囚在夏台，文王被纣囚在羑里，晋文公重耳亡命翟国，齐桓公小白逃到莒国，但他们最终不都成就了霸业吗？臣来越国，就是为了帮助大王成就霸业。"

勾践稍微平息了怒气，问："孤若是降了，能保夫差匹夫不对孤先辱后杀吗？"

范蠡直言："臣不知。"

勾践又问："列祖列宗面前，孤该如何交代？"

范蠡又答："臣不知。"

勾践余怒未消，但心中隐忧万千，又问："越国倘若侥幸不灭，何时才有望复兴？"

范蠡依然回答："臣也不知。"

勾践很不耐烦，怒问："作为国师、掌兵大夫，你到底知道什么？"

范蠡淡定作答："承蒙大王不弃，臣本一介布衣，今日忝居高位，本应为大王尽到臣之职责，是臣无能。现在越国已入绝境，除了大王，其他人都无法突破此绝境。"

"你的职责应该带兵去打败吴国，你却每每劝孤降给手下败将？为何？为何？"勾践质问范蠡。

范蠡不疾不徐地回道："臣来越国是助大王谋取霸业，所以臣要做的，就是时时提醒您像霸主一样谋划。"

"如今还奢谈什么霸业！"勾践的语气中满是怨气，"孤现在只想做个寻常百姓，能保妻子平安，这点愿望，你能帮孤实现吗？"

范蠡回道："可惜大王不是寻常百姓，王命是上天和先祖赋予的，这谁也替代不了您。大王若一战而死，虽然痛苦，但却不难。大王宁为玉碎，不为瓦全，堪称英雄。可不知大王想过没有，您一死之后，天下从此再无越国，大王英灵升天，又将如何面对列祖列宗？大禹王千年不绝的祭享，又该由谁接继？臣不能保证大王不受侮辱，但臣能与大王共赴苦难，誓死保卫大王平安，如此他日才能打败吴国，一雪国耻，成就霸业！"

"打败吴国？'他日'是哪一天？大夫口口声声说霸业、霸业，现在却要孤跪倒在夫差面前，乞求他给一条生路。堂堂越国之君，如此做了，还有何颜面活在世上？还有何颜面再见我的子民？"勾践的语气不知不觉已经缓和了很多。

"阴极必阳，屈得越紧，伸得越强，这正是霸王之道。"

勾践不语，方才眼中的怒火渐渐化为冷峻。范蠡知道事情有了转机，躬身而退。

一连两天，勾践不吃不喝，不睡不语，侍卫送去的食物和水，一直未动，也没人敢上前劝他，打扰他。等他终于想通，走出洞外，发现阳光依然耀眼，草木依旧葱茏，世间万物并没有因为他的一败涂地而有任何改变。他叹息一声，看向洞口的两个侍卫："请范蠡大夫来见。"

范蠡来时，勾践已经修整了面容，稍稍恢复了昔日的神采。他用两天时间复盘自省，亲手"杀死"了那个浮躁自大、浅薄无知的自己，把所有的绝望、不甘和挣扎都埋在心底，只留下一线重振越国的希望。

范蠡见到勾践脸上再现了沉着又坚毅的神情，心中释然，同时又有几分佩服。

"孤思索良久，觉得没有人能说服吴王，大夫看派谁为使者去见吴王比较合适？"勾践直奔主题，不再诉苦，也不再自怨自艾。范蠡答道："文种大夫能屈能伸，能言善辩，若派他去，定不辱使命。"

终于，勾践决定派文种去向吴王求和，文种接受了这一特殊使命。他下山来到夫差面前，跪地而行，叩头三拜，言道："东海亡国之臣勾践派遣陪臣文种大胆请求吴国大王，越国本是向吴国纳贡的属国，吴国大王用鞭子驱使它即可，根本不值得屈尊您亲自来征讨。勾践愿献上越国所有的宝器,他自己愿做您的奴仆,王妃愿做您的贱妾丫鬟,亲自服侍吴国大王。"

夫差一听这话,十分受用。正待答应,忽听伍子胥上前劝阻。伍子胥本来计划杀掉勾践后完全占领越国领土,今见夫差掉以轻心,欲给越国一线生机,连忙劝谏:"大王,千万不可赦免勾践,吴、越两代结仇,两国不能共存于天下,现在诛灭越国,这是上天把越赐予吴国,您马上就拥有整个越国了,还怕得不到宝器、美女吗?"

夫差摆摆手,说道:"相国过虑了。越国已名存实亡,我要把勾践当奴仆,想怎么驱使他就怎么驱使,何必把他逼上绝路,毁掉越国宝物再与我吴国拼命?那样岂不是人财两空了吗?"

伍子胥见吴王不听,命人将先王灵牌供于座案,行礼后退到另一侧站好。见此,其他臣僚一起随吴王垂首肃立。伍子胥高声宣示:"夫差,你忘了勾践杀父之仇吗?"夫差立即回道:"夫差不敢忘!"

伍子胥这一举动让夫差猛醒,他转身冷眼盯了文种片刻,说道:"文大夫,回去告诉勾践,孤不接受他的乞降,让他提头来见吧。还有,他要是再不知羞耻地派人来求,来一个,孤杀一个!"

文种回来将夫差的话转告勾践,勾践听后,绝望之余反倒有一丝轻松,淡淡地说道:"如此也好,那就拼个鱼死网破。"范蠡明白勾践的心情,对勾践来说,战死比偷生要好过得多。他从另一个角度解读道:"照文大夫所言,吴王夫差并不是一个坚持主见的人,事情或许还有转圜的余地。"

文种听到范蠡所言,忽然想起一人,忙对勾践说道:"大王,有一人或许可用。吴国的太宰伯嚭贪财好色,吴王很信任他。我们先用宝器和美女贿赂之,让他代我们说服夫差,去跟伍子胥唱对台戏,说不定有意想不到的结果。"

伯嚭,楚国名门之后,左尹伯郤宛之子。因其父受费无忌和鄢将师的陷害,被楚国令尹囊瓦灭满门。走投无路之下逃到吴国,靠伍子胥引荐投靠了吴王阖闾,后因在伐楚之战立有大功而被擢升。夫差继位后,又擢升他为太宰。此人博闻强记，熟悉历史，好卖弄知识见闻，又善于阿谀奉承，颇得吴王夫差的欢心，能在很多重大问题上左右夫差的决策。

勾践听了介绍后同意文种的提议，于是挑选了八个美女和一箱珠宝，由文种暗中送给伯嚭。伯嚭虽然因伍子胥引荐入吴，却与伍子胥截然不同。同样家族受戮，他却没有伍子胥那样刻骨的仇恨，只想要荣华富贵。如今随着权位上升，他对财货的贪求、对年轻美貌女子的馋涎，也逐渐膨胀起来。当文种将一箱闪光夺目的宝器堆在他面前，再把八位花枝招展的美女唤上堂来，伯嚭脸上顿时溢满了痴迷、淫邪的喜色。文种看他如此，暗暗放下心来，此事已有了九成把握。

伯嚭察觉到自己贪婪之色过于明显，有些尴尬，连忙从美女身上收回目光，干咳一声说道："文种大夫这是何意？难不成是想收买我？等到我吴国大军把越国彻底消灭之后，你们越国的所有东西不就都是我们的了？你想用些微礼品救下越国，是小瞧我还是小瞧你们越国？"

文种看伯嚭在惺惺作态，微微一笑，故意说道："看来，太宰大人不太想接受我们的礼物啊。这些礼物，对太宰大人来讲不算什么，但对越国来说却是忍痛割爱啊。我越国诚意在此，您真忍心让我把它拿回去吗？"

伯嚭面有难色，欲言又止。文种见火候已到，慷慨而言："太宰大人明鉴，我越民爱国且刚烈坚毅，是杀不怕的越国人。如果吴王真要彻底灭绝越国，我越之军民势必以死抗争，我们五千将士还能与吴军决一死战！再有，即使越国彻底战败，我们也会把全国女子尽数杀掉，把所有财产送给楚国，让楚国为我们报仇雪恨。而你们吴国，一点好处也别想得到！"伯嚭悚然一惊。

文种见状，立即改用亲切诚恳的语气继续说道："我想太宰大人已经掂量过了，最终的结果无非是吴国付出更大代价后，仅仅占领越国土地而已。您更是可能一无所得。反之，如果答应越王求和，吴王既可主宰越国，得到越国的一切，还可以在诸侯国中赢得仁德的好名声，可谓名利双收。表面上，我们越国是归顺于吴王，而实际上，越国的财富都将任您予取予求，您又何乐而不为呢？"

伯嚭经不住这巨大的诱惑，思虑再三，终于接受了文种的请求，随他一起去劝说吴王夫差。

文种进到吴王宫殿，便长跪不起，对夫差说："再次请求大王赦免亡国之臣勾践的罪过。越王愿献出他所有的宝器，成为吴国的子民。如果不幸得不到赦免，越王只好杀了妻妾子女，毁了宝器，带领士兵与大王拼死一战，这对吴国又有什么好处呢？"

夫差嘲笑说："勾践不是想称霸诸侯吗？不是手握纯钧剑扬言要踏平吴国吗？如此不可一世，今日怎么会乞降？只怕这是他的缓兵之计吧？"

文种回道："大王清楚越国的实力，实话说，越国已无兵可缓。"夫差追问："勾践不是很有血性吗，他怎会认输？孤不信。"文种跪伏拜求："罪臣受命而来，不敢有半句虚言。大王，越国确实输了，输得心服口服，只待大王一声令下，越王立马率群臣来降。"

伯嚭乘机在一旁劝道："大王，越国既然已经顺服称臣，勾践也愿投降，不如就免了他的死罪吧。自古以来，双方交战不杀降将，何况勾践是越国国君。"吴王一言不发，但面露犹豫之色，似乎准备答应越国和谈之请。

伍子胥听闻文种又来见夫差，紧急从军营赶来劝谏："大王，从前有过氏先灭了斟灌氏，又攻打斟寻氏，灭了夏后氏的首领——相。相的妻子后缗怀孕在身，逃到了有仍国，在那里生下少康。少康长大后做了有仍国的牧正。有过氏听说相唯一的儿子少康活在世上，即刻派人到有仍国暗杀少康。少康逃到有虞国，有虞氏感念夏朝的恩德，把两个女儿嫁给少康，并把纶邑封给少康，使他拥有十里田地和一族民众。后来他逐渐召集夏人的后裔，重建夏朝体制，逐渐强大。他还用计谋打败了有过氏，重新恢复了夏朝统治。如今吴国不如有过氏强大，而勾践却远远超过了少康，而且还有文种、范蠡这些良臣倾力辅助，如果不趁这个机会除掉勾践，覆灭越国，将来必成祸害。"

夫差看了看伯嚭，伯嚭立刻心领神会，说道："大王，相国说得也不是没道理。不过既然勾践愿意称臣，何不将他带回吴国，文种、范蠡也一并带回，那时大王想怎样处置他都行。这样既能将越国收入我吴国治下，又不用跟越人拼命，岂非一举两得？"

夫差跟伯嚭的想法基本一致，便答应文种，越国要献上所有的宝器和财物，尤其是欧冶子炼的五把宝剑。其次，勾践及夫人、文种、范蠡等人要去吴国为质。如若答应，吴国便赦免越国，罢兵回吴。

文种对夫差说："大王的旨意我一定如实转达，我想越王也会同意的。只是这样一来，越国无人主政，便会生内乱，大王能否同意原越国大臣中留下一人主持国政，以后也好向吴国纳贡。"吴王夫差本来就志骄气傲，不把越国放在眼里，再一想，留人主持越国国政，对吴有利，于是随口应允了。

接着，太宰伯嚭又站出来，加以论证说明。夫差不顾伍子胥的强烈反对，当即答应与越王签订正式协议，接着便下令将大部分围困会稽山的吴军撤离而去。

2. 伴君事吴

越国在覆亡的最后时刻抓住了一线生机。和谈的最终结果是，越国浙江以西的土地全部划归吴国，勾践夫妇及越主要大臣入吴为奴，浙东越民每年向吴纳贡。这就是说，越国作为一个国家依然存在，但丧失了大片土地，不再有实权的君主，而完全变成了吴的附属国。

勾践原本想脱离吴国的控制，没想到一番折腾后，梦想没有实现，反倒丢了大片国土，自己也沦为阶下之囚。一国之君可以兴国，也可以亡国，他作为国君，一举一动太轻率了。

范蠡看勾践一副愧疚自责的表情，安慰他说："大王，这已经是最好的结果了，大丈夫能屈能伸，只要保住性命，越国总有翻身的那一天。"

勾践面对越国的山河,沉痛地说:"孤和一班大臣皆为牢囚,命悬吴人之手,能不能生还祖国还是未知之数,想要翻身,谈何容易!"他本想让范蠡留下来治理国政,范蠡却说:"论带兵打仗,文大夫不如臣,若论安抚国家、亲附百姓,臣不如文大夫。况且,臣比文大夫年轻,还是臣伴您去吴国为质吧。"

勾践看着范蠡,心想去吴国是一条凶险艰苦之路,受到的侮辱和嘲笑难以想象,范蠡却主动选择这条路,勾践喟叹一声:"孤小看先生了。"

就这样,勾践带着妻子,和范蠡、诸稽郢等一班大臣被吴军押解回吴国为人质。

戏剧家曹禺在《胆剑篇》中曾这样描述:公元前493年某日黎明,在越国会稽郊外,乌云盖野,一线阳光照着江里停泊的吴国战舰船只。远处不时有杀声、哭声传来。火光烧红了半边天——吴国的占领军正在放火,把来不及掠去的稻子烧在田里。钱塘江畔,越王勾践身穿素服,长发披肩,在大禹庙里辞别祖宗。沉重的钟声、磬声一阵阵响着。吴国甲士守在门前,他们是太宰伯嚭率领的吴军,负责押送勾践等人去吴国。庙内庄严肃穆的气氛压得越国君臣喘不过气来,庙外却十分吵闹,成群结队吴国军士正兴高采烈地搬运越国的宝器。他们是胜利者,也是征服者,喜悦理所当然。

会稽山北麓的码头上,泊着几十艘大大小小的船只,满载了从越国各地搜刮的金银珠宝。另有几艘大船上装的是献给吴王夫差和太宰伯嚭的百名越国美女,美女们有的正在失神,有的正在垂泪,就要离开故乡和亲人了,她们心如刀绞。

这么多美女聚在一起,在吴国人眼中,是那么赏心悦目,而在越国人眼里,却是世界上最令人羞惭的耻辱。置身悲戚的离国之恨中,季爱哀痛万分,故土难离啊!她发不平之声,作《鸟鹊歌》:

彼飞鸟兮鸢鸟，已回翔兮翕苏。
心在专兮素虾，何居食兮江湖。
徊复翔兮游飏，去复返兮于乎。
始事君兮去家，终我命兮君都。
终来遇兮何辜，离我国兮去吴。
妻衣褐兮为婢，夫去冕兮为奴。
岁遥遥兮难极，冤悲痛兮心恻。
肠千结兮服膺，于乎哀兮忘食。
愿我身兮如鸟，身翱翔兮矫翼。
去我国兮心摇，情愤惋兮谁识。

　　勾践一行人数日后到达吴都姑苏城，被带入吴国宫中。勾践满面污垢，衣衫褴褛，看到夫差便行跪拜礼，一边叩头，一边谢恩说："东海役臣勾践自不量力，冒犯君上之威严，有罪吴国，也有罪于越民，本该万死，幸得君上宽恕得以苟活。今番前来只为谢恩，甘愿为奴，侍奉君上于脚下。罪臣只望以后同样的灾难不再降临吴越百姓身上，愿君上仁慈的光辉普照，让吴越百姓得到安宁。唯有如此，才能减轻罪臣之过……勾践谨叩首。"

　　勾践极度谦卑的言辞引起了所有人的同情，夫差轻蔑地看着伏在自己脚下的勾践，为保全性命放弃君王的尊严，实在活得窝囊。他差点忘了此人就是他的杀父仇人，当初的滔天恨意如今因勾践的这一跪都消失不见了。只是恨意暂退，他心里又生起几分戏弄之心，他和勾践的账还没有完。

　　伍子胥看勾践如此做小伏低，而夫差又沉默，实在忍不住，只见他目如流火，声若雷霆，怒斥道："昔勾践生山海之外，诚恐擒获之难，现在他就在你面前，只需大王轻轻一挥手中之剑，即可永绝后患，万不可轻易放过。"

　　夫差悄声对伍子胥说："孤听说诛杀投降的人，将会祸及三代。孤并非不忍杀勾践，只是害怕上天追究罪过！"

伍子胥正要反驳，一旁的伯嚭担心吴王心生悔意，立刻上前对夫差进言："大王是亘古未有的圣君。勾践不过是网中之鱼，能掀起什么风浪？反之，如果杀死他，越国百姓群起反击、蛮性难服，弄得我们永无宁日。他自愿为奴，大王让他干什么他就必须干什么，此等羞辱比杀了他更有趣。希望大王大可以答应勾践的要求，派他去做奴隶的差事。"

伍子胥气得面如土色，心里暗骂伯嚭："你这个小人，先王临终的时候，嘱托你与老臣辅佐新王，让吴国立于不败之地。你竟如此怂恿君王，可是要误国误民啊。"他对夫差说道："一言可兴邦，一言也可误国。大王可要仔细分辨，万不可做令亲者痛、仇者快之事。话已说尽，老臣向大王告退。"说完，狠狠瞪了伯嚭一眼，拂袖而去。

伯嚭冷冷一笑，对夫差说道："伍相国当着大王发这样大的脾气，越发倚势犯上了。他常对人说，大王从前能够立为储君，全赖他伍相国一个人。"

"伍相国此言不谬，确是他协助孤让先王立孤做储君！何须你在此地啰唆！"夫差虽训斥了伯嚭，心里却也隐藏着对伍子胥的不悦，他感觉伍子胥像一片乌云，时刻罩在他的头上，他成天把先王挂在嘴边，而把自己当小孩子……他暗下决心，一定要超越他的父亲，让吴国称霸中原。

此时的夫差豪情万丈，正在为逐鹿中原作筹谋，并初试锋芒。他大败越国后，又率军北上，攻打弱小的陈国，一举攻下三座城池。夫差为了实现他的最终目标，暂且留着勾践一条命。他觉得让勾践给他当奴役，生不如死，是对他最好的惩罚。

夫差安排给勾践的第一件差事就是让他长跪在海涌山下阖闾的陵前谢罪。夫差告祭阖闾："父王，儿终于为您报仇了，以后儿让他们日夜为您守灵。您想让他们干什么请托梦告诉儿子，儿子一定照办。"

夫差规定勾践他们以后每日在阖闾墓前跪拜，早晚跪拜一次，打扫墓地一次。他让人在陵墓旁建了几座低矮石屋，让勾践等人蜷身住在石屋里，并令公孙雄派兵把守监督。由此，勾践夫妇和范蠡三人正式开始为奴生涯。勾践负责铡草喂马，其妻季爱拾柴做饭，范蠡打扫庭院。夫差凡有出行，必唤勾践为其在前牵马引路，引得吴人尽来观看。勾践夫妇和范蠡衣衫褴褛，恭顺服帖，如此日子，一过数月，毫无怨言。

到了祭奠大禹王的日子，越王勾践和夫人偷空来到禹王殿。吴、越两国皆以禹王为始祖，百姓每年都要举行祭奠禹王的活动。离阖闾墓不远处也有一座禹王殿，是姑苏城内百姓祭祀之所。勾践挤入人群，伏地跪在禹王像前喃喃自语："禹王爷，不孝二十世孙勾践泣祭，后辈不肖，因妄开战端，致使祖上开创的基业毁于一旦，只落得自己入吴为奴、夫人为婢的可悲下场，三万余壮士仅剩五千活命……"

正当勾践祈祷赎罪之时，忽听一群吴兵冲进禹王殿，嚷道："擅自逃离，该罚。"然后两人快速架起勾践，将他推到一位老者面前，勾践挣扎中抬头一看，老者不是别人，正是伍子胥。

"伍……伍……伍相国，这是做什么？"

"做什么？你夫妻不是甘愿为奴去伺候吴王吗？老夫成全你们，来呀，将越夫人带进来。"

"大王……"随着一声尖叫，越夫人季爱被人推搡着进入禹王殿。"夫人……"勾践急忙扶住季爱。

伍子胥冷峻地凝视勾践夫妇，等到他仔细审视季爱后，不由哈哈大笑，那笑声震得停在禹王殿屋檐的鸟儿扑棱棱惊起高飞。

伍子胥笑过后对着季爱厉声说："芈季爱，原来是你，公主别来无恙啊！"

越夫人季爱稳住情绪，淡淡说道："伍相国，托你的福我还活着，你是不是很意外？"

伍子胥握着宝剑踱了几步，顿住道："不！老夫早料定你还活着，却不料在这里见到你。你我本该同病相怜，没想到你竟去帮助越国。"

季爱本姓芈，她的父亲子平是楚平王的三哥，后来在王权之争中被楚平王设计诛杀。而楚平王也是伍子胥的杀父仇人，故伍子胥有"同病相怜"一说。

季爱接口道:"我与你虽同病,但不相怜。楚国是你父母之邦,纵然平王有天大的不是,找平王报仇就是了。你怎能引狼入室,助纣为虐,残害母国父老乡亲。两国交兵,与女人何干,你身为楚臣为何要唆使吴国君臣对楚女奸淫施暴?复仇与百姓何干,你为何要大开杀戒?你伍子胥手上沾了多少楚人鲜血,又戕害了多少越人性命,你自己心里清楚。对你这种暴虐成性心胸狭隘之人,楚越臣民恨不得食肉寝皮!"

听到这里,伍子胥目眦皆张,厉声喝道:"贱人,如此不识抬举,还妄想寝老夫之皮,食老夫之肉,老夫今日就将你活活烧死,看你又奈我何!"说完,立刻下令,"来呀,就在庙门口堆上干柴,老夫要活活烧死这贱人!"

几个士卒欲动手,勾践护着季爱,对伍子胥道:"伍相国英名盖世,何必与区区一个女子论短长?勾践已经臣服,归附吴王便是归附相国。倘若伍相国无故杀吾妻,此举是大不智也是大不义啊。"

伍子胥冷笑道:"勾践,你表面谦恭,内藏豺狼之心,别人看不出,老夫却不会被你蒙骗。虽说吴王受人蛊惑准你投靠,但你当知将在外,君命有所不受,老夫今天就要替我王斩草除根!先杀你,然后再杀这个贱人!"说罢,拔剑向勾践刺去。

勾践一看不好,本能地从腰间拔剑,但无剑可用。这时,一个人影冲过来,虎步上前,一只如同铁箍般的大手抓住了伍子胥的手腕。只听"当啷"一声,伍子胥手中的剑落到地上。

"相国大人,罪臣范蠡救主心切,多有冒犯,请相国恕罪。"

伍子胥愣了一会儿,问道:"你就是范蠡?"

范蠡单膝跪地,说道:"是,罪臣乃越国大夫,虽为相国手下败将,但若相国要加害越王,罪臣不惜以性命相陪,五步之内,恐相国的性命也难保。"

伍子胥不怒反笑道:"早听说你有经天纬地之才,没想到还有如此英雄气概,果然名不虚传,你并非老夫手下败将。"他指着勾践说,

"这个狂妄无知、刚愎自大的家伙才是老夫的手下败将。老夫听说你的才干胜过孙武子,可惜咱们没有在战场上一较高低的机会了。"

范蠡目光内敛,不动声色地说:"相国大人,你不必失望,肯定会有这一天的。"

伍子胥看一眼勾践,眼里精光一闪,对范蠡说道:"有老夫在一日,便不会有那一天,除非你改换门庭……"说完朗笑而去。

勾践惊出一身冷汗,心里不是滋味,然而头脑却更加清楚:现今越国最大的敌人应该是伍子胥,不除掉他,越国绝无复国希望。

以后的日子,勾践每天剁切草料、喂养马匹、担水、除粪,季爱则每天洒扫、做饭、洗衣、织布,夫妇二人没有一刻露出恼怒怨恨的表情。吴王每次驾车出游,跑在马前的勾践总被吴国的老百姓指指点点:"这就是被咱们大王打败的那个越王勾践了,瞧瞧,什么越王啊,生来就是当奴才的!""是啊是啊,长颈鸟喙,不是福相。""听说勾践为了活命,把老婆都送给大王当妾了,嘻嘻……""真有此事?他怎么那么缺德绝义哪!"

勾践一路听着不敢吭声,他知道,这一切都是他咎由自取,若说心中有恨,他最恨的就是他自己。

一日,天尚未亮,勾践和范蠡提着风灯一前一后来到马厩,他们将风灯挂在栅栏的两边,然后用马槽里的水洗脸。他们来此近三个月,已经学会了养马。

"范大夫,孤连累你过这样的日子,实在是苦了你。"勾践洗罢脸,转身对范蠡说。

"大王,不必多虑,与君共患难是我的荣幸也是我的职责,臣是自愿的。"

"唉,一国之君沦落为他国之奴,恐怕孤是亘古第一人了。"勾践惭愧而无奈。

范蠡说:"臣虽生在楚国,但既已投身越国,就是越国之民,为了将来重振我越国雄威,眼下君臣忍辱都算不得什么。"

勾践苦笑，却神情坚定："范大夫此言甚合孤的心意，为了越国，你我必须忍辱。"

一日，夫差想到勾践，特意过来查视。看见勾践的夫人季爱虽然穿着粗衣麻布，却优雅从容，尽显大家之气，忽然动了歪心思，对勾践说："你不是说把越王妃献给孤为妾吗？今日此诺便可兑现。"

勾践闻言心惊肉跳，血气上涌，一时间竟不知该如何作答。季爱听见后连忙跪下叩首哀求，夫差见状更感快意。

勾践听着季爱的乞求，沉默不语，却青筋暴起，他一把制止了季爱，低声说道："莫求了，都是徒劳。"

季爱回看了勾践一眼，坚定地说道："季爱是大王的妻子，不是那朝三暮四之人，此番若不是洁身无染地活着回来，就是尸身被抬回来。"

勾践听了好一阵心酸，一个男人竟保护不了自己的妻子，枉活于人世。夫差见他们难舍难离，让人将季爱强行拉上车。勾践只能眼睁睁地看着夫差带着他的夫人扬长而去，这一刻比夫椒大败更让他心痛，比他跪在夫差面前乞和更觉侮辱。

范蠡和其他人都无计可施，他们只能站在远处，装作什么也没看见。勾践走到范蠡近旁绝望地说："范大夫，如果孤就这样死在这里，所有的屈辱都没有了意义，世人会认为，孤是贪生怕死的昏君、小人。"

范蠡迟疑了半天，躬身施礼，诚恳地说道："大王，夫差此举意在践踏您的自尊、消磨您的锐气、观察您的反应，只要您继续忍耐，让夫差彻底放下戒心，终有恢复自由的一天。"

勾践听后，心中稍感安慰，决心继续忍耐。他依然像往日一样在石室养马。季爱常被夫差的马车于中午接进宫去，到晚上再送回来。夫差故意以这种方式羞辱、激怒勾践。

勾践咬牙忍辱，范蠡却在一旁看得明白：一国之君热衷于这种捉弄人的把戏，除了心智不成熟外，还预示着某种危险。

就在勾践忍无可忍时，送季爱进宫的马匹生病了，不吃草料不喝水。看守勾践夫妇的头目公孙雄把勾践叫去大骂一通："勾践，你真是狗胆包天，这匹马是大王最心爱的坐骑，比你可贵重得多！我问你，你到底给它喂了什么草料，是不是动了什么手脚？"

勾践不答，只能怒目而视。他知道这公孙雄只是找借口折磨自己。果然公孙雄令人把勾践鞭打一顿，将他关进另一间石屋，一个月不许他与夫人待在一起。不过凡事有利有弊，从此吴王不再每日接季爱进宫，勾践反而安心不少。

此后不久，夫差突然心血来潮，想骑马散心。勾践牵来一匹良马，趴倒在地上，以身作上马石之用。夫差一脚踏上勾践的背脊，翻身上马。一夹马肚，朝山下奔去。勾践手执马鞭，紧紧跟在夫差后面，一路狂奔。季爱看着勾践狼狈的样子，痛哭不已。

这一晚，江南下了入冬来的第一场雪。纷纷扬扬的雪花给吴国披上了洁白的素衫。大地凝寒，看押的吴兵都缩在木屋中烤火，勾践凝神静听，似乎听到了雪花飘落的声音。

"大王，快来看，好大的雪花。"马厩里的勾践听季爱低声地唤自己。好在这天勾践的屋门没被锁住，他走过来，拉住夫人的手，惨笑着说："是啊，瑞雪兆丰年，可不知越国怎样了？"

范蠡还在给马喂夜草，见勾践出来，立即迎过来，说道："大王此番受累受辱，可还一直惦记着越国，是越国之福。臣坚信只要大王壮志不堕，越国总有重振的一天。现在国内有文种主持政务，大王还有什么不放心的呢？"

"是啊，孤不幸中的万幸就是国内有文种大夫，身边有先生您。"

范蠡说："大王不必客气，其实，臣与文大夫都誓死效忠越国，大王落到这步田地，是臣没有尽到本分。"

越王想起自己当初的一意孤行，一脸愧色道："今日的越王已成阶下之囚，你等是楚人，倘若舍孤而去，孤也不会怨艾的。"说完，他意味深长地看了季爱一眼

季爱闻言道："这里没有楚人，只有越人，范大夫是越国的臣仆，妾是越国的王后，一切都是为越国的强盛，为大王的霸业。"

勾践苦笑着说道："说得好！"

范蠡道："眼下我们得想法子减短苦难的日子，尽快返回越国。"

"范大夫是不是有什么妙计？"勾践看范蠡笃定的神色，似乎有了把握。"暂时还没有。不过，请大王相信，时机就快到了。"范蠡坚定地说道。

三人这番交心，不仅增添了挽救危局和战胜苦难的力量，更坚定了各自迎接美好未来的信心。

3. 婉拒夫差

凛冽的寒风在屋外号叫，丝毫没有停歇的意思。伍子胥紧掩了所有门窗，烛光仍然摇曳不止，似乎随时都有熄灭的可能。他穿着缯袍，铜炭盆里也烧着红红的炭火，但身上仍然感觉冷，那是骨子里的寒意。老了，毕竟老了。当年血气方刚，体壮如牛，何曾怕过这滴水成冰的天气？如今，落木萧萧，他感受到了生命的脆弱。

"心之忧矣，自诒伊戚。"不知为何，伍子胥脑袋里突然浮现出《诗经》的这两句诗来。没错，眼下已是这种令人担忧的局面。夫差近佞臣，远谏臣，对越王勾践这样的心腹大患视若无睹，却要任性赌气，与齐、晋两国争夺霸主地位。怪只怪当初自己没有好好教导他，以致他的野心随着吴越大战如野草般疯长。

夫差对勾践夫妇及范蠡等人的卑躬表现十分满意，加上伯嚭几次收到越国送来的财宝、美女后，又贿赂了大将军公孙雄，两人经常在夫差面前为勾践及越国美言，因此，吴军对勾践夫妇和范蠡的看管越来越松。范蠡有时被夫差、伯嚭叫去闲谈，甚至一起饮酒，纵论天下大势。夫差对范蠡的才能很是赏识，似有拉拢收买之意。但范蠡机警，每谈及此，便只顾饮酒或顾而言他，谈阴阳、山水、剑道，总之把话题岔开。夫差也不勉强，反而给了他更多自由。

如此一来，范蠡与留在越国的文种有了联络的机会，两边互通情报，勾践心里也不再惶恐不安。当然，这一切都得暗中进行，神不知鬼不觉。

吴国的冬天很快就过去了，一晃已到柳丝绽黄、桃李含苞的季节。一天，范蠡正在湖边采挖藕尖，一个身着淡紫色裙衫的女孩跑过来，她悄声叫道："范大夫，先生让我给你送信简来。"

范蠡一看，是个十四五岁的姑娘。她身材颀长，稚嫩的脸上微微现出些妩媚，一双眸子如同林中深潭，幽静而清澈。似乎在哪里见过，却又一时难以想起。范蠡洗手上到岸来，接过信一看，方知文种的意思是让这个姑娘名义上给范蠡做女仆，暗中传递情报。范蠡详问，才知她是老将军百里良的女儿，名叫百里宛玉。他才想起自己曾在百里良将军府里见过她一两次，只因当时还是个半大的孩子，未曾细加留意。因她曾拜文种为师，故称文大夫为先生。

范蠡沉吟半晌，很是为难，自己身为人质，怎么能有仆从呢？虽然吴王给了不少自由，但毕竟还是奴仆啊。他想去求伯嚭，但伯嚭是个好色之徒，这岂不是把羊往虎口里送吗？那怎么对得起死去的老将军？他对百里宛玉说："姑娘，你尚不足以承担如此重任，暂且先回去，我再想办法联络文大夫。"

百里宛玉一听，面露不悦地说："范大夫真是小瞧奴家，奴家已经十五岁了，这次是奴家自己请命而来，奴家与吴国有杀父之仇，此仇不能不报。再说，奴家很敬佩范大夫的为人和智慧，父亲生前对奴家说，倘若他战死疆场，就让奴家来投奔范大夫。这事先生是知道的。"

范蠡无奈，只得说："既然如此，待我想想法子再做决定。"他想来想去，觉得如今之计，只有伍子胥那里最安全。此人虽性格怪僻，但耿介正直，爱惜英雄。像范蠡这样的人，即使是敌手，也能慨然处之。范蠡若主动请求，不怕伍子胥不答应，且她在伍府还可以探听到更多情况。

范蠡主意一定，便领着百里宛玉去见伍子胥。伍相国听说她是由楚国逃难出来的范蠡的外甥女，小小年纪就与楚国结仇，有心投吴，当即答应留在府中做夫人的侍女。他根本没曾想过眼前这个稚气未脱的姑娘是越国派来的女细作。

百里宛玉不费吹灰之力就进了吴国最高官员的府中,除了范蠡善谋外,自然也靠她聪明机智。她在回答伍子胥问话时,竟表现得天衣无缝。而且,她乖巧伶俐,很讨相国夫人喜欢,相国夫人有意留她在身边,她很快便与府中人熟悉了。

就这样,范蠡通过百里宛玉等人组成的情报网把情报送回越国,文种在国内获知越王的情况后,一边继续派人收集奇珍异宝,每逢节日便派人向吴国纳贡,同时一定也会送礼物给伯嚭,又将吴国上下相关的人都打点好,只是不敢向伍子胥行贿;一边在国内安抚百姓,鼓励他们开垦耕地,种植麻桑,织葛缫丝,养鱼煮盐,发展经济。

两年来,勾践夫妇在吴国受尽了种种苦痛折磨,而难能可贵的是,无论在何等艰难的情状下,随侍同来的范蠡对勾践始终不离不弃。夫差也越来越欣赏范蠡,在他意欲进军中原时,再次想以高位招揽范蠡,为己所用。

范蠡又一次被吴国的侍卫带走后,勾践的心里五味杂陈,脸上也不由自主地掠过一丝阴影,季爱看出了丈夫的忧虑,走上去悄声说:"大王放心吧,范大夫会回来的。"勾践点点头,"孤知道,孤也相信范大夫,只是……"

勾践没再说下去,他知道吴国自孙武离去后,再也没有得力的军事干将,要征伐中原各国,仅靠老帅伍子胥是不成的,况且,伍子胥与吴王的嫌隙越来越大,这从百里宛玉的情报中可以得到旁证。夫差正要寻求一位像孙武那样既懂战略又能行军布阵的军事人才,范蠡无疑是最佳人选。如今范蠡既已在吴国,那么夫差、伍子胥自然要动一番脑筋。

偏殿中,夫差和伍子胥都在,范蠡行了拜见礼刚一落座,夫差稍微寒暄两句就直奔主题:"勾践给我当奴,你何必还跟着他呢?你为楚人,抛弃勾践也算不上背叛。如果你归顺吴国,孤马上就免除你的苦役,同样让你官至掌兵大夫。"

范蠡马上跪倒："感谢大王的一番美意。但亡国之臣，不敢语政；败军之将，不敢言勇。我是败国之臣，何敢再望富贵？"

"哈哈哈，范大夫，言重了，起来说话！"

范蠡虽衣衫褴褛，垂首称臣，可是两眼炯炯有神，气宇轩昂，身为奴隶却尊严不亡，落魄而不失志气。他恳切说道："大王，罪臣寡君得罪上国，是臣不能辅君为善，所幸大王不即加诛杀，使我君臣相保。臣今既已为奴，就不奢望再有大夫的头衔了。"说罢跪伏在殿下，不肯起来。

"这……伍相国你看……"吴王有些尴尬，侧头看着伍子胥。

伍子胥对伏在地上的范蠡说："范大夫，你我同是楚人，同乡之谊总归是有的，看在老夫薄面上，起来说话。"

范蠡道："伍相国此言差矣，你我各为其主，相国何言乡谊二字？"

伍子胥笑道："范大夫，良禽择木而栖，贤臣择主而事。越王无道，如今国已灭亡，君臣沦为奴仆，囚于石室，不再是良禽栖身之所。以大夫的文韬武略，他日出将入帅，易如反掌！何必死守旧主，不如弃暗投明，效忠吴王，定会成一代显贵。"

夫差点头微笑着说道："伍相国说得好啊，孤听说多谋虑的妇人不嫁破亡之家，有名的贤士不去灭绝之国当官，只要你弃越归吴，孤便封你掌兵大夫之职，与相国、太宰共列朝班，将来封妻荫子、前程无量。"

范蠡回道："以往越王不听从大王号令，与大王兵戎相见，实在是罪孽深重。幸蒙大王鸿恩，君臣得以保全性命，已为万幸，今沦为奴仆，那是罪有应得。我甘愿为大王干些粗笨的活计，而绝不敢辱没吴国的王廷。"

"范大夫，你可要想清楚了，以后不要追悔莫及！"

"罪臣想得很清楚很明白。"

范蠡确实在心里想过无数次，但得出的结论都是一样。夫差一方面确实欣赏自己，但另一方面是想利用自己来打击勾践，若此时离勾践而去，不仅毁了一个越王，也必会毁了整个越国。

夫差挥手让范蠡退下，感慨道："贫贱不易心，困厄不移志，如此有德有才之人却不能为我所用，实在可惜！"

伍子胥见夫差一脸惋惜，谏道："忠义固然可敬，但对越国忠义之人对吴国却是最危险的敌人。大王若不能令范蠡移志，不如趁早杀了他，否则后患无穷。"老相国刚才还与范蠡叙乡谊，转眼工夫却又鼓动吴王杀之，如此反复，细想却又言之成理。但夫差却对伍子胥的建议极为不满："老相国要孤无缘无故杀掉一个忠义之士，岂不是陷孤于不义？"

伍子胥无奈地叹了口气，心想：将来若吴国亡，必与范蠡有关。既然大王不忍杀他，那么，要让范蠡回心转意，最好先杀了勾践，没有了越主，看他如何忠义。拿定主意后，伍子胥又对夫差说："大王爱惜范蠡是忠义之士，不忍杀他，老臣可以理解，但不杀勾践却是不智。若杀了勾践，还怕范蠡不投吴吗？"他一边说，一边两眼紧盯着夫差。

夫差避开了伍子胥灼热的目光。多年来，相国伍子胥的眼神总给他带来莫名的压迫感，而他本能地抗拒这种压迫，另外他对老相国的老生常谈也颇不耐烦："相国为了此事，已跟孤说过好多回，孤实在听厌了。孤打败越国，同意勾践带着大臣和妻子归附吴国，并自愿为奴，这才使越民的怨愤有所平息。如今越国已虚其府库，尽献财物，越人俯首帖耳，放下仇怨，如果还不给他们一条活路，让他们耕作生产，吴国不仅得不到岁贡，还要提防他们反叛，难道老相国不懂此理吗？孤如果用了你的计策，泄愤杀了勾践，那对我吴国又有多大的好处呢？孤若如此做，才是最不明智。"

伍子胥听罢，一股无名之火燃烧起来，但他又觉得自己理屈词穷，只得强硬争辩道："老臣听说，老虎压低身子是准备有所反击，狐狸弯曲身躯则是为了求其所需。越王虚其府库表示他的忠诚，其实是处心积虑在欺骗大王。臣不想有负先王所托，一旦将来某日社稷荒废，宗庙成为荆棘之地，到时候悔之晚矣！"

夫差没有想到，伍子胥只要一逮住这个老话题就死咬不放，他埋怨伍子胥不站在他的角度考虑问题，"眼下，报仇事小，会盟事大。吴国若想在中原称霸，说到底还差些许实力。孤饶勾践一命，只不过不想在关键时期多生事端。如果越民有感念之心，还会助孤北伐中原。此事相国不必再干涉，还是抓紧时间训练军队，为北上逐鹿做准备吧。"

杀勾践、收买范蠡本是上上之策，且伍子胥与夫差的目标是一致的，都在为称霸诸侯做铺垫。可夫差却因为厌烦伍子胥，没有把他的逆耳忠言放在心上，此事之后，君臣关系越来越疏远了。

4. 尝粪问疾

太湖之夏，烟笼碧水，草木欣荣。一天清晨，吴王夫差心血来潮，破例罢了早朝，带着宠臣伯嚭登游姑苏台。二人登台远眺，晨曦初现，天空澄澈，碧波万顷的太湖在纤云四卷、银河遁隐的时辰悄然苏醒。另外一边，姑苏城内的早市刚刚开张，熙熙攘攘，人群涌动，一派繁华昌盛的景象。

夫差志得意满，兴致勃发，忍不住高声吟道："大刀弯弓兮擎皇天，跨马扬鞭兮拥江山，车如流水兮马如龙，三吴繁景兮尽眼看……"伯嚭迎合道："正是正是，大王虎踞三吴，鹰扬一世，天子之下第一，诸侯之上无双……"

夫差对伯嚭的逢迎很是受用，正在陶醉之际，眼波一转，向西南远眺，突然看到和周围景色极不协调的一幕，眉头不由一皱。只见姑苏台下，一个破旧的马厩边，先王墓旁的几间石屋与周围的风景太不相谐。勾践君臣三人衣衫破烂，范蠡喂马，勾践夫妇似在生火煮食。夫差望见勾践、范蠡虽受制于人，依然保持君臣礼节，很受触动。他回头对伯嚭说："勾践不过是亡国之君，而范蠡乃楚国贤士，两人虽在穷厄之地，却不失君臣之礼，这是为何？"

伯嚭乘机进谏："大王，您一向是圣人心肠，勾践、范蠡之辈可怜可叹，不如就此放了他们。勾践有感于大王的厚恩，一定会加倍报答；

范蠡感念大王恩情，说不定愿意为大王北伐中原出谋划策。再说，吴国要北伐争霸，让他们回越国去征募士卒、粮草支援我军，这不是一件好事吗？"

夫差随即说："你让文种多送些来，也是一样的。"

伯嚭说："我已向文种要求过多次，可他总推说越国无君，民心不稳，产不出更多的粮食，国内还常闹饥荒呢。"

"你想让孤放勾践回去继续当他的越王？"夫差皱着眉头问伯嚭。

"越国已是吴国的附属，大王随意给勾践一个名头，让他在越国为大王效力，规定他每年至少向吴国上供万石粮食、千匹布，做不到就惩罚他，同时禁止他建立军队。这样他既无能力反抗，又能为吴国多做事情，总比待在石屋里喂马强。这就好比给马套上缰绳，去干更多的活。况且，到时如果他完不成任务，大王还是想怎么罚他就怎么罚他。"伯嚭一边察看夫差的脸色，一边小心地说。

夫差有所动心，说道："太宰言之有理，孤考虑考虑，找个合适的日子放勾践回去吧！"

伍子胥得知后大吃一惊，急忙入宫进谏，说："从前夏桀囚禁了叛臣商汤而未诛，商纣王囚禁了叛臣周文王而未杀，结果夏桀被商汤流放，商纣被文王的儿子逼死。倘今囚禁越王而不诛，必然重蹈夏、商覆辙。"

伯嚭反驳说："纣、桀都是有名的暴君，相国怎能将他们与贤明的大王相提并论呢？"

但夫差又犹豫起来，说："相国说得对，不放就不放了吧。假若不放，又该怎么处置他们呢？"伍子胥很干脆地回答了一个字："杀！"夫差沉默，赦免勾践之事便搁置下来。

勾践心里刚燃起的一点希望火星又熄灭了。他心急如焚，与范蠡商议如何行动。范蠡看出夫差心已动摇，又为勾践做了种种设计。

有一次夫差去狩猎，带着勾践和几名士兵去了姑苏城外的锡山一带。夫差骑着一匹黑骢马，在山中射中一头麋鹿，正兴高采烈之际，马走到了山路崩塌的地方，一不小心踩中猎人设下的陷阱，马受惊前腿向后蹶起，夫差坐在受惊的马上，眼看就要被摔下山崖，勾践不顾一切冲上前，用尽力气抓住马的辔头往回牵转，夫差幸免于难。回到吴宫后，夫差叫人把猎获的鹿烤熟，割下一只鹿腿，连同一壶上等好酒赐予勾践。

季爱、范蠡两人坐于石室中，听勾践描述那惊心动魄的场面，他们既为越王高兴又为他的举动担忧——若是勾践摔下山崖，越国怎么办？好在他的冒险换来了回报。勾践不惜性命换取夫差的信任，不由心中十分快慰。范蠡也异常开心，他嚼着鹿肉，说："离开越国两年多了，一直过着暗无天日的日子，今天尝到如此美味，看来老天爷开始怜悯我们了，让大王有了向吴王表现忠诚的机会，博取夫差的信任，我们的归国之期不远啦！"

这是一个好兆头，范蠡对勾践说："大王，看起来美食只差最后一把火了。只是从卦象来讲，还是吉凶参半。"

勾践心里也明白，自己一日不返越国，就随时都可能有杀身之祸。他需要再加一把火，把这顿"夹生饭"做熟。

不久后的一天，勾践得到通知说吴王召见，便提心吊胆入宫等候，谁知等了整整一天，也没见到吴王。勾践沮丧地回到石屋，心里忐忑不安。他让范蠡分析原因，范蠡一时也猜不透，便让百里宛玉侧面打听吴王宫的近况。过了十多天，范蠡满面春风地对勾践说："恭喜大王，机会终于来了。"根据百里宛玉的情报，相国夫人无意中透露，原来吴王打算明春征伐齐国，但如何处理勾践成为很纠结的事情。召勾践入宫是做最后的试探，召见时夫差将给他派任务，如果他真心实意去做，那就让他自然发展；如果他不乐意或稍有迟疑，就一杀了之。不料夫差当日卧病不起，这个计划未能实施。

夫差这一病迁延了三个月，病中他认为"禳灾宜作福事"，尽量避免杀戮，所以冥冥之中，勾践又逃过一劫。

这年入秋以来，范蠡每天都在关注吴王的病情，随时为勾践寻找机会。范蠡估算夫差病情即将好转，便向勾践献计，让他去探视夫差，以获得好感。勾践明白范蠡的意思，说："范大夫，你只管说，我该怎么做才能让吴王赦免我们。"

范蠡仰望头顶的苍穹，在心里推算了片刻后对勾践说："吴王很快就会痊愈，最多不过十天。大王向伯嚭请求去问候吴王的病情，见到他时，顺便取他的粪便尝一尝，并假装观看他的气色，然后当即下拜祝贺，说他很快就会病愈，大王要把病好的时日一并讲给他，等到您的话得到证实后，吴王又怎可能不感激大王的一片忠诚之心呢？"

勾践听了范蠡的计策，心中万般不悦。问疾尝粪，这是什么馊主意！但一转念，又觉得有理，能否回越国说不定在此一举。他稍微平复了一下心绪，对范蠡说："孤侥幸苟活三年，全赖先生的谋略！既然先生如此说，孤就照做，不知吴王痊愈于何日？"

范蠡说："大王宜午前入宫见吴王，告之到了己巳日那一天，病情定会好转。"

勾践经伯嚭从中斡旋，终于在翌日上午得到恩准，夫差在内宫召见了他。勾践刚拜下去，忽听夫差起身，撩开锦被，对近侍说："快，快拿便桶来。"

宫人忙将一只樟木带盖的便桶送来，扶吴王坐下。刚坐定，粪便一泻而出。左右宫人用软巾将夫差下身擦净。

勾践心情很复杂，范蠡大夫说的机会近在眼前，可是连吴王的近侍都隐约间面露难色，何况自己要尝。他心一横，对自己说，为了重回越国，只能以尊严相搏。他请求夫差让他品尝其粪便，以探查病情。夫差很诧异，勾践当着夫差和众人的面，将手探入桶内，他仔细查看了粪便颜色，又拨了一些放在口里品尝，随后忙下跪向夫差道贺，说大王的病三日之内即可痊愈。夫差半信半疑，问他如何得知？勾践回答说："罪臣曾学于医师，夫粪者，谷味也。顺时气生，逆时气死。大王之粪味苦且酸，正是顺时之气，所以知之。"夫差大为感动，连称"仁哉勾践，义哉勾践"。三天后，夫差果真病愈如初。他非常高兴，有感于勾践对自己的忠心，在文台设宴款待勾践君臣，吴国群臣也全被邀请赴宴。

这个令人震惊的消息传到石屋，简直乐坏了勾践君臣，看来范蠡所言不差，勾践估计自己很快就可以恢复越王的身份。他已由奴仆转为宾客，意味着他即将灾消难解，重见天日了。勾践、范蠡到场的时候，那些吴国的大臣、将士都客气地称呼勾践为越王，唯有伍子胥一人不满。他本不愿来参加宴会，在家人的劝说下才勉强来此，一看到范蠡和勾践，他就不屑地"哼"了一声，看到吴国臣子对他们的热情，心中更有说不出的厌恶，因而中途离席。

伯嚭见状，乘机对吴王说："今日入席者都为仁义之士，不仁者逃。相国是刚勇之人，大概是自觉惭愧，无脸入席吧。"夫差点头称是。席间，勾践、范蠡频频举杯，祝贺夫差病愈。夫差大喜，尽醉而归。

第二天，伍子胥一大早就急匆匆闯进宫来，叫起宿醉未醒的吴王夫差，多有不满地说："昨天大王以客礼待仇人，这是大错特错！勾践这个人阴险得很，表面上对您温顺恭敬，甜言蜜语，内里却是虎狼歹毒之心。现在大王将忠臣的话置之不理，而去听那些小人的谄谀之语，非要执着于妇人之仁，放弃那沥血之仇，实在令人痛心。勾践入臣于吴，原本就是一个大阴谋，他身边的范蠡一直为他设计策划。他们君臣故意做出服帖的样子，欺惑大王，尝大王溲溺更是俘获了大王仁心。但臣不敢辜负先王的信托，所以冒死再谏。一旦社稷成为废墟，宗庙陵夷，后悔晚矣。"伍子胥自顾自地长篇大论，声音凄厉，似乎已看到大祸临头，然而他的一片赤诚之心在夫差看来，更像是诅咒。

夫差冷冷地对他说："老相国勿复再言，孤意已决。"伍子胥料知此事不可挽回，号啕大哭而退。过了几日，夫差再次设宴赦免勾践等人，并亲自把他们送到城门外。吴国大臣都来送行，只有伍子胥未到。

勾践三人再次跪拜于地，夫差搀起勾践，又拉着他的手送他上车，随后范蠡扬鞭驾车而去。夫差与众臣看着他们远去，不由长舒了一口气。勾践在吴国当奴隶，夫差心里并不轻松，虽然他百般试探、羞辱勾践，可心里并没有真正快活半分。现在心病已除，他觉得像抖落了身上的一个包袱，开始准备下一步的北伐。

范蠡驾着马车很快出了姑苏城东南门，不出半个时辰，就来到了三津渡口边。他老远看到吴国的公孙雄将军带领舰船在前面等候，于是回过头对勾践说："大王，我们已到渡口，马上要走水路了！"

勾践掀开布帘，一眼见到吴淞江，一艘舰船停泊在岸边，公孙雄立于船头，正等着他们君臣三人。勾践的脸上绽开了欣喜的笑容，仿佛已经看到了越国。突然间，从周围的芦苇丛中跳出一帮刺客，穿着黑衣，黑布蒙面，手持利剑对着他们一齐杀来。勾践大吃一惊，看到如此多的杀手，料想今日性命难保，便想以死相拼，他跳下马车欲与刺客搏斗。勾践本是剑客，从小就对剑情有独钟，但他投降后，宝剑都归了吴国，此刻他徒手空拳，怎能与刺客相搏？"不可，大王！"范蠡大喊一声，纵身一跃，挡在了勾践前面。随即他接过公孙雄抛来的一柄长剑，对准了刺客。

这二十多个刺客把他们团团围住，没有留出一丝空隙，不杀开一条血路，恐怕插翅难飞。勾践惊魂未定，头冒冷汗，咬牙切齿骂道："夫差竟是出尔反尔的小人，他装模作样放我回国，暗中却派人守在此地刺杀我等。既达到了他的目的，又不被人指责，实在歹毒！"

范蠡观其阵势，冲着他们来的这些刺客高矮胖瘦不等，出招方式也不同于兵士，他一下子明白过来，要置他们于死地的人是伍子胥。他沉着地对勾践说："大王细思，吴王如果想杀我们，我们早就死了，何必用如此奸诈的方式，这些刺客定是伍子胥派来的。现在能救我们的人只有公孙雄将军，他定然不知道有人在此行刺，如果他出手相助，我们定能逃过此劫。"勾践问："可是公孙雄将军如何肯帮我们？"

话未说完，范蠡便与杀手对打起来，他以一敌二十，数十回合后体力渐感不支。勾践身无长物，只好带着季爱拼命躲避。公孙雄其实已经看出这些杀手都是伍相国门下，所以不敢轻易出手。眼见范蠡力不从心，君臣性命难保，这才一跃从船头跳上岸来，与范蠡并肩而战，他的卫队士兵也前来援救。正在殊死搏斗中，只见一艘楼船从江南面疾驶而来。勾践一眼看见船头站着的正是大夫文种，他又惊又喜，忙呼救驾。

文种所带的数十名越兵一拥上岸，冲入阵中与那些黑衣杀手厮杀起来。片刻，二十多个杀手死伤过半，眼见形势对自己不利，为首的头领一声呼哨，丢下八九具尸体，逃遁而去。

公孙雄将军还想前去追杀，范蠡制止了："公孙将军不必追了，这定是相国伍子胥遣派来的，今日你得罪了相国，回去不好交代。越王得以全身而退，全仰仗公孙将军的舍身相救。"

公孙雄受命将他们送回越国，要一直送到浙江北岸，见到文种已驶船前来迎接，于是说道："范大夫，现在看来在下不必护送你们回越国了，有文种大夫前来迎接，我更加放心回去交差。今日就此作别，后会有期！"

范蠡躬身作了一揖，对公孙雄说："范蠡代表越国万民感激公孙将军，他日来到越国，必是越国的座上贵宾！"

公孙雄尴尬一笑，执剑于胸前，恭谨地说："在下只是履行职责而已，我们各为其主，在下不一定如范大夫所言能成为座上宾。"

公孙雄离去后，文种、范蠡护着越王夫妇走水路，日夜兼程。两天后，越王勾践终于渡过浙江，到了北岸，他不禁仰天而叹："孤遭难三载，谁想到还能生渡此江啊！"

第四章　节事图强誓伐吴

1. 灭吴九术

吴王夫差虽然把勾践放了回去，但依然处处提防他。按吴、越两国当初的议和协议，吴王留给越国的地盘只有区区百里，不到原先疆域的十分之一：西起周宗（今绍兴凉帽尖），东至炭渎（今上虞曹娥江），南到会稽山，北至杭州湾，总人口不过十几万。即使勾践发奋图强，一时也难有作为。

勾践怀着万分羞愧的心情，回到越国都城——诸暨。他想到的头一桩事便是祭禹。一路上越国百姓山呼"越王"，为勾践回国道贺。见到有那么多的老百姓来迎接自己，勾践不由心头一热，两行热泪滚滚而下——越王已成孤家寡人，一无所有，只有民心可恃了。

祭祀完毕，勾践对范蠡说："孤往昔自恃越国强势，刚愎自用，妄开战端，以致兵败，逃亡于会稽山上，哀乞求和。不仅自己受辱蒙耻，也辱没了列祖列宗，对不起越国百姓。今日归国，地不过百余里，民不过二十万，没有强大的军队，也没有坚固的城防。故此，孤尊重先王之意，想把都城迁于会稽山中，以求立国树都，不知先生以为如何？"

范蠡回道："以前臣主张在会稽山中建城，是为了据险抗吴，如今已无此必要。大王要立邦建都，不仅是为了摆脱吴国的控制，还要为长远谋划，理应把国都立于平坦易行之域，据四通八达之地，否则不利于将来成就霸业。"

"霸业"二字十足地激励了越王,他听取范蠡建言,由他选址修建越国新都。范蠡本着立国树都之旨,在原建的勾践小城外修筑大城(今绍兴越城区)。公元前489年,大城竣工,其周长二十里七十二步,设有陆门三个、水门三个,这个大城就是后来的绍兴城。因为由范蠡主持修造,所以后人一直称它为"蠡城"。

范蠡还在卧龙山巅修建了飞翼楼,即望海亭,楼高十五丈,登楼可以北眺钱塘江滨,对吴国的军事行动进行监视和侦察。

蠡城是水乡泽国,四面环水,内河纵横交错。范蠡从交通、防御、拓展的战略需要出发,以匠心设计建成,后人称其"负卧龙山脊,面秦望(秦望山,在绍兴平水镇),带鉴湖,玉架天柱,诸峰环峙左右",得山水之利而无旱涝之忧,能攻易守而基业可据。

为了加强新都城北面的防御,范蠡又在浙江南岸的城山下(今杭州滨江街道附近)修建了一座军港,称为固陵,是都城的北面门户。

范蠡随即奏报勾践:"臣之筑城,上应天,下合地,已显出昆仑之象。"越王听后非常兴奋,马上告庙临朝,这一年正式迁都会稽新城,人们又称蠡城为越城。

勾践自吴归越以来,兴国强兵的心情非常迫切,屡召群臣议事。对群臣所献计谋,只要用得上的,几乎不加考虑就欣然接受,并立刻付诸实施。然而,在勾践心急如焚之际,那些大臣却显得气定神闲、不慌不忙。勾践看不到他们兴国复仇的紧迫感,好的建议也越来越少,这使他极不满意。因此,他把范蠡、诸稽郢、皋如、冯同、若成、舌庸一干大臣召集在一起,专门讨论强国伐吴之事,文种因公事去了旧都诸暨,暂时缺席。

勾践开门见山地说:"孤获辱受耻,上愧周王,下惭晋楚,幸蒙群臣献高计良谋,使孤返国修政,富民养士。但这些日子,报仇雪耻之言渐息,这是为什么?"群臣皆默然,无言以对。

勾践仰天叹道:"主忧臣辱,主辱臣死。孤亲蒙奴虏之厄,亲受囚隶之耻,归越之后,任贤使能,期在伐吴。今日征询群臣,众卿却三缄其口，何故如此？"

群臣面面相觑，但依然无人提出可行的建议。范蠡曾陪勾践事吴三年，同甘共苦，深谙勾践的迫切心情，上前直言不讳奏道："大王，臣子们的任何计谋不是从天而降，亦非神仙恩赐，随着时间的推移、事情的进展，大臣们都有一个认识过程，还要有深思熟虑的阶段。哪位臣子也不愿意把半生不熟的策略献于大王之前。"

越王道："那么，孤欲求兴国之计，还要再等吗？等多长时间呢？"

范蠡答道："以臣拙见，文种大夫有治国安民之德智。几年代政，文大夫已熟悉越国诸事，定然胸有成竹，请主公与他深议，必得强国复仇良策。"

勾践道："很好。孤正想找文大夫请教。"

于是，勾践依范蠡之言，等文种回来，专门召见文种和范蠡二人详议。勾践对文种说道："孤知文大夫一向腹有良谋，又与范先生是莫逆之交，志同道合，甚至政见、计策也趋于一致。今天请务必敞开心怀，畅言心中真正的强国之策。"

文种不紧不慢地回道："想强国兴越，报仇灭吴，臣倒是有九术可行，大王愿听否？"

勾践听了十分振奋，说道："孤殚精竭虑，苦思冥想，但心中依然迷惑，愁不思饭，耻不安眠，所盼者正是大夫的详策啊。"

文种言道："第一，尊敬天地，事奉鬼神，以求得他们的保护；第二，以厚礼赠送吴王，用大量财物贿赂吴国大臣，以博得他们的欢心；第三，高价买进吴国的粮食，使吴国国库空虚，满足吴民的贪欲，使吴国民众疲弊；第四，向吴王夫差赠送美女，用以迷惑他的心志，扰乱他的谋划；第五，赠送吴国能工巧匠、精木良材，为吴王修建宫殿，耗尽他们的国力；第六，抬高其谀臣的地位，使其居功自傲、麻痹大意；第七，抑制、分化吴王的谏诤之臣，让他们自相残杀；第八，使越国国富民强，准备锐利的武器装备；第九，训练精锐、坚强的军队，乘敌人疲弊之机攻之。凡此九术，大王暗自牢记心中，不可与外人道，灭吴来日可期。"

勾践听完，顿觉心明眼亮，其中几条因过于简略，正待细询时，文种接着说："此九术，有几项已秘密付诸实施，比如采葛织布、铸造武器、遍选美女，其余诸项随事态发展，也将陆续施行。但同时也需要大王以身作则，身体力行。凡此九术，必须严格保密，万一走漏风声，让吴王夫差察觉出任何蛛丝马迹，我越国必将大祸临头。"

越王喜不自胜，连连赞叹："说得好，说得好。文大夫的考虑周到又全面，孤总算有了方向。"

范蠡在一旁，见文种说完，他才接着说："虽然可依照文大夫的计策损灭吴国，可这不是一朝一夕能做到的事，越国现在须蓄势待机。等到越国国力强盛之时，天道就会发生逆转，大王乘势伐吴，不仅必灭吴国，还将登上诸侯霸主宝座。因此，光着急没有用，要做好充分准备，不到有十成把握，决不要轻举妄动。此番不同前次，初次忍辱蒙耻，尚有存活余地，而此次万一失败，夫差会以十倍仇恨、百倍疯狂加以报复，到时我越国的社稷、宗庙将从历史上永远消失，那将是万劫不复的大悲剧。"

勾践略微颔首表示认同。文种的九术前几条基本都在削弱吴国实力，但真正兴越还要靠越国自身，而且向吴国赠送大量礼品和向吴纳贡也要消耗越国财力，因此强越才是当前要务，于是他又请教范蠡振兴越国的具体方法。范蠡进一步阐述他们的长远计划。

这套计划的关键之举包括经济、社会和军事三方面。

第一，发展经济，增加人口，增强国力。经济是国家发展的基础，没有雄厚的国力，根本谈不到打败敌人。文种、范蠡特别强调农作物和其他物资生产的重要性。他以富国为宗旨，奖励耕织。范蠡还建议勾践亲耕、夫人亲织，以为越国民众作表率，并告诫"不乱民功，不逆天时"。

文种、范蠡都主张以农为主，并提倡多种经营。"民以食为天"，国家一旦粮食匮乏，极易引起民心动荡，怨声四起。因此，范蠡长远计划的首要任务是解决粮食问题。他号召全国官民，垦草创邑，辟地植谷。扩大耕种面积，在山地平原种植各种谷物，能围垦的湖泊河汊都种上稻子。与此同时，植桑麻，养蚕织葛，并发展养渔业和畜牧业。

为了增加越国人口，勾践颁行了一系列繁衍人口、奖励生育的法令：壮年男子不准娶老年女子为妻，老年男子只能娶老年女子为妻；女子十七岁不嫁、男子二十岁不娶，就要追究他们父母的罪责；孩子出生，官家派郎中去守护和伺候；生下男孩，赏给黄酒两壶、狗一条；生下女孩，则赏给黄酒两壶、猪一头；生下双胞胎的，官家供给食品；生下三胞胎的，官家派供乳母；嫡子夭折，免除其父三年的劳役；庶子夭折，免除其父三个月的劳役。对那些鳏寡病弱者，勾践命官府直接把他们养起来；四面八方投奔到越国来的贤才志士，必定在庙堂受到勾践隆重的迎迓；流浪的年轻人，总能遇上勾践满载食品的船只为他们提供接济。

第二，颁行亲民措施，力求社会稳定。文种、范蠡告诫勾践要"施民所善，去民所恶"，协调内部关系，"内亲群臣，下义百姓"。勾践按照两位大夫的建议，常亲自去慰问病人和孤寡老人，附近百姓家如有丧事，勾践也亲自前往吊唁。一段时间后，越国境内那些孤苦无依的人均能温饱无忧，拥护爱戴越王的人越来越多。

第三，秘密扩军，全民备战。越国有制造兵器的传统，尤其善于铸剑，各地有不少铸剑名家。范蠡派人暗中拜访铸剑名家，并将他们分散安置在隐蔽的秦望山中，铸造大量利剑、长戈，隐藏起来以备战时使用。同时他十分重视军队训练，设计了一套训练士兵的方案。为提高士气，增加战斗力，组织了敢死队，并设以最高金额奖励。

越国的政策还规定，男女达到一定年龄后，必须接受军事教育，参加常规军事训练；又按战争需要，把全体国民按军事编制组织起来，派战斗经验丰富的军士去当教官，指导老百姓熟悉军事，使用兵器。年轻人必须学会搏击以及骑马、射箭、列阵与冲锋等实战技术。

勾践把军事备战方面的事委托给范蠡，又把国内政务交给文种主持。他自己白天到各地体察民情，帮助老百姓解决问题。晚上回城后，不住宫殿住民房。他睡在稻草上，还从房梁上吊下一只苦胆，每天早晨起来就尝尝苦胆之味。

此后，越王勾践行事处处谨慎，"身不安枕席，口不甘厚味，目不视靡曼，耳不听钟鼓"。他心中时时燃着一把复仇之火，有时候这把火把他烧得无法安眠，可他清楚，眼下还不能让这把火旺起来，否则将给他和越国带来灭顶之灾。所以，无论环境多苦，心中多痛，他都得忍。时机不成熟，小不忍则乱大谋。

吴国还在时刻在监视他的举动，稍有不慎，就可能导致前功尽弃。勾践为了警醒自己，除了卧薪尝胆，还想出各种办法"自虐"，史载："勾践迫欲复仇，乃苦身劳心，夜以继日。目倦欲合，则攻之以蓼；足寒欲缩，则渍之以水。冬常抱冰，夏还握火，累薪而卧，不用床褥。"

然而，越国仅靠这区区百里的地盘，想要实施灭吴的复兴计划，无疑是痴人说梦。作为这个计划的策划者和实施者之一，范蠡感到困难重重，他请求勾践："大王，越吴之间，实力悬殊，现在咱们想要胜过吴王，必须让他再归还我们一些土地，我们才有施展腾挪的空间。以臣看来，为今之计最直接有效的办法，莫若给吴王送礼。"

勾践点头认同，他对自己的臣子说："据孤所知，吴王夫差喜欢穿华丽的衣服，又喜欢拿上好布料赏赐妻妾。既然他有此好，我越国之山林盛产葛，使人采之，织成细布，献之于吴，以求夫差欢心。趁此时求他退还越国一些田地，并放松对越之警惕，众卿以为如何？"群臣纷纷表示赞同大王的提议。于是，勾践便下令国中男女皆入山采葛，又令心灵手巧之女精心织成布匹……

过了几天，勾践又对群臣说："吴王还喜欢养宠物，尤其喜欢白鹿。孤听说在城外二十九里处有座鹿池山，山上有白鹿出没，孤想派人养些猎犬去抓几只白鹿来献给吴王，讨他欢心，如何？""鹿乃祥瑞之物，若送到吴国去，必能讨得吴王欢心。"众臣附和。

又过了几天，勾践又说："吴王还很喜欢游猎，因而收藏了不少马鞭。孤听说城外三十五里处有座六山，山上出产良竹，若派人去这山上采竹，制些马鞭献给吴王，来讨他欢心，如何？"群臣依然没有异议，他们认为既然吴王好之，那就投其所好。

这些消息传到吴国，夫差听后非常得意。他还听说，勾践食不重味，衣不重彩。他以为这是勾践小心翼翼、保持低调、不惹恼他甚至讨好他的表现，高兴之余，他赏给越国一片地。反正荒地有的是，越人开垦耕种后把耕种得来的作物上供吴国就行。随后，他赏给越国的土地越来越多，同时对勾践的监视也渐渐放松。

当时越国上下都以复国为己任，无论老幼妇孺，都重担在肩。流传至今的《采葛妇歌》便鲜活生动地描绘了当时吴、越两国的关系，为后世人留下无尽的启示：

　　葛不连蔓棻台台，我君心苦命更之。
　　尝胆不苦甘如饴，令我采葛以作丝。
　　女工织兮不敢迟，弱于罗兮轻霏霏。
　　号缔素兮将献之，越王悦兮忘罪除。
　　吴王叹兮飞尺书，增封益地赐羽奇。
　　机杖茵蓐诸侯仪，群臣拜舞天颜舒。
　　我王何忧能不移，饥不遑食四体疲。

2. 全民皆兵

得到更多土地和人口后，范蠡的首项工作就是发动群众，实行全民皆兵制。凡十五岁以上、四十五岁以下男子无论参不参军，都是军人，妇孺老少都是预备军人。然后，从其中挑选精壮者组成"特种部队"，根据未来作战需要，授以专门的技能。

在以后近三年时间里，范蠡几乎踏遍了越国的每一寸土地。他的坐骑是一匹雪白骏马，只有四蹄之上约一寸的地方有墨漆一般的黑毛，故而这匹骏马名曰"白玉骢"。每日清晨，白玉骢由越城南门奔驰而出，扬起一路尘土。大路两旁，绿树成荫，骏马过后，带来一股疾风，吹得树叶作响。

范蠡骑着白玉骢沿江而下，这一天来到姑蔑，迎面横着一座不高而峭的凤凰山。范蠡经过询问，知道这里又叫徐山。这里的人，是从很远的徐国（今徐州一带）迁移而来。徐国和姑蔑一样，都曾是夏、商的封国，国君称为"子"，国家不大，然而毕竟是王室的一支。后来，朝代更迭，东周以来，天子暗弱，诸侯并起。一些大的诸侯国不断吞并周围的附庸小国。徐国一度在偃王治下声势显赫，曾经令三十六个附庸小国一起来朝拜。连周天子都听说了徐偃王的声名，于是命令楚庄王前去讨伐。楚国和吴国联合出兵，偃王为了避免百姓受战争的祸害，不得不弃国而逃。跟随他一起出逃的有几千子民，他们一起来到越国和姑蔑交界的凤凰山，用重金贿赂越王和姑蔑国的君主，自此在这里长久地定居下来。因为地方太小，人数又多，他们就在山上开凿石室，作储存粮食、居住等用途。其图腾由"余"和太阳鸟组成，从偃王一代代传下来，因为这里都是徐国人，这里也就被叫做"徐山"了。

听着徐人的历史，看着徐山中的建筑，范蠡叹道："真是了不起啊——真想不到，这里还有一个别有洞天的世界。"他得到允许，上山参观，徐山百姓在山里挖出了数十个石室，纵横分布，大的可以容纳数千人，小的也可以容纳百十人。从外面根本看不出山里面是空的。石室间相互勾连，声音相通，而人不能通行。石室分工也不尽相同，有的储存粮食，有的召开会议，有的作为祭祀之用。如果不是范蠡亲眼所见，真难以想象，人们是如何以惊人的毅力和高超的技巧在石山上开凿出这么多的石室来。

"天地造化，越国终于有了世上最好的隐秘兵营。"范蠡参观完，暗暗预测："看来，这真是上天赐福，我越国练兵强国、称霸诸侯无忧矣！"

由于吴国不允许越国拥有军队，而且不时派人查看，所以一切要进行得非常隐秘，此处绝不能让吴国人探知。范蠡奏明越王，计划将二十五岁以下精壮青少年全部集中在此秘密训练，分批教导，首批少年军有五千人，以后逐年增加。勾践大悦，着令范蠡迅速征召青少年甲勇，又令文种、诸稽郢、冯同解决军粮军备，即使让王公大夫节衣缩食，也要确保军需不缺分毫。

随后，范蠡对勾践说："大王，根据我越国目前的实际情况，灭吴绝非三五年之事，必须从长计议。军事方面，我们还要做三项准备：第一，采挖优等铜铅，铸造宝剑；第二，修整铠甲、打造有攻击力的舰船，长期备战；第三，广招武林高手，教习专门技能，提高我军甲士的武艺——这三件事做好了，我军当可与吴军一决雌雄！"

因为吴、越两国相隔钱塘江、吴淞江、太湖等诸多河流湖泊，免不了要打水战，需要制造大量战船，因此范蠡又在越国广招工匠。他首先想到了造船师徐竺。范蠡命人在城山下盖起巨大的工棚，派徐竺等一大批能工巧匠为越国打造战船。吴国的战船大部分也是由徐竺设计的，他在吴国战船的基础上做了些改进，同样把战船分为艅艎和三翼两大类。

艅艎包括楼船和桥船，多用来作旗舰，指挥作战。三翼即大翼、小翼、艨艟三种，大翼一般长十二丈，宽一丈六尺，可容纳二十六名战士和五十名棹手，船的头尾处有三人专职掌握航向，整编制为九十一人。如果五十名水手同时操桨，大翼也可快行如飞。大翼上层立戈悬剑，树帜摇鼓，兵士戴盔穿甲，使戈射箭；下层的划桨手奋力划长桨，各自向对方猛冲。难以想象，战场上的大翼作战是一种怎样的情景。小翼和大翼结构相同，只是规格略小；而艨艟则更快，它船体狭长，首尾配有铁甲，主要用于撞击敌船。越国还有一种特殊的戈船，上建戈矛，四角都垂挂装饰物。

在招募工匠建造战船的同时，负责士卒训练的冯同和诸稽郢将军向范蠡反映，越国懂得行军布阵、具有水陆作战指挥能力的将才太少，而有高深军事谋略的人更是凤毛麟角。范蠡甚感头痛，练兵该从何处练起？训练出来的士卒该怎样适应对吴作战？如何适应未来十年甚至几十年对多国作战？范蠡左思右想，仍不得其法，他心事重重，听说南林一带有不少高人隐士，便跨上白玉骢从越城出发，飞奔向南。

天姥山在越国南端，是一片原始山林，又被越人称为"南林"。远远望去，那绿色屏障一望无际，穿岩之峰高耸苍茫。进得山中，可闻虎啸狼嗥，猿啼声声。范蠡骑马穿梭在南林的密林之中，林外虽是艳阳高照，而林中却阴凉潮湿。

因林子太密，范蠡下马脱去官服官帽，把马系在乌桕树上，然后步行入山。他以剑开路，艰难前行。夫椒战败后，越王的宝剑被悉数收入吴国，如今范蠡手上所持是当初欧冶子赠给范蠡的一把无名之剑。范蠡见林中一道道山泉汇成小溪，仿佛一条白色绸带，在阳光下光影闪烁流向远处，顿觉景色清幽静美，不由得驻足欣赏。

过了半晌，原本从树叶间穿过的太阳光线倏然消失，随即林间变得烟雾蒙蒙，白纱似的轻雾在范蠡身周弥漫开来，迟迟不散。范蠡曾在深山老林待过，深知自己已处在危险之中——没有人能抵御瘴气的侵入。尽管他使出屏息运气之法，也只能抵挡片刻，唯一能做的就是尽快逃离。就在范蠡欲转身离开时，忽闻一声猿啼，范蠡心中一紧，随后只觉得身侧寒光一闪，直刺向他的后颈。尽管范蠡剑术高超，但此刻他只来得及拔剑出鞘，连转身都来不及。

范蠡猜想对方是有备而来，小心说道："这位高手……在下范蠡，无意冒犯。"对方沉默很久，才开口说道："别妄动，把你的剑丢过来。"

范蠡听得身后之人说话声音稚嫩、清脆，判断此人并不是歹人，便把剑向身后递去。

"这把剑怎么会在你手里？"声音逐渐坚实起来，仿佛磬乐，掷地有声。范蠡听出是个年轻女子的声音，不禁有些惊讶又有些疑惑。

"此乃欧冶子大师所赐，难道你熟悉此剑？"范蠡想趁发问时转身，却发现自己的双腿已经不听使唤了。

"你可是越王勾践的臣子？"女子收回她的剑。范蠡的脖子上有雾水滴落，耳边伴随着低沉的龙吟声，这正是传说中的"剑鸣"。他正要回答，突然身子一软倒在地上，瞬间失去了意识，他中了瘴气之毒。

　　次日早晨，范蠡从昏迷中醒来。他不知身处何处，但心里依然记着昨日昏迷前那把发出龙吟之声的利剑。这时，走过来一位十六七岁的少女，面容俊秀，眼睛幽深如墨，薄唇高鼻，身姿婀娜。她走近范蠡，微微一笑道："你醒了？好在中毒不深。"

　　范蠡欠身道："多谢姑娘活命之恩。不知姑娘是何人？这里是何地？"

　　姑娘答道："此地为南林，山中人皆称我为南林处女。"

　　范蠡心头一阵狂喜，因为他早已听闻南林处女是一位神秘的剑术师。但他没有想到剑术如此高超的南林处女竟是一位年轻貌美的曼妙女郎。他问道："不知那把剑何在？"

　　南林处女从床榻边拿出一把剑递给他，说道："这是我父亲的剑，为何落在你手里？"

　　范蠡问的并不是自己的剑，急着问道："姑娘剑法精妙，手中宝剑也不俗，不知姑娘的宝剑是何来历？"

　　南林处女答道："小女子使的是家父欧冶子的绝世剑作。有人称之'含光'剑，也有人称'无影龙吟'剑。"

　　"原来姑娘是铸剑大师欧冶子之女，大师近来可好？姑娘方才说龙吟剑是绝世剑作，难道大师他……"

　　没等范蠡说完，南林处女便怒道："家父已经去世，是吴王命人杀了他！我定要用这龙吟剑杀了吴王，为家父报仇！"

　　"欧冶子大师去世了？"范蠡惊愕不已，回想起当年欧冶子对王者之剑的言论，宛如昨日，历历在目。他感叹道："大师乃绝世之才，竟不能安享天年，吴王罪孽深矣！"伤怀之余，他安慰南林处女："姑娘不要太伤心难过，大师的英名后人必将世代铭记。大师的仇也是越国的仇，我们一定会报。"

南林处女听范蠡说要帮她报仇，便问道："你究竟是什么人？手中有我父亲铸造的剑，如今又说越国要报仇，莫非你就是家父曾提起过的范大夫？"

"你猜得没错，在下范蠡正是越国掌兵大夫。此次进山专为寻觅奇人异士而来。姑娘的剑术高妙绝伦，出招之迅疾，令在下措手不及。不知姑娘是否愿意随在下下山，为越国效力？"范蠡诚恳殷切地望着南林处女。

南林处女本打算单独刺杀夫差，所以一直苦练剑技，务求在吴王宫的重重守卫下刺杀夫差一击成功。如今范蠡请她到越国，打乱了她的计划，她略想了想，点头答应。单独刺杀夫差，危险性极大，如果她盲目前去，不仅不能为父报仇，自己很可能也会命丧当场。如果背靠越国，击败夫差的希望就大了许多。

下山中途，范蠡寻到自己的白玉骢。二人正要上马，突然从林中窜出一位老者，拦住了他们。老者打量了一下南林处女，说道："姑娘，听说你剑术高超，老夫想与你切磋一番，可否赏脸一战？"

南林处女说道："老丈特意寻来，小女子不敢不应战，请。"

老者看了看四周，随手折下一竿竹，去除末梢，留一竹竿，说道："为免误伤，老夫以竹为剑。"

南林处女不慌不忙，示意范蠡退到一旁，拿起老者扔在地上的竹梢。老者见状，面有怒容，仗竹剑刺向南林处女，南林处女飞速躲开，让了三招后以竹梢扫向老者。老者顿感力道强劲难敌，向上一纵，飞身远走，犹如一只白猿，长啸一声，再不见踪影。范蠡在一旁看得目瞪口呆，他是懂剑之人，知道老者剑术不凡，然而若不是南林处女相让，老者走不完三招。如此，他更加确定南林处女剑术已登峰造极。

范蠡带着南林处女来到越城，面见越王。勾践仔细打量南林处女，只见她面容姣好，漆黑的头发垂到腰下并不挽起，身穿葛布短袍，脚穿一双麻鞋，实乃一弱不禁风的女子。勾践以为范蠡识人有误，略显不屑之色。但他转眼看了看范蠡，发现范蠡神色肃穆，一本正经地看着自己。他的态度稍有转变，随口问她："孤闻汝善剑，果有其事？"

南林处女不卑不亢地说："回大王，此事不假。婢女生长在深山老林之中，自幼练习剑术，也略通剑道。"

勾践有些疑惑，又问道："难道剑术与剑道有所区别吗？"

南林处女答："回大王，剑术讲究招式，而剑道重原理和阵势。"

勾践听南林处女说略懂剑道之法，甚是欣喜。他接着问："不知你所学何种剑道，又师从何人？"

南林处女答："婢女乃是自创剑道，并不为他人所知，也未曾师从何人。婢女好剑击之道，多年来练之不休，习之不歇，无师自通。"

勾践见此女谈吐不凡，气质高傲，绝非一般女流之辈可比，心中暗暗懊悔方才轻浮，但表面不动声色，他继续问道："依女侠看，你的剑道有何长处？"

南林处女答："婢女的剑道讲究门户阴阳，不能门户皆开，要开门闭户，阴阳配合。静若草木，动如惊虎。动作与神意要合一。遁逃时要像太阳那样看着近，实则遥远；躲闪折返则要像兔子一样灵活……婢女的剑道可以一当百、以百当千。大王若不信，可以临阵一试。"

"好！"勾践大声说道，"越国最需要的就是以一当百、以百当千之人。孤亲自挑选十名越国勇士，与你一战。"

次日，勾践在城郊举行了一场别开生面的剑术比赛。勾践从卫队中挑出十人，他们高大威武，训练有素，而且都经历过实战，可谓越军中百里挑一的勇士。南林处女手持一柄长剑，站在他们中间，气定神闲，两眼直盯剑尖。

比武一开始，十个勇士以两人一组轮番进攻，来势凶猛，南林处女左抵右挡，稳健防守，气息丝毫不乱。倒是勇士们一个个大叫着，狮吼虎扑。然而不一会儿，勇士们气力耗散过半，攻势渐弱，南林处女立刻翻身回旋，连续出击，快如闪电。在人们眼花缭乱之际，四组勇士败下阵来。最后一组正要出击，南林处女喊道："打住！你们干脆十人一起上吧。"

十个勇士愣了一下，见勾践示意，立刻摆出一个进攻阵势，逼向南林处女。南林处女淡淡一笑，扔掉手中的长剑，"哗"的一声从腰间拔出一支软剑，只见她手腕一抖，在寒光闪耀间低沉的龙吟声随之而出，如弓弦骤颤。人们看不清剑的形状，只见一条"游龙"在勇士间飞梭，势如疾风骤雨，将他们手中的剑纷纷打落在地。她使用的并非剑锋，而是用了剑身的震颤弹力。如果这些勇士是真正的敌人，只怕他们手腕都已是重伤。

勾践万没想到一个小女子竟身怀如此绝技，着实让他大开眼界。他连声惊呼"善，善，甚善！"激动之余，又赐南林处女名为越女，并盛赞她的剑术天下无敌。比武之后，越女被派往徐山，教授少年军剑法。

在徐山受训的少年军中，有一个名叫雨来的弓弩手，十五六岁，臂力惊人。能使一张超大的弩，此弩一般人很难拉开，其射程更是超出普通弓弩所射距离两倍以上。范蠡饶有兴趣地问雨来，这种技能从何处学得。雨来说，他家是猎户，常偷学一位"仙人"的弩法，仿弩机而制成。据说这位"仙人"叫陈音，隐居在南林。

于是，范蠡再访南林，继续拜访奇人异士。

在南林山阴，有一座别致的小院背山而建，这里便是陈音的家。范蠡寻访到此，见院前流过一条潺潺小溪，清澈见底。溪旁栽种了几株枫树，红枫落叶片片飞舞，洒满一地，显得南林秋意更浓了。

陈音本是楚国人，因为杀人避祸，隐蔽在越国南部山林中，此后看破红尘，淡泊名利，终生研习射道与射术。在山中，他与虎豹共居，与狼狐为伴，渴了饮泉水雾露，饥则食野果鸟兽，虽已年近六旬，但鹤发童颜，精壮如中年。范蠡找到陈音，自我介绍一番后，便向他求教造弩之术。

陈音看出范蠡的急切之心，笑问道："范将军，可知道弩的来历？"范蠡一时语塞，摇了摇头。

陈音说道："我听说弩生于弓，弓生于弹，弹生于古之孝子。远古之民朴实，饥食鸟兽，渴饮霜露，死后用白茅相裹，投于山中。有孝子不忍心见父母为禽兽所食，故做弹守望，后又有弓。于是就出现了一首远古歌谣，唱道'断竹，续竹；飞土，逐肉'。意思是砍断竹子，接起竹子，做成弹弓，飞出弹丸，射中猎物，冲上前去吃其肉！到神农皇帝时，先民们弦木为弧，剡木为矢，立威四方。其中有一人名叫弧父，生在楚国的荆山，生下来便没再见过父母，习用弓箭，所射必中。后来他将其道传于羿，羿又传于逢蒙，逢蒙传于琴氏。因为诸侯互伐，弓矢不能制服，琴氏就将弓横过来放置于臂，施设机枢，以外力将箭射出，名叫弩。琴氏将此技传于楚三侯，楚从此世世以桃弓棘矢防御疆土。我的先祖，曾受道于楚，已历五世。技术日臻成熟，凡弩所向，鸟不及飞，兽不及逃。"

"原来如此。"范蠡叹道，"听前辈一席话，着实长了见识。"他一边寒暄，一边思索陈音讲这番话的目的。而陈音似乎也看出了他的心思，说道："人老了，话就多。范将军涉远光临，应当不是来听我讲这些陈年旧事的。"

范蠡站起来作了一个长揖，索性直接坦白："今日越国蒙难，欲请前辈出山，不吝赐教，将如此精妙绝伦的射术用于兴国安邦，前辈留名青史，才算不辜负这一身才华！"

陈音见范蠡态度诚恳，沉吟片刻，说道："祖先用箭用弩，起始是为了孝，后为了生存所需和保卫本国疆土。如今越国艰难，老朽可算半个越国人，要我出山传授弩术也不是不可以，但需承诺我三个条件，你可答应？"

范蠡躬身施礼，说道："前辈请讲。"

"弓弩原为狩猎获取食物而制，如今竟变成了杀人凶器，所谓甲兵者，乃不祥之器，圣人不得已而用之。所以老朽的第一个条件是我的制弩术、射弩术须由我亲自挑选徒弟传授，不能交由尔等滥用。""这是自然。"范蠡毫不犹豫地答应道。

"第二，不可对楚国使用此术。楚国是老朽母国，弩术也来源于楚国。如今列国争霸，时而结盟，时而对战，风云诡变，将军须答应老朽，若有一日越楚为敌，老朽制作的弩机不可对准楚人。""只要有范蠡在越一日，越国绝不对楚国开战。"范蠡应道。

"第三，老朽在这片山林生活得甚为惬意，不管越军情况如何，老朽每年要在这片灵山秀水中待上两个月，任何人不得打扰。"

"只要前辈肯传授弩术，这些都不是问题。"就这样，陈音随着范蠡前往徐山。

勾践听闻陈音的本领，在一临时校场亲自召见陈音，也见识了陈音制作的弩机。

"老丈，此弩机有何特长？"勾践练过射箭，但对弩较陌生，他很真诚地向陈音发问。

陈音说："弩机的好处显而易见。其一，弩机张弦依靠机械的力量，所以比拉弓时间短，而且节省体力，能在同样的时间内射出更多箭矢，从而弥补弓箭射程较短的缺点；其二，弩机有瞄准器具望山，比弓箭射得更准；其三，弩机有分铢刻度，可以调整发箭的距离，灵活性好于弓箭。不比弓箭手，还需要长时间的拉弓训练。"

勾践亲自拿来一张弩机放在左臂上，又问陈音："是否还有更具体的射术？"

"射箭的要领在于，身体像戴着夹板一样挺直，脑袋像放着禽卵一样平稳，左脚放在前面，右脚横放，左臂好像身上的分枝，右臂就像抱着婴儿一样。举起弩来，瞄准敌人，把心收敛，屏住呼吸，箭同气一起发出，等到心平气和、精神安定、杂念俱消、去止分离的那一刹那，右手拨动弩牙，左手全然不知，全身各部分接受不同的指令，这就是正确的持弩发射法。"陈音边说边指导勾践摆出正确姿势。

陈音说："发射时要自然放松，瞄准后就连续发射。弩有不同的重量，箭也有不同形制，目标的远近高低须分辨得分毫不差，这就是发射的要领。"

勾践初试射弩，一连三箭皆中，十分欣喜，当即任命陈音为水陆两栖步卒的教头，在新都城东郊外教士卒们学习射术。

这一系列工作完备后，范蠡的建军蓝图已基本形成——从越国的国情出发，打造一支具有鲜明特色的队伍。兵不在多，而要精，其中少年军要成为一支战斗力强、反应快、善突袭的精兵；未来的水师全部从受过陆战特训的士卒中挑选，将超越吴国的水师陆战队；建立配备骑兵和弩机的车驾部队，既能快速反应，又能远距离作战。

相对而言，掌政大夫文种的工作则需要更长时间的准备和积累。好在越国境内的锡山、铜牛山锡矿丰富，并不缺少制作兵器的原材料。但铸剑大师欧冶子已去世，文种不得不把风胡子从楚国请到秦望山。风胡子虽然没有像欧冶子那样铸造出太多名剑，但他把冶炼技术又提高了一个层次——炼铁。铁的熔点高于铜、铅、锡，用铁铸成的剑，其刃更锋利。数月后，他便铸造出千余把作战铁剑。

越国大量制造兵器，除了炼制利剑外，还制造了大批戈、戟、弓弩、箭镞及铠甲等攻防武器。为了伐吴，范蠡还设计了一种专用武器——铩，这是一种长矛，由铍演变而成，主用于水兵。同时，铁不仅用于制作军事武器，还被制作成很多农具及日用工具，便利了农业生产，使越国的农业转为精耕细作，有了较快发展。

3. 美人妙计

俗话说，世上没有不透风的墙。尽管越国的所有备战工作都做得很隐秘，但吴国依然探听到一些风声，并几次派人来越国查探情况。不过，在通信工具、交通工具落后的时代，在越国边境的蛮荒之地，所有侦察都十分困难，吴国探报没有得到太多的军事信息。

尽管如此，勾践及一班大臣还是处处小心，极力搜寻吴王喜欢的古玩奇珍，连续不断地献给吴王当贡品。美人计是"灭吴九术"之一，文种又从全国选了众多美女送给越王勾践和王后季爱审视。

越王勾践看后，说："这些都是妙龄少女，孤不好抉择，干脆找王后来看看吧。"

王后季爱一看，微微蹙眉，说："文大夫在楚国也曾见过宫中妃嫔，较之如何？真正的美人不外乎三点：第一，相貌娇美，身材匀称，线条、身段要正；第二，才艺俱佳，会吹会弹、会唱会跳；第三，行为端正，举止言行有大家风范。以这三点来看，哪位可算作美女呢？"

既然这些美女都不符合，那就从头再来。范蠡猛然想起了一个美女聚集之地——苎萝。其实，搜罗美女本是文种分内之事，可范蠡想起了苎萝村，便鬼使神差地来到这里。从越旧都诸暨南门沿浦阳江（若耶溪）往西南走数里地，可见一峰峦，翠秀玲珑，山腰的红粉石色如胭脂，那便是苎萝山。

时值阳春三月，范蠡跨过一道山坡和几处田园，来到一个屋舍错落有致、花香鸟语的村落。范蠡放眼四望，只见阡陌相间，禾田丰茂，路旁树高遮阳，气息清凉宜人，他一时被美景迷住了，好久才回过神来。他信步来到一条小溪边，举头又见山上桃花殷红，林木为之尽染，山峦为之红遍，这里的一岭一水、一花一草有如画境，令人沉醉。范蠡心里不由得涌起一种特殊的情感。五年前，他入越之初，"南巡"后第一次经过这里时，在桃林迷路，巧遇一位美若仙子的姑娘，如今她该出落得更加亭亭玉立了吧。

他下马沿着浦阳江又走了半里，看到前面有一处天然石台，几米宽的石台有如白玉雕成，溪水清澈见底。他在溪边俯身洁面，正要起身时，一个少女的水中倒影摄入他的心魄，仅这水中一瞥，就足以让他心动神驰。愣了片刻，范蠡抬眼看向石台边，只见那少女头上挽着双环发髻，鬓角斜插木簪，明眸潋滟，流盼生辉，挺翘琼鼻下的樱唇粉嫩欲滴，身姿婀娜，有如垂柳迎风。范蠡正要出声询问，那女子却已姗姗而去，她走在前面，还不忘悄悄回头看了范蠡一眼。她的眼神让范蠡认定，此女就是施夷光。范蠡本想追上去，可是一时之间却不知道怎么开口。难道他要坦白把她送到吴国侍奉吴王夫差的计划？他怎么说得出口！

当初文种提出用美女麻痹吴王意志时,他并没有觉得不妥,他清楚夫差的品性,文种此计不失为一道良策。所以他亲自来苎萝村选人,可是再见到施夷光,他立刻悔恨交加,将如此国色天香送给夫差,他实在是不舍,不舍啊!

范蠡悻悻然回到蠡城,直奔文种府上,那里有楚国的屠苏酒,心情烦闷时两人相约喝上两杯,可开怀,也可解思乡之情。他到文府时,文种正在会客,相熟的家仆便把他领到文种书房。他百无聊赖之余,随手拿起一策木简,一个名字赫然映入他的眼帘,是的,正是施夷光。他数了数,木简上一共二十二人,事情再明白不过,这是一份即将送往吴国的越国美女名单。

文种送走客人来到书房,看见范蠡正拿着那一策木简,表情凝重,问道:"范大夫,怎么了?"

范蠡猛一回神,看着文种,问:"文大夫准备如何处置这名单上列举的女子?"

文种疑惑地看着范蠡,说道:"和以前一样,先由王后过目挑选,再送去学才艺,然后送往吴国。"

范蠡心里泛起一阵苦涩,他早该想到,以施夷光的美貌迟早会入选。文种看他神色沉重,试探着问道:"这里面有范大夫的故交吗?"

范蠡指着施夷光的名字,说道:"数年前,一面之缘,今日偶得惊鸿一瞥,实为绝世美貌。"

文种一眼看透范蠡的心思,意味深长地说:"范大夫若想留下此女……"

"不,不,"范蠡下意识地拒绝,"在下绝没有这么想,只是为此女可惜,要离国去服侍夫差那样的人,焉能不神伤?"

文种听罢,拍了拍范蠡的肩膀,淡淡地说:"我越家女儿,个个都可惜。"说完,抬手拿起笔将施夷光的名字划掉,说道,"范大夫既与她相识,不如当面跟此女说清楚,而后送到王后那里,总好过士兵们拿着诏令去她家找人。"范蠡沉默以对。

第二天,范蠡乘一叶扁舟而来,远远地听见一个女子的歌声,如仙乐飘飘,悠扬婉转又哀怨悱恻。"苎萝苎萝春已暮,浣纱浣纱泪成河。黄丝绵绵绕青竿,白云依依逐绿波。日浣夜织奈何苦,月贡岁纳剩无多。何日得为奴家衣,越吹伴我舞且歌……"

范蠡急忙驱舟至石台,弃舟登岸,看到唱歌的女子正是前一日遇见的施夷光,上前施礼道:"在下范蠡,几年前曾与姑娘有一面之缘,还记得姑娘姓施,为了与东边同姓人家的姑娘区别开来,乡人们都称姑娘为西施,不知在下说的姑娘记得否?"

西施微微一笑,神情中略带几分羞涩:"怎么不记得,昨天小女子就认出了先生,倒是怕先生不记得我。听闻先生做了越国的掌兵大夫,不知今日驾临苎萝村有何要事?"

范蠡一时不知如何回答,只好转移话题:"我听姑娘歌声哀婉,不知因何事在此发愁?"

西施敛起笑意,不无沉痛地说:"不是未亡人,亦非丧至亲。只为破国日,无处托哀情!"

范蠡听了不觉心头一震,原来三年前的今日越国被吴国打败,全国蒙耻。他心里思忖道:"一个身在江湖之远的弱女子,却将国恨时时记在心头,难不成她果真是上天为越国选定的救国之人吗?"

五年前,年仅十二岁的施夷光就对青年范蠡印象深刻,昨日她再见范蠡,几乎一眼就确定他就是六年前那位帮她捞起罗纱的公子。今日相见,西施心里暗想,这是命定的缘分,她看着范蠡一时失了神,连罗纱随水漂走都没有发觉。范蠡也凝望着西施,西施的美貌和含情脉脉的双眸剧烈冲撞着他的心神,让他几乎忘了此行的目的。两人在对视中都不愿将目光移向别处。

也不知过了多久,范蠡才回过神来,他避开西施的目光,神情黯然地说道:"姑娘,可曾听说文种大夫要挑选越国美女前往吴国一事?"

西施听后脸色陡变,踉跄后退一步。范蠡连忙上前扶她,西施抬手拒绝。选美一事传遍了各村落,她也担心这事会落到自己身上,可昨日见到范蠡的那一刻,她以为自己还有另外一种命运。

范蠡低下头,不敢再看西施的眼睛。西施看着范蠡惭愧内疚的神态,幽幽地说道:"越人当为越国牺牲,我只恨没有生为男儿身,不可以上阵杀敌。"

范蠡看向西施,说:"可惜越国女儿能做的事,越国男儿做不了,否则,我范少伯甘愿替你挡下所有灾祸。"

西施惨然一笑:"先生的话我铭记在心。我问先生,是否非去不可?"范蠡点了点头。"我若宁死不去呢?"

范蠡叹道:"姑娘休说气话,我知道你会去,身为越人,但凡有一分复国的希望,都要尽全力去做,你自然不会例外。"

"先生知我,我也算无憾了。"西施坐在溪边石台上,怔怔地望着溪水,过了许久,才又说道,"先生,我还有再回到若耶溪的一天吗?"

此话刚一入耳,范蠡鼻子一酸,险些落泪。他站在西施近旁,看着面前的汩汩溪水,语气坚定地说:"我会接你回来!"

苎萝村有"双璧"——西村的西施和东村的郑旦。西施艳丽,郑旦清雅,两人都是绝代佳人,也都在文种的名单之上。

当西施和范蠡在若耶溪畔谈心时,郑旦也在和她的心上人东戟作别。两人本计划年尾成亲,结果一纸诏令迫使两人劳燕分飞。东戟不舍,郑旦倒很坚决,她的父亲死于那场夫椒之战,如果真有机会报父仇,又有什么不舍的?再说,国家有令,也不容她不舍。

王后季爱审视面前的二十二位美女,看到西施和郑旦时,终于满意地点了点头。她筛掉七个姿色平庸的,留下十五位,然后亲自教她们宫廷礼仪。

文种大张旗鼓地从各地选美,他以给吴王选美为由,将嘉兴、萧山以东,浦阳江以西及南林以南的大片土地从吴王手中要了过来,越国因此得到封地八百里。

文种在更大范围征召美女,其中以诸暨、萧山居多,包括陈娟、知春、喜凤等人。尽管这些名字在历史长河中已无可考,但彼时的她们正值青春岁月，或妩媚，或纤巧，或窈窕，或丰腴，或桃面含嗔，或娇羞忸怩，或楚楚动人，或热情如火，但她们都无法超越西施和郑旦。连勾践见了，也连连称颂两人为人间仙子，可遇不可求。

所有选出来的美人，按照王后季爱的要求，又经过几次考选，最后留下二十人，被送至土城，派专人教她们宫廷礼仪、步履行态、音乐舞蹈等。

教成后，众美人上殿，向越王和各位大臣施礼。各位大臣在朝堂上齐声奏道："我等身为人臣，不能为国排忧解难，惶愧难当，众美人，请受我等一拜！"他们都想趁机一睹绝色美人的芳容，只有范蠡心里酸涩无比，有苦难言。

唐朝的王轩后来写诗道：

当时计拙笑将军，何事安邦赖美人。
一自仙蕖入吴国，从兹越国更无春。

一日，文种向范蠡转达王后季爱的担忧，说："这挑选的所有女子中，唯西施最出色，只是她自入选后，愁眉不展，从未笑过。虽然这样无损她的美貌，但王后担心她这样将来会惹怒夫差，反倒对越国不利。"

范蠡皱眉，思索半天，问文种："文大夫是想让我去劝劝她？"

文种注视着范蠡，说道："我猜她已经对你用情至深，若一再如此，她将给自己惹来杀身之祸。夫差暴躁易怒，又好美色，他若见到西施，一定会百般宠爱，可是一旦发现西施的心不在吴国，不在吴王身上，后果……"

范蠡无奈地点头，说道："这些我都明白，你可委派其他人去劝说，可我不能去，对她而言，远赴吴国已是勉强为之，若我再去劝她取悦吴王，对她就过于残忍了。你我皆是男子，复国无策，囿于现实，不得不借女儿家之势，至少……"范蠡想起以美色迎合吴王是文种的建议，觉得话说得过于尖刻了，音量立刻低下去，"至少不要逼得太紧。"

文种听了范蠡的话，脸上有些不悦，但还是体谅范蠡的心情，他说："看来足智多谋之人也为情所困。若不是西施容貌出众，无可替代，愚兄一定玉成你与她的这桩情事。你的心思愚兄明白，我将亲自禀明王后，由她亲自开导西施。近期，你尽量少去土城，免得牵动她的情思。"

范蠡点点头，他狠下决心疏远西施，把不知所起的情种搁在心中一个没有阳光的角落，不让它继续发芽生长。

时隔数月，范蠡回越城向越王禀报练军情况。刚要出淮阳宫，文种叫住他并告知"西施病了"。他说："自西施进了土城，就一直郁郁寡欢，饮食不思。前些日子又受了风寒，现正卧病在床，人也消瘦了许多。"

范蠡心中时刻压抑的一缕情思顿时化作万千个不忍，他强作镇定，低声对文种说："文大夫，让我去看看她。"

文种叹了口气，说："自古'情'这一字，最难解。本以为她对你是情窦初开，毕竟你们只有两面之缘，如今看来，我竟低估了你们之间的情意。"

范蠡苦笑着说："我和她，重逢时也是分离时，注定无缘。"尽管他有一些思想准备，但见到西施时，还是吃了一惊。几个月不见，病中的西施消瘦了许多，神情萎靡，双眸深深凹陷下去，眼中充满哀愁，全然不见昔日的活力。

西施幽怨的眼神深深刺痛了范蠡，碍于郑旦在场，他不便过多表露，只是深情地望着西施，眼神中藏了万语千言。

西施和范蠡对视着，两行泪珠无声滑落，她迅速转过脸去。郑旦看两人眼神中情思缠绕，悄悄离开了房间。

范蠡走到西施床边，缓缓说道："我自小跟高人学习治国之术，自认胸中有几分韬略，即便越王入吴为奴仆时，我也从未看轻过自己。但自从在若耶溪再遇见你，我就明白自己有多无能，多渺小。在国内大选美女送入吴宫，是文大夫跟越王早就定下的灭吴大计，我无力更改，也不能质疑，因为这是一条胜吴的捷径。眼下越已国不像国，年年向吴国纳贡，君主蒙羞，百姓受苦，君臣别无他法，只得出此下策。不过我今日向你立誓，有朝一日一定带领越军打败吴国，把你接回若耶溪畔。"

西施始终不说话，但心里已起了微妙的变化。

范蠡继续说道："无论如何，你要保重。"西施仍旧不语。

"你若实在不愿去吴国，我去求王后开恩，或许……"

范蠡话未说完，西施幽幽地说："先生莫去，你我都身不由己，被心中的执念所累，但这毕竟是个人的选择，既然选择了，我会信守承诺的，只恨没有早日与先生相见……"说到这里，泪珠从眼角滚落下来。

范蠡轻轻坐在床沿，紧紧握住西施的双手，他饱含柔情地说："你放心，我永远不会放弃你！"

西施体验到一种从未有过的幸福感，这种感觉令她晕眩。半晌，范蠡才轻轻松开手。

到了中秋节这一天，范蠡又专程来看望西施，诉罢衷肠，范蠡问她最近在练什么。西施回答："练琴多一些，有时也练练舞。"范蠡便说："让我听听你弹琴吧。"

西施领范蠡来到琴房，范蠡找个地方坐下，静静地看着西施。她今日穿了一身月牙白的衣衫，更衬得皮肤白皙，眉如远山含黛，目如秋水横波，光洁的额头、挺直的俏鼻、丰润的嘴唇……范蠡心想，西施如此之美，或是吸取了苎萝山和若耶溪全部的灵秀精华而孕育的。

西施弹完一曲，抬眼看范蠡望着自己出神的样子，不禁嫣然一笑。这一笑让范蠡心神荡漾，他稳住心神，说道："你已弹得很好了，能把心中悲喜通过琴声表达出来，进步真快。"

西施起身说："大人何不也弹一曲，看小女子能不能听出点韵味。"

范蠡笑着坐过来，开始抚琴。不知不觉间，天色渐暗，明月东升，月光适时地照进窗子，在空旷的琴房中洒下一地银辉，也给范蠡的琴声加了一层缠绵空幽的味道。

范蠡弹了一首楚地的民谣，琴声悠扬而婉转。西施情不自禁起身，随着韵律翩然起舞，摇曳的舞姿在清澈的月光中更显灵动，让人惊叹月宫的仙子翩然而至。随着范蠡流水般的琴声，西施越舞越快，到后来张开双臂、仰头望月飞快地旋转，月牙白的外衣飘起，轻薄的内衫紧紧贴在身上，美妙的曲线尽显无遗。

这时，"嘣"的一声脆响，琴弦断了，琴声戛然而止。原来范蠡在抚琴时看着舞动的西施，不禁心潮澎湃，手指间不觉加重了力道。西施并未察觉琴声停止，她陶醉其中，依旧在旋转舞动。范蠡站起身，一伸手拉她入怀。

西施意犹未尽，在他怀里娇喘吁吁，她的胸部剧烈地起伏着，此时粉汗淋漓，她双眼迷离地看着范蠡。范蠡只觉得心跳加速，强烈的欲望从心底涌来，一浪强过一浪，让他再也无法抑制，热烈地吻上了西施的双唇。西施含羞，轻轻闭上了双眼，脸上现出两朵红晕……

一年后的一个秋日，越城北门外的西小江（今钱清江）上，数艘凤舟扬帆待发。随着一阵鼓声、几通号鸣，一群美人拥簇着另一群美人出了越城，其中有绝代佳人西施、郑旦、陈娟等人，她们是第三批送往吴国的美女。闻讯赶来的乡亲们纷纷上前，有的捧上水果，有的送上点心，一份份薄礼寄寓了乡亲们一片片深情。一位从苎萝山赶来的乡亲送给西施一包泥土，说："这是姑娘家门口之土，望姑娘不忘故土，好生收藏，保一世平安！"西施再也按捺不住满腔的离愁别恨，捧着那包泥土，两行热泪簌簌而下。

不久，船队沿西小江而下，经固陵、钱塘江，远去吴国。范蠡一直将船队送至固陵城外，江面上水雾迷离，船队渐行渐远，无论是西施眼中的范蠡，还是范蠡眼中西施的身影，都越来越模糊。

第五章 破吴千秋竟不还

1. 舞榭馆娃

越国美人送到吴国都城姑苏后，首先要请太宰伯嚭"过目"，经他挑选后，再把美女送进宫由吴王夫差选。夫差爱美女，对美女的要求也极高。

伯嚭素与文种相熟，当初勾践得以从吴国放回，全靠伯嚭从中周旋。文种知道，越国要将这些美女送进吴国，自然也得仰仗伯嚭。伯嚭贪财好色，对财宝美人来者不拒。因此，得到信使报告后，他亲至江岸迎接越国美人。他仔细打量越国所献美人，只见她们一个个娇美出众，秀色可餐，远胜自己府中粉黛，顿时心花怒放。

从这十六位美女中，伯嚭挑出六人准备献给吴王，因西施、郑旦早已传名于吴，伯嚭只能饱饱眼福，但陈娟、知春等十人则被伯嚭私自留下，由他再分派。次日，伯嚭领文种等一干人晋见吴王。

吴王的安阳宫金碧辉煌，台基上点起的檀香缭绕在大殿中。大殿由多根红色巨柱支撑，每个柱上都刻着一条回旋盘绕、栩栩如生的金龙，高大的直棂窗垂挂着五彩云锦帷幔，金漆雕龙宝座上，端坐着一位威武的王者。

文种伏于地，对吴王说："越王勾践窃有六遗女，越国不敢稽留，谨使臣献之君上。望君上不以鄙陋寝容，纳之供箕帚之用。"

西施、郑旦及其他四位美女缓缓走上吴宫台阶，西施和郑旦对视一眼，试图从对方的眼神里得到鼓励，然而两人都一样惶惑、忐忑，她们不知道接下来各自的命运会如何、能否完成越国给她们的任务。唯一确定的是，她们一入吴宫，在死亡之前或者在越国打败吴国之前，很难再出来了。

西施和郑旦本对夫差怀着刻骨的仇恨，然而走到大殿中央时，就被正前方一股气势震慑住了。两人低着头，只按照礼仪，跪倒在地，低声说：“民女施夷光、民女郑旦，叩见大王！”其他四人也跟着行礼。

"抬起头来！"夫差一开始有些漫不经心，然而当他看到西施的脸庞，立刻瞪大眼睛，身体不自觉地绷直前倾。

人间竟有如此绝色！在他眼里，西施像下凡的天仙，她肌肤胜雪、眉目如画。更难得的是，她身上似乎有一种特殊的气质，让人不禁想起宁静的夜晚，月光倾洒在太湖水面上，看着她，自然感觉心灵舒展。

他依依不舍地转开目光，看向郑旦，清丽脱俗，是另一种雅致之美，让人想到清晨沾着露水的翠竹。

西施和郑旦抬眼望见夫差时，也甚感诧异。夫差不过三十出头，他非但不是凶神恶煞的丑陋男子，反倒身材魁梧、相貌英俊，和她们想象的形象完全不同。

两位美人和吴王各自的心态与表现，丝毫没有逃过相国伍子胥那双敏锐的眼睛。如此美人，勾践恭送吴国，其心可疑；吴王如此不经诱惑，不加防备，怕是会祸起内廷。想到这里，他挺身进谏道："不可，大王勿受啊。"

伍子胥的谏言将夫差拉回现实，他很不满地看一眼伍子胥，伍子胥若无其事地继续进言："臣闻五色令人目盲，五音令人耳聋，如此绝色，大王受之，恐日后遭殃。"

夫差心中不悦，他相信伍子胥是出于老臣的一片赤诚之心，但一出口就仿佛是在诅咒，话说得着实难听，于是对伍子胥说道："越献六女，此乃勾践不忘本王之恩且尽忠于吴的铁证，老相国何必强词夺理！"

"大王！"伍子胥坚持道，"夏亡乃妹喜之故，商亡乃妲己之故，西周亡乃褒姒之故。大王若执迷不悟，吴亡也不远矣！"伍子胥越说越气愤。

夫差一听，脸色沉下来，刚才那股高兴劲一扫而光。他故意看着伍子胥闷声对近侍说道："将这几位越女送入后宫。"伍子胥连连摇头叹息。

夫差当晚让西施侍寝，但西施以心口痛婉拒，郑旦成了几位美人中第一个被夫差临幸的人。一连三日，西施都拒绝侍寝。夫差虽然受到郑旦温柔陪侍，但却敏感地意识到西施有别的心思，心里颇为郁闷。

一天黄昏，他进后宫时，看到前面郑旦带着两名侍女往西施住的浸月宫走去，突然心思一动，吩咐侍卫将浸月宫的宫女撤下，自己稍后悄声来到浸月宫。他刚走上台阶，就听到郑旦说："你这样下去不是办法，我们已经来到吴宫，难道你能永远避开吴王吗？"

只听得西施一声叹息："我何尝不知道不该如此任性，可是我的心——我拿我的心没有办法。"

"夷光，你要清楚，来到吴宫就等于再世为人，以往种种，皆是前世红尘，万万不可沉溺。"郑旦的声音中带了几分郑重，"我和东戟分别时，他将我送他的荷包剪碎烧掉了，我也掰折了他送我的木簪，我们约好来世相见，今生永诀。"

西施哭了起来，呜咽道："我不如姐姐坚强，我的心在越国已死，实在无力侍奉吴王。"

夫差听到这里，怒火中烧，他快步走上前去，推开宫门，对着西施吼道："不想侍奉孤，尽可离开，孤不强求！"说完，拂袖而去。一旁的郑旦表情错愕，面色苍白，西施更是又惊又怕。

夫差一时间颜面受损，半月未召郑旦服侍，也没有踏入西施的浸月宫半步。郑旦担心就此失宠，无法完成文种大夫的嘱托，几次求见夫差均被回绝，又重金贿赂了夫差的侍卫，才求得夫差一见。

夫差刚踏进郑旦的毓秀宫，就听见一阵悠扬的琴声。绕过长廊，寻声望去，只见郑旦边抚琴边唱吴国的名曲《雁归湖》，而西施在月光和灯烛的光影中翩翩起舞。她双臂的白纱随着舞步飘扬起来，如涌动的太湖之水，她的身姿轻盈优美，如雁儿在湖面上飞旋。

夫差知道这是郑旦专为他设计的一场表演，然而如此美景，如此美人，他又不忍心离去。一曲唱罢，郑旦拉着西施跪倒在夫差面前，说道："大王恕罪，前日我们姐妹出言不逊，冒犯了大王，今日特意向大王赔罪，我们姐妹离开故国，来到吴国，怎会不想侍奉大王？只是妹妹年纪尚小，远离故土，满腹乡愁，才有所失言，万望大王饶恕我们这一次。"

夫差没有理会郑旦，看着匍匐在地的西施，命令她："抬起头来。"

西施抬头，只见夫差身着黑红色长袍，粗黑的剑眉之下，眼睛里闪着灼热的光芒。与范蠡的儒雅内敛不同，夫差全身都散发着张扬自信的霸气，这种气质让西施有种难以回避的压迫感。

"你可愿服侍孤？"夫差紧盯着西施问道。

西施顺从地低声答道："愿意。"

夫差突然一把掐住西施的下巴，狠狠地拽起她来，郑旦惊呼一声"大王"就要上前劝解，夫差大手一扬，挥开她，直直盯着西施的眼睛，道："孤再问一遍，你可愿侍奉孤？"西施在夫差的注视下有些闪躲，她刚要回答"愿意"，夫差又开口道："孤劝你在回答之前先想清楚，真话无罪，谎言可诛。"

西施迎面感受着夫差强烈的气息，眼神躲闪之后终于撞上夫差的目光，那感觉像是置身一泓深潭，恍惚之间有被紧紧缠绕而无法脱身的错觉。

"孤再问一遍，你可愿侍奉孤？"

"愿意。"此时的西施头脑中一片混沌，嘴巴不由自主地给出了答案。

夫差嘴角掠过一丝笑意，他放开西施，不动声色地说道："下去吧。"西施踉跄退下，夫差看着她的背影，满意地点头，颇有胜利者的姿态。郑旦目睹了整个场景，看着夫差的表情，莫名生出一丝嫉妒。

一连几日，夫差都住在郑旦的毓秀宫，但郑旦却有直觉，夫差真正牵念在心的人是西施。

这天，姑苏台正式竣工，夫差带领后宫佳丽登上姑苏台，饱览整个姑苏城的秀美风光。这姑苏台始建于阖闾晚年，据说是建于横山西北麓姑苏山上，阖闾死前已初具规模。夫差败越后，继续扩建。竣工后的姑苏台高百丈余，宽八十四丈，有九曲路拾级而上。登上巍巍高台，将整个姑苏城和太湖之美景尽收眼底，众位久在后宫的佳丽看着四周的秀美风光、城郭楼台，兴奋异常，议论纷纷，就连西施也眉头微展，兴致勃勃地和身边的人谈论美景。

夫差站在姑苏台上，心中充满豪情，他让侍卫拿来古琴。众位佳丽都以为他会让其中一位弹琴助兴，没想到大王亲自坐在琴桌旁，一起手，激越铿锵的乐音响起，让人精神一振，紧接着琴声又柔和下来，像是黄昏时分浩渺平静的太湖水，然而琴声很快又高昂宏阔起来，让人联想到战马嘶鸣、战场搏杀……西施不由地看向夫差，她从琴声中听出了夫差对吴国的热爱，也听出了他逐鹿中原的野心。

夫差在众多炽烈的目光中捕捉到了西施的目光，尽管她不像其他佳丽那样，目光中充满崇拜和爱慕之情，但看得出，她有些动心了。

当晚，他来到西施的浸月宫，和西施把酒对谈，谈到西施的家乡、吴国的山水，谈到兴浓处，还唱了一曲吴地古老的歌谣。他的歌声低沉而饱含情感，他的情致浓厚而热烈。聊到最后，他已有几分醉意，半醉半醒间他把西施揽到身边，略带痛苦地说："你明明就在孤的身边，可孤总觉得你很远，你的心何时才能全然为孤驻留？"

"孤少年时，最擅长追离群的小马。孤见到你的第一眼，就知道你是为孤而生的……"

夫差说着说着倚倒在西施怀中睡着了，西施扶他到榻上。听着他的鼻息，看着他的睡颜，西施感觉自己对他的排斥和厌恶正渐渐消融。她猛地摇摇头，蜷缩到床榻的另一边，拼命回想越国的山水，想着范蠡……

西施睁开眼睛时，首先看到的是夫差喜笑颜开的脸，她看看四周，发现自己不知什么时候已躺在夫差的怀里。她挣扎着想起身，还没来得及动，夫差就将唇压在她的额头、鼻尖和唇上……

当越国正厉兵秣马、日夜操练、磨刀霍霍之时，吴王夫差却像他父亲晚年那样在大兴土木建房子。那些房子并非供百姓居住的民房，而是为西施建的别宫——馆娃宫。

夫差想方设法讨西施的欢心，但西施总是淡淡的，他发现只有去姑苏台游玩时，西施站在台上望向太湖的水天相接处，眉头才会略微展一展。可后宫的女人频频上姑苏台总会落人口实，而且姑苏台的规模也不够大，他便想在西面的砚石山（今灵岩山）的最高处新建一座琴台和别宫。

砚石山坐落在姑苏城西南的木渎邑，因山上有十八种奇石，其中又以灵芝石最为有名，故名灵岩山。因为灵岩山更靠近太湖，若能让山水和谐相配，真可建成人间仙境。于是，夫差选在灵岩山修别宫。为了讨得西施欢心，他还准备修一座琴台。但在山之巅修建一座王宫要花费多大代价，夫差心里当然清楚，他对伯嚭说："孤想在砚石山上建别宫，只是缺少巨材，如之奈何？"

伯嚭说："越国遍地是树木，高大楠木也随手可得，大王只需下令让越国献来就是了。"

"太宰说的极是，孤下一道购木诏书，勾践闻之，便知孤所需了。"夫差依言而行。越王勾践听到吴王要兴建宫殿的消息，心中暗喜，夫差果然中计了。于是，他招了数十位工匠进山挑选良木，不但把大批建造楼亭的木料源源不断地送到吴国，还派了千余位越国的能工巧匠，协助吴国建造别宫。据说工匠们花了一年多的时间，寻找到两棵千年神木。此二木长二十围，高五十寻，树身坚硬笔直。经过一番精心加工后，由文种专程将一对神木送到了吴国。

别宫和琴台历经一年多时间建成。吴人称美女为娃，吴王金屋藏娇的地方也被叫作"馆娃宫"。宫内"铜勾玉槛，饰以珠玉"，楼阁玲珑，金碧辉煌。最初只有西施、郑旦等少数受夫差宠爱的嫔妃常居于此,后来夫差因白天在城内理政,晚上跑来馆娃宫就寝,来去很是劳烦,就干脆把王宫全部搬来这里,再后来和朝臣议事也在此处。

既然把王宫都移于此,那就得继续扩建,完善一系列配套设施。从山下上来,没有像样的路显然不妥,所以修了路。于是靠近馆娃宫的地方便有了九曲长廊;夏天天气热,饮水洗浴不可少,所以挖井修池,有了"吴王井""浣花池";光秃秃的山不够美,须修园子植木种花,于是有了大小花园近十处,西施故乡有的桃、杏、桂、玉簪花等,这里都有……围绕馆娃宫和琴台,修造完的景致令人叹为观止。其四周散落着浣花池,池内种有四色莲花。入夏时节,花朵盛开之时,清香四溢,夫差便偕西施荡舟采莲,避暑取乐。池之北,有吴王井,是西施对镜梳洗所在。再向北,有山石环绕的圆形望月池,微风起时,碧波粼粼。偶尔,西施池中望月,便可见其阴晴圆缺。池东边假山上,有长寿亭,亭下是玉石砌成的台子,这里是西施日常梳妆打扮的地方。

亭西有一段数十米长的回廊,是为西施跳舞而建的响屧廊。当初建这响屧廊时,夫差花费了许多心思,他叫人将路基挖空,上面覆盖木板(或说皮鼓),西施穿鎏鞋(类似今天的木屐)走在回廊上,发出非常有节奏的声响;若翩翩起舞,脚步声就会在脚下引起共鸣,发出"蛮蛮、蛮蛮"的声音。对他来说,这木琴般的乐音犹如天籁一般,而西施的舞蹈也因此神韵倍增。

夫差爱看西施跳舞,也喜欢听西施弹琴,建在灵岩山山巅之上的琴台,便是西施为夫差操琴吟唱之处。

这几年,吴国百姓为了建这座新宫殿不知受了多少苦楚,仅为满足吴王夫差的一己之欢,他们昼夜并作,苦赶工期,有的抛尸路旁,有的哭泣巷中,怨望之声不绝于耳。在建造楼台亭馆时,一起工程事故,几乎引发吴廷中大规模动乱。只因为夫差大权在握,又正值吴国鼎盛阶段,动乱被镇压下去了。但留在吴国百姓心中的伤痕,却难以抹掉。

夫差已不太关心民生疾苦了,他有太多的事情要忙,他要北上称霸，带兵打仗，他要开凿河道运兵运粮，同时他还想在忙完政事之余和西施长相厮守。只要他一回吴国，馆娃宫内总是一派歌舞升平，香风拂面。《述异记》中写道："上别立春宵宫，为长夜之饮，造千石酒钟。夫差作天池，池中造青龙舟，舟中盛陈妓乐，日与西施为水嬉。"

吴王由俭入奢，渐渐变成一个荒诞奢靡、滥刑傲慢的昏君。唐代诗人皮日休《馆娃宫怀古》一诗云：

> 艳骨已成兰麝土，宫墙依旧压层崖。
> 弩台雨坏逢金镞，香径泥销露玉钗。
> 砚沼只留溪鸟浴，屟廊空信野花埋。
> 姑苏麋鹿真闲事，须为当时一怆怀。

2. 郑旦悲歌

夫差越来越迷恋西施，开始还偶尔宠幸别的佳丽，到后来，只是一味专宠西施，全不顾其他人的嫉妒和不满。西施迁居馆娃宫后，宫中其他女子得不到夫差的宠爱，把不敢撒在西施身上的怨气都找机会发泄在郑旦身上。刚烈的郑旦在宫中孤立无援，又不愿让西施知晓她的委屈，只是默默忍受着一切。尽管后来她也奉王命入住馆娃宫，可她心里明白，这不是因为夫差喜欢她，而是因为西施。

这让郑旦感到痛苦，然而这种痛苦不可言说。当夫差不在时，她和西施是互相依靠的姐妹，几乎同吃同住，互诉思乡之情，然而夫差一来馆娃宫，他便直接忽视郑旦，眼睛只看向西施。

郑旦自问并不比西施差，西施善舞，她善歌，都说西施琴技高超，可她的琴音也悦耳动人。她原本生性豁达，在苎萝村和土城时，她主动开解满怀忧愁的西施。然而到了吴宫，西施获得吴王的宠爱，也因为吴王为她修建馆娃宫而让越王满意，可她对待夫差依然不冷不热，郑旦便觉得她娇气又矫情，两人关系日渐冷淡下来。

一日，郑旦在花园中散步，累了便坐在一张石凳上歇息，突然听见不远处有西施的声音——"在看什么？"

"看你。"这是夫差在说话。

郑旦寻声望去，在她背后是一丛低矮茂盛的桂树，她示意侍女们别出声，悄声走过去，微微拨开桂树的枝叶，看见夫差和西施正坐在凉亭里。夫差斜倚在石桌上，一只手撑着头，一只手抚摸西施的额头，叹道："为何你总皱眉呢？这馆娃宫还有什么让你不满意吗？或者是孤让你不满意？尽管说出来，孤恕你无罪。"

夫差的位置正对着郑旦，离郑旦仅有二十步，按说很容易发现她，但他全部的目光和注意力都集中在西施身上，完全没有觉察到郑旦。

西施背对着郑旦，柔声说道："大王为妾做的一切，妾自然很满意，只是大王不该总是拒绝伍相国的求见，侍卫已经禀报两次，伍相国还在等您，大王为妾耽误国事，妾实在惶恐难安。"

"孤知道伍相国要说什么，孤不想听。"夫差说话时，眼睛一直紧紧盯着西施，唯恐错过她的任何一个表情，"孤就想这么看着你，有时孤也很奇怪，为什么看爱妾总也看不够。"

"总有一天，妾变得人老珠黄，到时大王会看腻的。"西施不无感伤地说。

"爱妾何必自寻苦恼，孤对你的这片心意大概到孤死的那天，又或者在下一世也难断绝……"

郑旦听了夫差的情话，心如刀绞，她转身离开，此刻的内心像是被火炙烤着，痛得她想尖叫。她一夜辗转难眠，终于想出应对之策。

几日之后，馆娃宫中开始流传一则流言，西施在越国时有一个心上人，那人就是曾在吴国为奴的范蠡，西施在吴宫常常愁眉不展，皆缘于此。这是郑旦精心设计的，这样的流言只会让夫差恼恨西施和范蠡，而不会迁怒于越国和越王。

果然，夫差为了证实谣言虚实，怒气冲冲地来找郑旦，逼问郑旦有关西施和范蠡在越国的情事。郑旦矢口否认，然而她越是否认，夫差的疑心就越大。当晚，他歇宿在郑旦的住所，此后一连数日，皆是如此。

郑旦颇为得意，她顶着胜利的光环去找西施，却发现西施没有任何恼怒忧愁之色，反倒看上去轻松了不少。郑旦不解，问西施："妹妹难道不担心失宠吗？"西施叹道："宫中还有姐姐，只要大王还宠爱姐姐，我们姐妹就没有辜负越国。"

郑旦一听此言，心中惭愧不已，恳切说道："妹妹如此为大局着想，倒让姐姐无地自容。"西施拉住郑旦的手，说："吴王去姐姐那里，是姐姐在为我分忧，妹妹着实松了口气。"

郑旦郑重地看着西施，审视着她的表情，说："妹妹如今还是忘不了范大夫吗？"西施黯然，深深叹息一声，说："如何能忘？""妹妹对吴王真的没有任何感情？"郑旦急切地追问。

西施避开郑旦的目光，起身踱步到门口，看着院中的合欢树，缓缓说道："我的心也是血肉长成，况且大王也是天下非凡的男子。我想若不是先遇见范大夫，妹妹也会倾心于他，可惜，除了范大夫，我和吴王还隔着灭国的仇恨。所以，眼下他爱我爱得越深，我就越难过。如果有朝一日，吴王真的国破身亡，越国人齐心庆贺之时，我和姐姐又当如何自处？"

郑旦听了西施的一席肺腑之言，瞬间心里像压上千斤大石，她因嫉妒昏了头，怎么没想到这里面的恩怨情仇？怎么没意识到她的嫉妒之心不仅来源于她对西施的不服输，也来源于她对夫差的情爱？

西施没有注意到郑旦的脸色，仍然继续说道："我们仇恨吴国屠杀越国军人，可事情若真的像我们许愿的那样，越国人杀进吴国，吴国百姓能逃过越国军队的一场屠杀吗？到时候，我们现在对吴国的仇恨就会变成吴国对越国的仇恨。冤冤相报，不知何时休止。姐姐，若我们最后对越国有功，那我们就是吴国的千古罪人！"

郑旦听到这里，只觉后背发凉，全身发抖，她从没细想过这些。她心里一直记着她的父亲死在吴越交战中，她要向吴国报仇，所以她忍痛撇下心上人东戟来到吴国。她单纯地只为越国着想，为吴国的大兴土木和吴王的奢靡浪费窃喜，她连自己对吴王用情已深都不自知，连越国胜利、吴国败亡的残酷性都不及细想，她怎么会糊涂至此！以前她一直认为，她和西施两人，她才是为大局着想的那一个！

如今她终于明白，西施早早预见了可悲而无法挽回的结局，她的悲伤不是因为耽于单纯的儿女情长，而是因为窥见了命运的扭曲却没有任何解方，才会如此多愁善感。

夫差很快又回到了西施身边，这在郑旦的意料之中。只不过郑旦已经不在乎了，她与西施再无嫌隙，但是西施的那番话却在她脑海中挥之不去，逐渐成了她的心病。

最近国事繁忙，夫差一边忙于训练军队，一边忙于视察新开凿的河道。他准备北上争霸，这给了西施和郑旦更多的相处时间。

自从上次与西施交心，郑旦就留心收集各种传言。吴王的宠爱是双刃剑，西施享受了吴王为她提供的一切奢华，也给了吴人诋毁西施借以发泄愤怒的机会。在吴人眼里，西施是蛊惑国君的妖女，是喝吴人鲜血的精怪，而郑旦反倒因为没有受宠而被人们遗忘了。郑旦感慨之余，小心告诫周围的侍卫宫女，尽量不让这些流言传到西施的耳朵里。只要不在乎，流言终归伤不了人。郑旦心里这样想。

一天清晨，她和西施相约去花园采集带露水的花瓣，刚进园子，就听到一阵惊呼声，接着是惨叫声。在馆娃宫，平日只能听见婉转鸟鸣的清晨，这样的惊呼声和惨叫声实在太罕见了。郑旦感到事情不妙，一面呼唤侍卫宫女，一面拉着西施回寝宫，然而刚走到转弯处，一个须发花白的老者手挥一把大刀直冲过来。身边的两个侍女挡在前面，被老者接连砍伤，眼看老者挥刀向西施砍去，郑旦本能地抱住西施，随后听见西施一声尖叫，后背猛地一凉，很快一阵剧痛传来。郑旦看着西施苍白的脸，有气无力地笑道："原来真的很痛！"郑旦的父亲就是被人在背后狠狠砍了一刀而死，当初弟弟从战场上背回父亲的尸首时，她看到父亲的伤口，心想父亲死去时一定很痛，现在她也尝到了这种滋味，果然痛得刻骨！

她醒来时，先看到了闪烁的烛光，她闭上眼又睁开，背上的疼痛感席卷而来，她才发现自己是趴着的。她呻吟了一声，西施立刻泪盈盈地出现在她面前，然后是夫差焦急地探看，她勉强笑了笑，说道："有水吗？"

"有有有……"夫差连忙答应，大声吩咐侍女，西施不待侍女送水来，亲自去倒水，又匆匆端到郑旦面前，蹲下身子喂了郑旦几口水。

郑旦喝完，又闭上眼睛，夫差急忙大声喊医师，医师匆匆进来为郑旦诊脉，并向夫差保证，郑旦只是体力虚弱，性命暂且无虞。

郑旦一连几天昏昏沉沉，待真正清醒后，发现身边多了新的侍女，而宫里的侍卫和宫女都换成了新人。

郑旦和西施遇袭，夫差下令封锁消息，并派属下严查，然而属下禀报的情况却极为含糊，只说是一个为馆娃宫厨房送木柴的老者，因为两个儿子都因修建馆娃宫丧命而迁怒于西施，才伺机刺杀，自己随后也自杀谢罪。

死无对证！夫差心里清楚，从馆娃宫的厨房到郑旦和西施所在的花园，要经过九曲十八弯，没有内部人提供路线，他定然到不了那里。他拷问了当差的二十多名侍卫，所有人异口同声咬定，他们没有防备，被那老人用迷烟迷倒了。夫差自然不信，将他们打进死牢，结果仍没有一人改口。

夫差怀疑这些视死如归的侍卫背后有伍子胥的支持。伍子胥一直视西施和郑旦为眼中钉，最近他准备再次北上，伍子胥极力反对，想必伍子胥以为是西施鼓动的结果，所以对西施动了杀心，忍不住动用了宫里的力量。然而这样的做法，让夫差对伍子胥的容忍也临近极限。

伍子胥手伸得太长，竟把他的人安排到后宫来，安排到后宫还不够，竟然还与夫差对抗。这让夫差恼羞成怒，没想到在吴宫除了他这个吴王，还有另一个隐身的王。

夫差辗转一夜，回想往事。伍子胥竭力辅佐自己治国理政，况且这次北上，还需要伍子胥鼎力相助，他理智地按捺下除掉伍子胥之心，没有深入调查下去，只是换掉了大部分侍卫和宫女，把当时勇敢救下郑旦和西施的花园园丁提拔为一等侍卫，安排在西施寝宫之外。

郑旦在这次遇袭后，休养多日，身体却迟迟不见好。她总在梦里看见父亲被吴军从背后砍杀血流如注的情形。夫差这些日子总是陪在她身边，对她百般呵护，她终于深入体会到西施的两难。

每到深夜，她被父亲遭砍杀的噩梦惊醒时，扭头看夫差睡得正香，心里便有一股杀气升腾，然而当她尝试着拿起刀，凝视着夫差的睡颜，心里又总有一丝柔情如云烟般丝丝缕缕地冒出。她想起西施的话，"我的心——我拿我的心没有办法"，不禁苦笑不已，当初她是多么瞧不起这句话！

在这样反复的心理折磨下，她快速地消瘦下去，西施心急如焚，夫差也不断请医师入宫，甚至还请了巫师，但都无济于事。

郑旦弥留之际，夫差日夜守护着她，她想和西施好好说几句话都找不到合适的机会，不过看到夫差因为自己变得憔悴苍白的脸色，她心中又隐约生出些安慰。

她挣扎着想坐起来，夫差连忙揽住她，低声问她有什么话想说，郑旦缓缓说道："妾有一事相求，请大王恩准。妾父母早亡，家中只有一弟，妾身来吴国时，带来父母的一件遗物，就是那个红色梳妆盒里的白玉簪。那是当年父亲送给母亲的聘礼，如今妾想把这玉簪送还弟弟，还望大王交给前来吴国朝贡的文种大夫，由他转交。"

"孤答应。"

郑旦凄凉地笑了笑，宛如即将凋谢的山茶花，楚楚可怜。她用尽了气力抬手摸着夫差的脸，不舍地说："大王，您若不是吴……吴王该多好……"半晌，她回过一口气断断续续地道，"妾死后，大王善加珍重，不要为妾之死伤心，把那些死牢里的侍卫也放了吧，我本是一普通渔家女，实在无力承担太多杀孽。大王如果有心，请把我……埋在黄……黄茅山吧，让我的亡魂……回到故国去……"话未说完，只听得外面一声雷鸣，风雨闪电中，郑旦的魂魄飘然而去。夫差如郑旦所愿，将她安葬在黄茅山，立庙祭祀。

不日，文种收到郑旦的梳妆盒，盒里除了一支白玉簪，还藏着一小片布帛，布帛上是写给文种的信。她向文种表明了自己的心志：有负母国重托，杀不了夫差，愧疚难当，望文种能好好照顾她的弟弟郑铎。

郑旦死后，文种有感于事态的严重性，马上找来范蠡商议。他们决定通过相国夫人的侍女百里宛玉先向吴宫里的其他几位美人发出指示：今后未收到指示不可轻举妄动，杀掉一个有妇人之仁的吴王，对目前的越国没有任何益处。因为吴国的经济富裕，兵力强盛，伍子胥还在辅政，即使夫差丧命，吴国选出新国王后随时都可能对越讨伐。用美人计的目的在于迷惑吴王，等到吴国国力衰微、军队疲乏、政治混乱之时，越国伐吴自然就水到渠成了。

3. 伐齐杀伍

早在公元前490年（夫差六年），北方中原大国齐国的国君齐景公病死，幼弱的晏孺子继位。次年（前489年），楚国国君楚昭王也因病去世，世子章嗣位。晋国经历了长时间的内斗，也已荣景不再。齐、楚、晋等国昔日霸气已尽，衰落不振，唯有吴国势力最大，中原诸侯莫不惧之三分。

疲软的外部环境使夫差逐渐骄奢自大起来，他称霸中原的雄心被激发而膨胀，准备兴师北上。

公元前487年，夫差为了邾国出兵鲁国，连打了几场胜仗后，遭到鲁国的强烈抵抗。吴国军队后方补给不足，夫差决定与鲁国和谈，随后撤军。

公元前486年，夫差认定前一年的失败在于后方补给出了问题，决定在邗地筑城挖沟，开凿运河。他征募十万民工，历时近三年，挖通了连接长江和淮河的运河，这就是有名的"邗沟"。邗沟南起扬州以南的长江，北至淮安以北的淮河，全长一百五十公里，是世界上最早作为军事用途的人工运河。在开挖期间，越王勾践派文种带领上万人、百船粮食前去协助吴国开河，以坚定夫差北进的决心。

公元前485年春天，夫差联鲁伐齐。在大军未到齐国之前，齐悼公去世。说起齐悼公，就不得不提田乞。

公元前490年，晏孺子继位为齐王。一年后，大臣田乞为了争夺大权，联合齐国大夫鲍牧发动政变，将辅佐晏孺子的国、高二氏赶走，立公子阳生为王，是为齐悼公。田乞成为齐相，自此开了田氏贵族专擅齐国政事的先河。而齐悼公只是坐在王位上的傀儡，四年后，田乞暗中下手，杀死了齐悼公。

齐悼公被杀的消息传到了吴军大营，田乞想借此事表明立场：冤有头债有主，当初得罪吴国的是齐悼公，现在齐悼公已死，请吴军退兵。

齐悼公得罪吴国，本就是夫差伐齐的借口，志在北上称霸的夫差绝不会因为齐悼公被害而回兵南撤。为了应对田乞，他想到另一个出兵理由。他命令全军披麻戴孝，自己也身着丧服，跑到城郊悼念三日，然后告诉齐国使者：寡人是为了齐侯而来，但是你们把他杀了，是以下犯上、大逆不道，寡人要替天行道，为齐侯报仇。齐国使者目瞪口呆。

夫差本是个张扬跋扈之人，并不擅长这样的权力斗争与政治表演，可是他太想得到中原各诸侯国的承认，太想完成他父亲未能完成的心愿了。他以为自己作为一国之君，他的心愿就是整个吴国的心愿，于是他绞尽脑汁同中原各诸侯国斗智斗勇。

事实上，他来伐齐之前就早已安排好一切，联合鲁国和其他几个小国分兵两路，一路由他亲自带领，自沂水而上，后转入陆地，攻入齐国南境；另一路则由大夫徐承率领舟师顺淮水而下入东海，沿着海岸线北上，在胶东半岛登陆，直插齐国后方，从而对齐国形成夹击之势。这个破天荒的海陆协同作战部署，充分展示了夫差的军事才能，也让齐国严阵以待，不敢小觑。

然而，在行军过程中，徐承率领的奇袭部队劳师袭远、水土不服，还没打到临淄,就被齐国的地方部队打败。夫差经过深思熟虑,只好下令撤军。

夫差第一次北伐未果,鲁国深受其害。因为鲁国就在齐国旁边,当初夫差联鲁伐齐,现在齐国对付不了吴国,自然要向鲁国发泄怒气。

此时,田乞已经去世,齐国国相由他的儿子田常(田成子)担任。田常早有以齐君的旗号称霸中原的野心,又担心国内几位股肱大臣阻挠,于是他故意派遣这几个人去攻打鲁国。

见齐国大兵压境,鲁国上下一片惶恐。万般无奈之下,鲁国派孔子的弟子子贡去游说齐、吴、越、晋四国,以解鲁国之危。

子贡首先到了齐国,游说田常道:"鲁国暗弱,一打必胜。齐国取胜后,齐国国君势力变大,您派去攻打鲁国的大臣将成为齐国的有功之臣,而您却得不到实际的利益,反倒为他人作嫁衣,这是您希望的结果吗?"

田常沉默半晌,说道:"先生说得不无道理,可是我齐国大军已到鲁国,我不能无故让他们退兵。"

"不需退兵。"子贡见田常已被说动,继续游说道,"田相只要按兵不动即可。到时候吴国来救鲁国,齐国攻打吴军即可。借此,齐国朝廷中反对您的力量被消耗,又可以顺便教训吴国,两全其美,何乐而不为呢?这两年,吴王的气焰十分嚣张,不把中原各国放在眼里,此次借势敲打一下,未为不可。"

田常皱眉,沉吟道:"吴国真的会来救鲁国吗?"

子贡微微一笑,胸有成竹地说:"吴王会来的,在下会让他来。"

"先生让他来?"田常冷笑,道,"依我看,吴王连鲁王都不放在眼里,又怎会听信说客之辞?"

子贡笑道:"您贵为齐相,现在不是也正在听我的话吗?"

田常瞪了瞪眼,无法反驳。

子贡叹道:"田相不要生气,也无须后悔。站在你的立场,你做了正确的选择。同样的,吴王有吴王的立场,他不一定听我的话,可是他有称霸中原的欲求，会顺着自己的欲望行事。"

接着，子贡赶到吴国拜见吴王。在召对时，他对吴王夫差说："鲁国现在危在旦夕，日夜盼望吴王能在最短的时间内出兵救鲁。一旦齐国出兵吞并了鲁国，壮大了实力，对吴国将十分不利。相反，若是吴国出兵救鲁，不仅在诸侯中能获得好名声，还遏制了齐国的扩张，同时威震晋国。这对吴国可是百利而无一害啊。"

夫差心动，但没有立刻答应，踌躇半天，想要召伍子胥商议。他转念又一想，伍子胥在上次伐齐前就坚决反对，这次恐怕也不会赞成。

子贡看夫差有些踌躇，不免意外，道："吴王在担心什么？"

夫差说道："出兵容易，可是粮草补给是个大问题。"

子贡起身说："敝人这就前去越国，说服他们再多支援吴国一些粮草。"

随后，子贡到越国，游说越王勾践。子贡直言不讳地对越王勾践说："在下已经请吴王出兵救鲁，他同意了。但是，他发现越国有二心，认为越国是心腹之患，出兵前要先灭了越国，以绝后患。"

勾践吃了一惊，但看到子贡冷静自信的表情，很快镇定下来，说道："先生亲来越国，看来已经想到了解救越国的办法。"子贡说："解救越国的办法很简单，以我的估算，只要你出两万兵马的粮草，再出几千兵力随吴王救鲁，吴王就对你放心了。吴王此去，如果战败，你不必过虑；即便取胜，吴军的兵力也一定会大大耗损，此消彼长，越国可借此时间迅速壮大实力。另外，以吴王的性格，他胜利之后，说不定还会进兵晋国，晋国势必出兵抗击吴兵。届时，越国更受益不浅。"勾践听了大喜，说："先生所言极是，孤尽快安排粮草和人马随吴王北上。"

子贡说服越王后，从越国返还吴国，再对夫差转陈情况。他说："越王诚惶诚恐，打算派范蠡率领五千人马押送两万人马的粮草，跟随您出兵伐齐救鲁。"子贡以他超人的智慧，做出了一个影响历史走向的大布局。

公元前484年，夫差见运河挖好，即派大军北上伐齐。范蠡随行出征。伍子胥闻知，不顾夫差对自己的厌恶，恳切进谏："大王，当初吴国打败越国却不吞并，是老天赐予却不接受。如今越国励精图治，革除弊政，国力日盛，为日后伐吴备战。吴国却不对越加以提防，反而以遥远的齐国为敌，何其悖也！齐国远隔千里，且有楚、鲁相隔，即便获胜也不能常守。齐之于吴，可有可无，而越之于吴，乃心腹之患。他日吴国如果伐齐，越国必从背后袭击，悔之莫及啊。"

夫差充耳不闻。是年五月，吴国再次伐齐，发上、中、下、右四路大军，与齐兵战于艾陵（今山东莱芜东南）。双方各有作战兵力十万，吴军由吴王夫差领中军，大将胥门巢领上军，王子姑曹领下军，王子展如领右军。齐军由国书领中军，高无丕领上军，宗楼领下军。

战斗一开始，吴上军统帅胥门巢首先发起了进攻。他率领两万名上军手持短兵，电闪雷鸣般朝齐国中军，即国书率领的车驾部队阵中冲杀过去。国书指挥迎战。齐中军里有一员骁将叫公孙挥，他勇猛善战，身高八尺，腰围五尺，他大吼一声，率本部三千车马疾驱而出，跟吴军展开一场混战，杀得胥门巢连连后退。双方激战近一个时辰，公孙挥满脸鲜血，眼睛杀得通红，宛如恶魔出世一般。他挥戈厮杀，一面大喊："吴国人头发短，将士们用八尺长绳来拴他们的脑袋吧！"一时间，齐国的战车上挂满了吴国士兵的首级，齐军欣喜若狂。胥门巢损兵折将达五千人，吴王夫差将他就地免职。然后，命右军统帅展如领上军残部归入右军，整军再战。吴军用吴钩、长矛、短戈等近战武器攻杀战马和战车上的甲士，齐军战车兵失利。鲁国司马叔孙州仇带着鲁国兵随上军冲杀，不多时就被国书杀得落花流水，狼狈逃窜。吴军下军和齐军下军也打得胶着，一时看不出胜负走向。

随着时间的推移，双方已逐渐从冲击战进入阵地战。夫差挥动令旗，令吴兵后备队——中军投入战斗。同时，展如的右军主力也发动了第二波进攻。

国书正率兵砍杀鲁国士兵，没工夫理会展如，遂派上军高无丕的三万人马去对付吴国右军。

齐军在部署时有一个较大失误——没有后备队，而吴王则使出了后来田忌赛马的妙招，以己方最弱的鲁军对战齐国最精锐的中军，而以己方最强的五万右军对战齐国的三万上军。高无㔻很快败回。

这个时候，鲁国兵已难以抵挡，叔孙州仇顾不上军法军纪，带着数千残兵败将逃离战场，国书趁机大兵压上，直朝夫差中军杀来。夫差挥动令旗，又命胥门巢的五千吴军出动，迎击齐中军。胥门巢大吼一声，领兵出击，他要戴罪立功，因而非常勇敢。

国书本要和夫差决一死战，没想到吴王仅派败将胥门巢来战，他仰面大笑道："公孙挥，你的手下败将来送死了，你去送他一程吧！"公孙挥应声调转，朝吴军杀来。

胥门巢故作惊慌，露出破绽，大声喊道："兄弟们，砍头狂来了，快跑！"随即带着吴军假装逃窜。公孙挥又是一阵追杀。突然鼓声震天，早已埋伏好的姑曹率领两万下军从两翼杀出，胥门巢也趁机转身回战，齐军陷入三面合围。

一番恶战后，齐军好不容易撕开一道口子，公孙挥损失了五千余人，才逃出包围圈。然而，齐军还没来得及松口气，就听见吴军战鼓又响，姑曹的两万下军和胥门巢的五千吴军发起了第二波进攻！齐军顿时陷入混乱，左右不能相顾，更要紧的是他们没有预备队或生力军再次投入战场，士卒一个个筋疲力尽。国书脸色凝重，他一把推开鼓手，亲自执槌擂鼓，高声喊道："齐国的勇士们，跟吴国蛮子拼了，齐国的安危，在此一战！杀啊！"

战争已进入最后阶段，吴、齐双方的队形章法全无，分不清谁是哪一路。近距离混战，两军总共十几万人马在这片广阔的平原上角力，车驰马奔，戈挥剑舞，只杀得烟尘滚滚，血流成河。双方的战士都杀红了眼睛，剑砍断了肉搏，手砍断了牙咬，牙咬断了头撞，整个战场陷入了可怕的疯狂之中。

战斗持续近三个时辰，齐国的上军、中军受重创，几乎全军覆没。吴国的中军及鲁军也损失惨重。此役，吴国俘获齐国中军将领国书及公孙夏、闾丘明、陈书、东郭书等七位将军,并获革车八百乘。

在一旁观战的范蠡暗自惊叹夫差的战场指挥力和吴国军队的战斗力。以此而论,上次夫椒战败,也在情理之中了。不过,他也看到这次艾陵之战,吴国的精锐损失极多。这样的损耗,将给吴国带来很大的内伤。

夫差得胜还朝,更加踌躇满志,他见到伍子胥,得意地说:"伍相国,孤旗开得胜,一举击败齐国,你可有话说?"

"吴国几万好男儿战死疆场,敢问大王,此役之后我吴国占了齐国几许土地、几多人口,吴国的实力又增大了几分?"

夫差未料到伍子胥会如此反诘,一时间无言以对。

伍子胥径自说道:"大王眼睛一直望着北方,可曾望一眼南方?勾践在越国食不重味,吊死问疾,如此作为,必有所图。此人不除,必为吴患。今吴之有越,就像一个人心腹之中藏了重疾一样。大王忽视越国而把重心放在伐齐一事上,岂不是荒谬之举吗?""老臣认为,越国对外卑躬屈节以事吴,无非是寓攻于守,以待日后谋取我吴国。若越国不灭,他日吴国必亡。大王不如放弃齐国,早日击越。"

夫差本以为这次得胜,至少能让伍子胥说几句他"有乃父之风"的赞颂之辞,结果伍子胥一再重申越国之危险,对他胜齐大战视而不见,对他的作战计划更是不置一词。

他很灰心,冷冷地看着伍子胥,反问道:"相国说孤的眼睛只看着北方,不看南方,相国又何尝不是如此?眼睛只盯着南方,看不到吴国已经在中原各诸侯国中雄起。难道称霸中原,不是父王生前最大的愿望吗?"伍子胥闻言哑然,沉默良久后,离开了大殿。

太宰伯嚭听说后,趁机向夫差进谗说:"伍子胥为人强硬凶恶,猜忌狠毒,他的怨恨恐怕要给吴国带来深重的灾难。前次大王要攻打齐国,相国认为不可,大王不顾阻止终于出兵并取得胜利,相国因自己的计谋没有被采用感到羞耻,反而生出怨恨情绪。后来大王再次攻打齐国,伍子胥又独断固执,强行谏阻,败坏、诋毁大王的功业,甚至希望吴国战败以证明自己计策的高明，可大王偏偏得胜归来，他也就死硬不肯承认当初的想法错误。也不知齐国到底给了他什么好处，老是帮齐人说话，如今又阴险地离间吴、越关系，唯恐天下不乱，到底居心何在！"

听完伯嚭一番话，夫差对伍子胥贬低他伐齐的成果心生恼怒，故意让伍子胥出访齐国，想让他亲眼看看自己伐齐的成果。

伍子胥隐约嗅出了潜伏的危机，他感叹自己确实老了，越来越爱回想往事，虽然他是为了私仇才攻入楚国郢都，但并不代表他没有逐鹿中原的豪情，这一点他和先王阖闾是有默契的，只不过两人很快被现实打醒。孙武也曾告诫他和先王阖闾，吴国地处偏远，没有丰厚的财力和国力卷入连绵的战争中。可是夫差那一句"难道称霸中原，不是父王生前最大的愿望吗"却让他无力反驳。他心中清楚，吴国不能称霸，夫差走上了一条错路。只是以他之力，再也无法扭转。

他出访齐国时，带上了自己的小儿子伍钺。回吴国前，他特意把儿子叫到跟前，说道："为父屡次劝谏君上，君上置之不理，依为父看，吴国必不长久，你还年轻，和吴国一起灭亡毫无意义，不如你就待在齐国吧，不必再随我回国了。"

"父亲，孩儿不肖，不及承欢膝下，报答您的养育之恩，竟要离开故土、惜别父母，孩儿怎能做出如此悖德之事？"伍钺难过地说。

伍子胥强忍悲痛，叹道："吾儿，事已至此，不必伤悲。汝父为国而死，你随为父回国，也难逃厄运。从今以后，你就留在齐国，拜齐国大夫鲍牧为兄，并改姓王孙，不要再提自己姓伍，以免遭祸，切记，切记！"随后他把伍钺托付给齐国的鲍氏。

之后，伍子胥回国复命。伯嚭得知了这件事，又向夫差告密，并暗示伍子胥有谋反之意。

夫差听后勃然大怒，将伍子胥召到大殿申斥："事到如今，老相国还有什么辩驳！"

伍子胥直视着夫差，看着他眼中的冷冷杀意，脑海中忽然冒出少年夫差的模样。那时候夫差看他时是满脸的崇敬之情，听他讲兵法，随他练剑,他们君臣一场,想不到今日竟走到了这等田地。

"老臣对吴国的忠诚,从踏入吴国的那一刻到现在,没有丝毫改变。"

夫差看着伍子胥一副坦荡从容的样子,问道:"老相国说对吴国忠心,可又把自己的儿子留在了齐国,这是为何?你对吴国有功,想要财宝、想要封地,都可以跟孤说,孤满足你,可孤绝对不容许吴国臣民到齐人那里讨要!"

"大王认为老臣会为了利益出卖吴国?"伍子胥悲凉地苦笑着问。

"你让伍氏一脉留在齐国绵延子嗣,可是不相信孤?"

伍子胥不卑不亢,紧盯着夫差,说:"若大王不灭越国,吴国必亡。"

"大胆!"夫差怒喝。

"老臣的命可以给吴国,可是老臣的子孙不能陪着吴国沦丧!"

"来人!"夫差吼叫着,"取孤的属镂剑来!"他怒不可遏地拔剑冲到伍子胥面前,剑尖直抵伍子胥的脖颈,咬牙切齿地说道:"君臣一场,收回你刚才的话,孤饶你一命!"

伍子胥大笑起来,说:"夫差,老夫在此预言,不需十年,越必灭吴。"

夫差的剑又进了半寸,伍子胥脖子上已经有血流出。夫差看着伍子胥的衣领上沾上血迹,到底没有下手,他扔下属镂剑,拂袖而去。

伍子胥捡起这把属镂剑,不由泪如雨下,对天长叹。伍子胥回到家中,准备自裁,在愤恨之余,向家人交代:"我死后一定要在坟墓上栽种梓树,待长成后用来做夫差的棺木,另把我的双眼挖出来挂到东门,我要亲眼看着越国把吴国毁掉!"说完,横剑自刎。

殷红的鲜血飞溅而出,洒在他一身白衣上。伍子胥为了吴国贡献了毕生热血、青春和才智,在帮助先王阖闾夺得王位、五战入郢、西破强楚、南服越人之后,最终死在吴王夫差手里。

夫差听完伍子胥临终交代的话后异常愤怒,农历五月初五,他令人把伍子胥的尸首用鸱夷革裹着抛弃于钱塘江中。据说，伍子胥的尸身被抛入江中后，灵魂并没有消散，他愤恨异常，于是驱水为涛，以溺杀人。从此，海门山一带潮头汹涌，高数百尺，越钱塘，过渔浦，朝暮再来，其声震怒，雷奔电激，闻百余里。传言，潮起时，伍子胥穿着素衣，骑着白马，持长矛立在数百尺高的钱塘江大潮之中，仰天长啸。当地累世流传，说这就是钱塘江大潮的成因。

4. 一次别离

西施听闻夫差赐死伍子胥，心里五味杂陈，在她看来，如恢宏的宫殿一般的吴国此刻轰然被斫去一根支柱。当晚，夫差看上去兴致勃勃，他拉着西施去了响屦廊，嚷嚷着要看西施跳舞。

西施依他所言，脚穿木屐踏上长廊地板，舞步在轻重远近之间变幻出似有还无的乐音来。稍近处沉闷如极天之雷，急舞时激昂似金鼓之鸣；舞至远方嘹亮邈远，如碧霄钟磬之音；慢到轻时清脆幽深，似天宫丝竹之乐，似真似幻，不绝如缕。西施莲步轻移，舞姿曼妙，宛若天仙。然而夫差并没有像往常那样陶醉其中，他看着西施，感觉她飘然欲飞，将离他而去，心中顿生悲凉虚空之感。

夫差伸手招西施到自己身边来，西施停下舞步走过来。她轻柔地用两手擦了擦夫差的眼角，夫差才觉察到自己眼角有泪，尴尬地笑道："孤真是老了。"

西施坐在夫差身边，低低地劝慰道："大王赐死伍相国，一定很伤心吧。"

"不，孤不伤心，孤为何要伤心？"夫差猛喝了一口酒。

西施靠在夫差的肩头，说："大王是重情义之人，听闻大王年幼时，一直得伍相国教导，与他情同父子，如今到了这个地步，我想除了他的家人，最难过的就是大王了。"

夫差拍拍西施的肩头，说道："这话爱妾若对世人说，世人定不肯相信。他们只会认为，孤赐死伍子胥后，会痛快淋漓、高歌庆祝。"

"大王若是后悔……"

西施话没说完，夫差"噌"地一下站起来，说道："孤不后悔，孤可以容忍他顶撞孤，孤也可以容忍他自行其是，连他安排人进馆娃宫暗杀你，孤都不追究，可他背叛吴国，孤绝不容忍！"

"他以前常在孤耳边说吴国要亡，孤都由他去，孤知道他只是忧心吴国前途，内心一片赤诚，可是他现在恶意诅咒吴国，把吴国看成一片死地，把孤视为亡国昏君，孤无法容忍！"夫差情绪激动，胸脯剧烈地起伏着。然而很快他又颓然坐下，大口大口地喝酒，边喝边说："可惜郑旦芳逝，她生前唱我们吴国的古谣唱得最有韵味。"

此话一出，西施也簌簌落泪。她第一次感觉到，即便夫差在身边，馆娃宫也是冷清的。

当时夫差并不知道，伍子胥对他下了更恶毒的预言！他心中充满对伍子胥的不舍，所以在得知伍子胥的预言之后，才会震怒。

伍子胥被赐死的消息传到越国，勾践大为振奋。在一个深夜，他与范蠡详谈当下的吴越情势，范蠡详细讲述了夫差在艾陵之战战胜齐军的经过，诚恳地说道："夫差在政治上昏然不明，可他的军事才能杰出，就算不是吴国国君，也绝对是一位战无不胜的上将军。"

勾践见范蠡如此说，自嘲道："依范大夫之见，夫差的才能的确在孤之上。"范蠡一惊，赶紧低头谢罪："大王恕罪，臣失言了。"

勾践摇摇头，说："你没有失言，这些年，樵李之战、夫椒决战在孤脑海里盘旋了无数次，孤反问了自己上千遍，到底输在哪里，如果孤当初听了先生的谏言，是否能免受亡国的耻辱。你知道这些年孤想出的答案是什么吗？"范蠡沉默。

勾践说道："孤不如夫差。夫差自小师从孙武习练兵法，又受伍子胥的教导，熟谙治国之策，他本就胜孤一筹。孤自小空有志向，身为弱国的国君，不想脚踏实地为国求富、为民求安，一心只想打倒吴国，侥幸胜了一场，就自鸣得意，焉有不败之理呢！"

"知错能改,善莫大焉。大王如此反省,越国已无忧矣。如今的越国似清晨朝阳,冉冉上升,而吴国却似黄昏夕阳,正在西沉,我们只需等待些时日,一旦把握机会,吴国必一战即溃。"范蠡笃定地说道。

勾践点点头,又提到另外一件事:"孤打算从你的少年军里挑选一支队伍,作为孤的宫廷卫队,你看如何?"

范蠡心中一寒,勾践热衷豢养死士,如今故态复作,可他无暇犹豫,只得说:"少年军个个以一当百,大王尽可挑选。"

一个国君豢养死士,并不是什么大过错,可范蠡对这种事情莫名反感,他一方面佩服勾践敢于承认自己不如夫差的勇气,可是另一方面又感觉到勾践的尖锐和阴狠。他突然心生惆怅,灭吴之后,他将何去何从呢?

西施!他想到了西施,他曾经承诺到时要将西施接回若耶溪畔。他曾无数次梦见他和西施在若耶溪畔浣纱捕鱼的情景,可是梦醒后,他又无限神伤,因为梦里的幸福太不现实。也许,是该考虑怎样把西施从吴宫接出来的时候了。

夫差在伍子胥死后,噩梦连连,一连几月都难以安眠,国内政事大多交给伯嚭处理,馆娃宫里出出进进的都是巫医和方士。西施看着夫差饮食骤减,日渐一日地消瘦下去,亲自下厨为夫差调理膳食。此事传到宫外,传闻就变成了夫差和西施整日在馆娃宫奢靡享乐,荒废政事,疏远贤臣。传言传回馆娃宫,侍卫、宫女,甚至西施都三缄其口,唯恐让夫差知道后,病情更加严重。

好不容易,夫差不再做噩梦,吴国又遇到天灾,夫差一向不善处理这些民生政事,加上缺乏耐心,每每被大臣的意见闹得头昏脑涨,暴躁不已。

一日,他兴冲冲地去见西施,告诉她,鲁国、晋国邀请他前往黄池(今河南封丘西南)会盟,到时候,他将被推举为诸侯长,成为名副其实的霸主。西施看着他高兴的样子,不禁替他忧心。她虽然久处馆娃宫,可她从各处情报中知道了眼下吴国就像个身体虚弱的巨人,力量虽在，力道却大大减弱，而越国就是时时在窥伺巨人的战士，磨刀霍霍。

"大王，一定要去吗？"西施有种不祥的直觉。

"当然要去。"夫差站在院中，双臂摊开，像是站在世界中心一样，"我要让中原各路诸侯看看，谁才是真正的霸主。他们总蔑称我吴国为蛮夷之地，而如今他们要以蛮夷为尊了！"

西施挤出笑容，凝视夫差。她心里清楚，在夫差的眼中，称霸是最重要的事情。纵然她得到夫差的万般宠爱，也绝不可能与争霸的事情相提并论。

伍子胥生前执着地认为是西施鼓动夫差北上逐鹿中原，其实是他不肯面对现实而已。当年那场夫椒之战不只改变了勾践，也改变了夫差。勾践被现实打醒，卧薪尝胆，脱胎换骨，而夫差则因为那场战役彻底点燃了心中的征服欲火，从此之后，争霸就成了他的"心魔"。

夫差看西施情绪低落，疑惑地问："爱妾难道不替孤开心吗？"

西施低头给夫差斟酒，找了个借口，说："妾不是不开心，只是大王又要远去，一路跋涉，妾担心大王的身体。"

夫差满意地笑了，他搂着西施，说道："爱妾在宫中好生等着孤凯旋吧。"

西施看着夫差，发现他苍老了很多，眼角多了很多皱纹，下巴的胡须也间杂着银色。她忽然觉得夫差有些陌生，这张脸是她熟悉的，可是分开看他的额头、他的双眼、他的嘴，总觉得陌生。

夫差看着西施，也觉得西施似乎比以往更加惆怅郁结，看他的眼神总带着一丝伤感。他不了解西施，却十分爱她，有时候他感觉西施就像他身体的一部分，一旦远离就万分痛苦。只要西施在身边，哪怕什么也不做，他都觉得内心充满了愉悦和满足。有时候，西施向他莞尔一笑，他更觉周身舒畅，甚至能开心好多天。

他揽着西施，对西施说："这是孤与爱妾的最后一次分离，等会盟的事情定了，孤回到吴国，就与你厮守，哪怕以后去中原，孤也带着你。"

西施喃喃地说:"最后一次……"

夫差离开吴国前往黄池会盟的那一天,西施在寝宫里发现了一支竹笛,她拿起来细细端详笛身,在笛子一端赫然发现"若耶"二字。是范蠡!一定是他!他还记得当初接她回若耶溪畔的承诺!

西施左右张望,没有发现可疑人的身影,可她清楚地确定,这馆娃宫里有范蠡的眼线。

范蠡派人一路跟踪吴国军队,对他们的人数、将领、所走的路线、驻扎的地点都了若指掌。他初步估算出姑苏城兵力空虚,或许可以来一次小突袭,派兵直入姑苏,说不定能把西施接回来。

第六章　中原问鼎成霸业

1. 图霸中原

公元前483年（越王勾践十四年），吴国再次遇到天灾，当年颗粒无收，民不聊生。勾践见势，重提伐吴的事情，而范蠡继续主张冷静处之，他说："天时已至，人事未尽，大王姑且等待。"

勾践这次有些沉不住气，说："孤与你谈人事，你以天时应答；现在天时已至，你又借口人事来推诿。先生，你教过孤，当断不断，反受其乱。"

范蠡仰观天象，集察经纬，然后平静地说："大王少安毋躁，反常的迹象虽然已经萌生，但从天地的整体看，吴国灭亡的征兆尚不十分明显，现在还不可轻举妄动。"他沉着地看着勾践，接着说，"大王勿怪。人事必须与天时、地利互相参会，方可大功告成。现在吴国遭灾，百姓恐慌，君臣上下反会同心协力，抵御内忧外患。大王宜照旧驰骋游猎，歌舞欢饮。吴国见此，必然放松警觉，不修德政。待其百姓财枯力竭，心灰意懒，我之进兵便可一举成功。"

勾践仔细思虑半天，点了点头，说道："先生言之有理，是孤急躁了，这个时候我越国还没有一战必胜的把握。等，孤这些年学到的最大本事就是等。"其实，范蠡比勾践更为心焦……

吴国在艾陵之战以死伤五万人的代价获胜后，吴国军事力量发展到顶峰，震慑了中原各诸侯国。但吴国也因此大削国力，就连身居宫院的西施也隐隐感觉到了。她每次随吴王夫差登上姑苏台，俯视整个姑苏城时，总觉得城里渐渐没有了生气。可自伍子胥死后，吴国再也没有人敢对吴王夫差当面直谏了。

一日，太子友以"螳螂捕蝉黄雀在后"的故事规劝他的父王夫差。他对夫差说："今天一早，孩儿到后园游玩，听到秋蝉在树上'知了、知了'地叫得正欢，抬头一看，却发现有一只螳螂在悄悄地攀缘枝条，向鸣蝉靠拢，想捕而食之。就在螳螂悄声向前捕蝉的当口，忽然又飞来一只黄雀，徘徊于绿荫之中，准备啄食螳螂，而螳螂也一无所知。孩儿见状，立刻拈弓取丸，对准黄雀弹射而出。不料孩儿前面有个水坎，坎中满是积水。孩儿只顾上前弹射黄雀，忘了顾及水坎，一不小心，身子一滑，便失足堕入坎中。"吴王夫差听了太子友的述说后，哈哈大笑道："我儿只顾眼前之事，不顾后患，以后切勿再犯！"

太子友马上趁机劝谏，说："孩儿谨记父王教诲。听老师说，其实，天下类似这样的事比比皆是。齐国无故伐鲁，以为可以占有鲁地而沾沾自喜，不料我吴国随后击之，大败齐师；现在吴国一连打败了越、陈、齐三国，天下渐有鼎足之势，可是父王想北上中原，争夺霸主之位，却不防备身后随时准备报仇的越国……"

夫差听了脸色一沉，怒斥道："竖子住嘴！伍子胥那套，孤早已听厌了，没想到你又来搬弄！"太子友十分惶恐，只好悻悻告退。然而太子退下后，夫差反复考虑，起初觉得太子友所言不无道理，随之越想越心惊，可此时他已骑虎难下，黄池会盟他一定要去，这个霸主之位他一定要夺。

公元前482年，吴王夫差带领吴国精锐挥师北上，只留下太子友、王子姑曹、王孙弥庸、寿於姚等率不到一万吴军守卫国都姑苏。

吴国大军一路浩浩荡荡，沿泗水北上，由泗入菏，再由菏入济，到达济水岸边的黄池。所到之处，三军将士必齐声鼓噪，声振屋瓦，沿途百姓莫不惊慌。

这次会盟的地方选在黄池。黄池是个产马的好地方。春秋末及战国初,有两次诸侯国的"国际大会"都在这里召开。各国同盟的首领被尊为霸主。霸主,是当时代表权力和荣誉的名词。夫差此番就要在这个好地方登上他权力的最高峰,并留名万世。

夫差在中原诸侯国中耀武扬威,展示吴国的军事实力。当他与会盟的发起人鲁哀公、晋定公并排站在封禅台上检阅三军时,夫差命令吴军精锐部队全部出动。夫差又与鲁哀公、晋定公一起围猎,斩获颇多。二公称赞说:"吴王真乃上马可治军、下马可治国之治世明君啊。"夫差志得意满,对霸主之位势在必得。

可惜多国同盟中,最强大的是晋国,现任盟主晋定公反对之声最大。不争取晋国的同意,吴王夫差就很难登上盟主之位。晋定公派晋国司马董褐对夫差说:"晋国当诸侯霸主已有多年,这次大会还是应该由我们主盟。"

夫差直截了当地回答:"事前周天子派使者到吴国,说眼下王室衰微,诸侯避不进贡,日子过得窘迫,所以派本王日夜兼程来主持盟会,以团结诸侯,共同为天子解忧排难。可是晋君却违背了天子的命令,不讲长幼礼节,欺压诸侯,破坏团结,致使盟会迟迟不能举行,而让孤被天下人耻笑。所以本王特地早早前来,在贵军军营外面等候你们的决定,从与不从,就在今日见分晓吧!"

说完,夫差把自己的六名侍卫叫进军帐,对他们说:"董大夫是晋国来的贵客,吴国不能怠慢,孤欲取你们的六颗头颅酬客,如何?"

侍卫首领、少司马兹大声喊:"为大王效力,何其有幸!"说完六人齐齐亮剑,就在董褐的眼前刎颈自尽!董褐被溅了满头满脸的鲜血,吓得魂不附体,落荒而逃。

董褐跑回去向晋定公汇报,又跟上卿赵鞅说:"吴人是蛮族,夫差更是癫狂,行事乖张,咱们还是不要惹他为好,以下官看,盟主不过虚名,让给他便是!"

赵鞅不满道:"说得容易,虚名是什么?是礼仪、名分,如果晋国一味退让,还有何脸面再见中原各路诸侯?"

董褐道:"那就让他去掉王号。吴国乃蛮族,凭什么称王?"

但夫差回应说,在周王室中,吴国位尊。吴国的开国之君泰伯是周文王的伯父,而晋国首任国君唐叔虞是周武王姬发之子,与吴国的开国之君隔了三辈。双方相持不下,吵了十几天都没结果。

打"嘴仗"没有意义,最关键的还是比谁的拳头硬,而晋定公在这方面实在是有苦难言。因为一向被称为中原霸主的晋国,到了春秋末期,国力已经衰落。经过长时间的内斗,晋国的实权由韩、赵、魏、智四家氏族把持,晋定公在国内不过是有名无权的国君,他的坚持只是凭借了盟主之威。

在黄池会盟上,夫差正在和晋国争霸主之位,突然吴国告急的使者来报,越军入侵吴都。夫差闻听犹如晴天霹雳,方寸大乱。

难道伍子胥的预言要应验了?勾践那匹夫当真心怀不轨,关键时刻从背后捅了吴国一刀。

夫差紧急召开军事会议。伯嚭抢先出谋,说:"大王,争夺霸主是您多年的心愿,不能就此放弃啊!若是被其他诸侯国知道我国内之事,别说当霸主了,晋王定会落井下石,趁机开战,那时我们能不能回去都未可知。"

公孙雄忽地站起来,大声道:"大王,如今之计当先杀了王子姑曹派来的七个使者,封锁消息!"

夫差心一横,下令:"杀!"

夫差杀掉七名报信的使者后,强作镇定,继续和晋国较量,但心里已有些惴惴不安。此时夫差再不信任伯嚭,转身对公孙雄说道:"勾践匹夫不讲信用,趁孤不在竟偷袭我吴国。公孙大夫,以你之见,孤眼下又当如何?是否应撤兵回援,不跟晋国僵持,姑且让他们当盟主,尽快了结这里的事务?"

公孙雄道:"大王,此时万不能回去。如果吴军突然撤走,诸侯们马上就会发现我们后方的危机,说不定还会联合越国夹攻我们!"

"晋国若跟我们硬拼,又当如何?"夫差急求一个两全之策。

公孙雄回答:"文的不行就来武的,速战速决!"

夫差思考良久,点了点头。

第二天,在会盟上,夫差表现出空前的强硬态度。吴国三万大军一齐出动,分为三个万人方阵,方阵共一百行,每行一百人。每行的排头有一名指挥官,一手抱着用于指挥的金铎,另一手捧着士兵的名册。每十行再由一名下大夫率领,一手捧兵书,一手拿鼓槌,站在战车上负责击鼓指挥进攻。每万人方阵则由一位将军率领,以不同颜色旗帜表示等级。方阵的中军将士,全都身穿白色战袍,披上白色铠甲,打着白色旗帜,插起白色箭翎,远远望去,好像遍野盛开的一片白花。左军一万将士,一律穿红色战袍,披上红色铠甲,打着红色旗帜,插起红色箭翎,望去好像一片熊熊烈火。右军则全用黑色,犹如乌云盖顶,黑压压一片,好不威风!

夫差的三路大军迈着整齐的步伐,向前推进,场面蔚为壮观。天刚蒙蒙亮,吴王夫差便亲自击鼓发令,三万大军一齐大声呐喊,那声音简直就像天崩地裂一般,惊动了到会的各路诸侯。

晋定公以为吴军要杀过来了,让上卿赵鞅赶紧下令免战,关好大门,坚守营垒。过了一会儿,见吴军只呐喊不进攻,这才派董褐去交涉。

董褐提心吊胆地来到吴军阵前,对夫差说:"吴王,会盟时间不是定在中午吗?为何吴国将士这么早就集结,还全部是甲胄装束?在姬姓诸侯中,确实贵国先祖的辈分最高,晋国可以让步,让您来当盟主。只是天子给贵国的正式爵位是伯,可您却僭越礼制称了王。如果你们吴国是王,那周王是什么?周室难道能有两个王吗?"

"董大夫,贵主是想让孤放弃王号吗?"

"正是,你我两国各退一步。只要您肯放弃王号,以吴公自称,晋国就答应让您先歃血,主持盟会,否则免谈!"

夫差理亏,只得答应晋国的条件。其他诸侯国见吴军军容如此盛大,军威如此整肃,更不敢和夫差相争,不得不承认吴国为盟主。

吴王夫差退兵进入幕帐与诸侯见面，放弃王号，称"公"，先歃血，晋定公称"侯"，排在第二，其他大小诸侯依序盟誓，会盟之事就此结束。

之后，夫差又派王孙苟向周天子报功，周天子称吴王夫差为伯父，说他德行伟大，并祝他健康长寿，算是正式承认其诸侯霸主地位。

吴王夫差为争夺盟主之位劳师费力，而此时此刻，越国正在吴国大肆抢掠粮食、财货、子民，把这些年进贡给吴国的东西连本带利收了回去。

这时，夫差对国内形势的估判也出现失误，他坚信，吴军挟盟主之威杀回去，进攻吴都的越兵就会被吓跑，那时再好好"收拾"勾践，彻底灭了越国。但他却忽略了三万大军从数千里之外赶回吴国要多少时间、多少粮草。因吴都陷落，供给粮食的后路被掐断，夫差只好沿途借粮，借不到就抢。他派军队攻击宋国都城北边的外城，抢到了为数不多的粮草，立马遭到宋国的反击。就这样打打停停，夫差花了几个月的时间，才率大军回到吴国。

2. 笠泽之战

公元前482年，时机终于成熟。吴王前往黄池会盟带走了吴国的全部精兵，吴国国库空虚，兵力空虚。在吴国的铁蹄下忍辱负重了十二年之久的越国，终于做出反击，这些年压在越人心头的仇恨终于集体爆发。

尽管范蠡对吴国国情判断精准，但为了防止出现意外，他建议越王勾践先发动几次小规模的进攻。这年夏天，越军与守护国都的吴军进行了几场激战。

第一战，吴军占上风。王孙弥庸大败越军，越国先锋官畴无余遭擒获，吴军大喜。太子友想，原来越国人并没有那么善战，不用等父王回来，我就可以轻松击败他们。

但太子友错了，先锋畴无余的部队只不过是勾践临时拉来壮声势的杂牌军，只是"诱饵"。此时的越军有一万五千水师、一万车驾弓弩手，这是一支快速反应部队，还有精甲步卒二万余人。这些都是由少年军发展训练起来的精锐之师。

第二天，越王勾践亲率以五千车驾弓弩手、一万水军组成的中军主力溯江而上来到姑苏城外，太子友不再坚持从前坚守待援的保守战法，只命王子姑曹守城，自己率一万吴军出击。结果，太子友遇到了真正可怕的对手。一仗下来，全军覆没，太子友被越军活捉随即被杀，他的两个副将王孙弥庸和寿於姚也被越国人擒杀。

六月下旬，越军在消灭吴国留守部队主力后，继续前进，直逼姑苏城下。姑苏守将王子姑曹这时的兵力不到一千，不敢应战，他只得一面避战不出，一面派人去黄池向夫差告急。越王勾践乘势尽占姑苏外城，将太湖上的吴国水军船只连同夫差给西施造的特大龙舟，一齐缴获，又派人一把大火将姑苏台、馆娃宫烧成灰烬，火势冲天，数日不息。

这冲天的大火，是越王勾践心中熊熊的复仇烈火。当年吴王夫差就是在这姑苏台上对自己颐指气使、百般凌辱的，而灵岩山下虎丘还留有他的"旧居"——石屋，这个伤心地是他心中永远的疮疤，即使一把火烧成灰烬，也不能平息他内心的痛苦。

两代吴王为了彰显自己功业而兴建的、凝结了无数吴国百姓智慧与生命的伟大建筑——姑苏台，就在勾践深刻到扭曲的仇恨心理下灰飞烟灭了。

公元前482年冬，在国外艰难回军近半年之久的吴国大军终于回还，映入他们眼帘的，是残破不堪的家乡。

越兵退出姑苏城后，战火已经停息，可是姑苏城中的百姓还是一片慌乱，如惊弓之鸟。夫差，这个刚上任几个月的霸主，在国都沦陷后，立马被越国夺走了原本属于他的权力和尊严。更糟糕的是，在短时间内他很难收拾旧山河，重整旗鼓，只能极力维持局面。

两年后，在吴国国力薄弱的非常时期，楚国大举入侵吴国，射来了复仇一箭。尽管夫差和吴国的将士们奋力抵抗，但西方的边界防线还是被楚军攻破。吴军勉强在桐水附近组建第二防线，才暂时挡住前进的楚军。这是夫差自继位以来头一次遭遇如此重大的挫折，这次失败传开后，夫差颜面尽失。夫差把所有的怨气全发泄在对楚国的报复攻击上。为了显示他一代霸主的威风，夫差亲自率领吴国全部精锐军队越过边境，长驱直入，一路攻到楚国东方军事重镇慎邑（今安徽颍上）。

但楚国的王孙胜将军智勇双全，他用坚壁清野的策略挫伤吴国的锐气，再用游击战扰乱吴军士气。夫差被围攻后，下令撤军，在边境又被王孙胜杀个措手不及，吴兵溃不成军。虽然吴兵的伤亡不大，可是对吴国来说又是一次沉重的心理打击。

公元前478年（周敬王四十二年，吴王夫差十八年，越王勾践十九年）冬，勾践再次兴师伐吴。他让人在城外筑坛，祭祀之后，誓师出兵，与吴展开最后决战。笠泽之战拉开了战幕。

第一天，郊外河边。越王勾践斩杀三个吴国俘虏，用桶接鲜血，并称桶中是夫差之血，自己先喝一口，然后与酒一起倒入河中，令将士每人喝一口河水，以壮军威。将士得令，口呼"大王英明"跳入河中，水牛般痛饮，以致河水瞬时断流！之后，民饮其流，而气势增百倍。

第二天，都城校场。勾践亲自登坛擂鼓，下令斩杀三名违反军令的兵卒，用鲜血祭奠了大王旗。然后令将士们表现忠君之心，于是校场顿时喧闹起来，先是狂呼乱叫，再是奔腾跳跃，后是肉搏格斗。野叫、野跳、野博，野性之力，犹如群兽。

第三天，城山固陵。军民告别，家人和子弟泣涕诀别，将士们纷纷表达此行不灭吴不复相见的决心。

公元前477年正月，震天鼓声响了！在惜别的哭声和送别叫声、歌声中，五万将士起动战车，划动战船，迈出步子，向吴国进发……

此次北伐吴国，勾践亲为主帅，掌兵大夫范蠡为副帅，文种、诸稽郢辅之，王子鼫与留守国都。

越王勾践亲自率兵攻入吴境。范蠡在行军途中，向诸军重申了平时训练的一贯要求：个人不逞匹夫之勇，要听从号令；进则有赏，退则有罪；进不用命，退则无耻，均以刑罚！

大军到达御儿（今浙江桐乡）之前，范蠡照律斩杀了不听令者、不用王命者、淫逸不可禁者，整肃了军纪。又以越王勾践的名义下令：父子均在军中者，父归；兄弟俱在军中者，兄归；有父母无兄弟者，归养；有病不能出征者，归国。将士闻听，感激涕零，欢声如雷。军中归者极少，都想为国效力，为越王尽忠。全军皆有致死之心。

夫差和勾践的兵队在离姑苏城五十里以外的笠泽相遇了。吴军在江北，号称十二万人，实际上参战士卒仅六万余人；越军在江南，五万人。按道理吴国人没必要怕越军，可是这支十二万的大军一缺粮食二缺斗志；而越王勾践十几年来韬光养晦，为的就是这一天能报仇雪耻，兵士个个精力充沛，斗志昂扬。

两军隔江相望，旌旗可见，话声相闻。越为客，吴为主。客方派出使者约战，主方答复：明日，先水战后陆战。使者返回复命，勾践同范蠡、文种商议。

范蠡一笑，捻髯说道："大王，今日要以少胜多，必使兵不厌诈之计。蠡此次暂且不当君子了！"

文种会意，立即说道："范大夫莫语，你我写于简上，呈于大王过目。"

勾践接过一看，两支简上都写着两个字——"夜战"。勾践惊喜，拍掌叫好，但转而说："约好明日，夜战不义吧！"

范蠡道："大王，一过子时便是明日。我军可定于丑时出击。"

"妙啊，实在是妙，想不到平日忠厚老实的范蠡居然如此狡猾。"勾践笑道。

会战的第一天夜里，范蠡下令左右军团的将领趁夜色掩护先进入预定区域，左军溯吴江而上，埋伏在五里之外的藏身处待命，右军则顺江而下，也在五里外待命。丑时一到，左右两军同时向吴军的中心大营移动，一路击鼓，动静越大越好。中军则在夜半后，敛鼓不鸣，衔枚禁声,等到丑时三刻,吴军向左右分了兵力,则渡江直冲吴中军。方略确定后,范蠡又特别强调了中军进攻前要静如鼠,像老鼠钻在地下;攻时要勇于虎,像猛虎下山吼叫张口。然后,三军分头行动。

这晚是阴天无月夜,时有毛毛雨落地。丑时,光线晦暗,范蠡下令左右军鸣锣开道,佯装渡河进攻。

躺在中军帐里休息的夫差听到震天鼓声,知是越军来袭,大骂:"勾践匹夫,果然狡诈!"穿衣执剑出帐,指挥将士举火察看,尚未弄清状况,另一边的鼓声又响了。夫差这才明白是两军合围夹击,心中大惊,急忙传令分兵迎战。

范蠡料定夫差会把主力调走,于是让勾践率领中军悄悄渡河,偷袭吴军的大本营,数千吴军立刻迎击,双方先在夜色中互相瞄准射箭,然后短兵相接。

在越军阵营中,越女和陈音的训练成果开始发挥效用,勾践的五千车驾弓弩手的装备是越军中最先进的。他们身着轻甲,后背长剑,手持劲弩,先用弩连发三射,远攻敌军,边射边靠近敌人,待到敌人被射得无力招架时,再迅速将长剑出鞘,连砍带刺,所至之处,吴军毫无还手之力,死伤无数。

夫差率领的中军夜半遭到突袭,仓促应战。夫差在对战中感受到越军的高昂士气,又从远近不同的喊杀声中敏锐地意识到越军已占上风,于是立即命令中军撤退,左右两军见中军已退,首尾难顾,亦跟随而去。兵败如山倒,吴军在逃跑之中,丢盔弃甲,拥挤踩踏,死伤不计其数。

范蠡见吴军溃退,建议越王率军尾追,自己率水师乘快船抄近路到前面堵截。勾践挥剑向前冲去,越军几万将士呼啸狂奔。

天亮时分,吴军北退二十余里至吴江附近的没溪,据溪为守,收容散卒,待局势稍定,准备再战。正当其时,范蠡所率水师自太湖取横山向吴军作包围攻击态势,有着"霸王军团"美称的吴军渐渐不支,四处逃窜。夫差见势不利,率一支部队向姑苏城郊撤退,又遭越军快速车驾队的追击而大败。越军两战两胜，将士斗志昂扬，乘胜猛追吴军。吴下军奋勇力战，下军将领王子姑曹战死。吴王夫差乘下军抗击越军之际，连忙入城据守。出城时的十二万大军，到再入城时只剩下不到三万人。

3. 悲情夫差

越兵主力渡过吴江后，毫不客气地围击当地的吴军，趁势一直打到吴国都城下，团团围住姑苏城。但此后一年多时间，双方没有较大规模交战。毕竟吴都城内还有近三万人马。这时候的越军不慌不忙地在吴都西门外修城，准备对吴国首邑步步进逼和围攻。

姑苏城外的原野上有许多叫百尺渎的小河，从四面八方通向大江，是吴国各地向都城中运粮的通道。现在这些通道全被越军卡住，就是鸟也飞不走一只。范蠡出计，越军据守城下，想采用断其粮源的方法把吴军困死在城中。

到了公元前475年，勾践的求胜之心越来越迫切。他屈指一算，十年生聚、十年教训，这年正好是会稽之耻二十周年，于是他指挥越军攻城。

越军组织兵力，在战鼓声中朝城门扑去。飞蝗般的利箭从城墙上射下。城头上的吴军狂笑大叫，已无败兵模样。前进的越军死伤惨重，不少越兵退回营寨。

勾践大怒，手持利剑，就要过去刺死撤退的越兵。范蠡上前，用手将勾践的剑拨开。他知越军一路追击至此，十分疲惫，况且周围约七十里的姑苏城近年已被夫差改造成城城相套、易守难攻的铁城，硬冲并非上策。

范蠡劝谏勾践，让越军围城，按兵不动。夫差无奈，只好死守。其间，姑苏城内的军兵因为粮乏，开门挑战，一日五次，勾践又欲攻之，被范蠡劝阻："围而不攻，方是上策。"

"围而不攻，何以制胜？"勾践满腹狐疑。

"待其自毙！"范蠡胸有成竹地说，"大王，臣能使夫差自己打开城门。"

勾践半信半疑，说道："孤知先生有神机，然而让夫差自己打开城门，岂不是梦话！"

范蠡解释说："一个国家如果没有了军队，还能凭借什么力量守卫国家呢？今吴军主力已无，龟缩死城。远不通诸侯，近不及乡邑。道路阻断，政令不行。吴民已为大王之民，吴地已为越国之地，吴粮已为越军之粮，吴国实已亡矣！当前我越军可在吴都西门外筑城，作为越之北都，监视吴都而困之，使城内军民自耗、自残。大王既有吴国，可北开运河，通三江五湖；西植葛麻于夫椒，以为弓弦；东控笠泽江，以收东方之粮；南通槜李、御儿，以利前后方输送。如此这般，越军日强，吴军日弱；不战，则吴必灭。大王！不出二年，吴都粮困，吴军无粮则不战自溃，所以夫差一定会自开城门！"

果然，一年之后，吴都粮困，吴军又开门挑战。范蠡再次劝阻勾践，说："吴军的精锐必在城内以逸待劳，出城之兵皆是小卒，歼灭无伤于吴之股肱，不如设计诱夫差全师出征，方能彻底得胜。"

勾践不解恨，冷冷说道："夫差首级，何时可取？"

范蠡岂能体会不到勾践与夫差之仇，然而当时地利、人事不备，若坚持攻城，必然死伤惨重，大损元气，最终得一空城，失去主动。主客位置一旦改变，越军势必陷入危局。届时，螳螂捕蝉，黄雀在后，可能会遭邻国暗算，比如楚国。

眼看勾践的耐心也快要耗尽，范蠡必须斟酌说辞，让勾践能接受进言。他踌躇半天，说道："大王，夫差已到穷途末路，每时每刻都十分难熬。当初夫差囚大王石室三年，大王也囚夫差姑苏三年，一报还一报。何不让夫差也尝尝被囚的滋味！"

范蠡这话打动了勾践。勾践想起三年石室囚徒般的生活，下决心说："好，依先生之见，困他三年！"

回到姑苏的吴军大军，经过一年多的休整，战斗力本该有所恢复，然而城中粮食物资匮乏，加上丧失斗志，很难再成为越国的对手。夫差左思右想，觉得这个罪魁祸首是太宰伯嚭。他在宫里整天要见到这个卑鄙的家伙，心里的怒气越来越大，某日他扔出那把赐死伍子胥的属镂剑，对伯嚭说："当初孤听你之言，放勾践回国，没料到会有这一天。孤命你前去讲和，如果和谈不成，你就用这柄属镂剑去跟伍相国做伴！"伯嚭吓得魂不附体，只好硬着头皮到越营中向勾践苦苦求和。伯嚭先找到文种，求他帮自己在越王面前美言几句。

俗话说，风水轮流转，三十年河东三十年河西。没想到，仅仅十几年后，双方就互换了位置。

文种笑道："太宰，当年老夫找你帮忙可是带了二十双白璧、万两黄金，还有八个越国美女。如今太宰怎么空手而来呢？"

伯嚭赶紧道歉："是是是，我赶紧让人送上！"

文种轻蔑地笑道："你以为我和你一样贪财好色吗？算啦！我引你去见越王，成与不成，就看你的造化了！"

伯嚭连连作揖称谢，尾随着文种来到越军大帐。他跪地膝行至越王面前，使劲叩头说："先前我王得罪越王，如今已然知道错了，请越王高抬贵手，使两国重归于好。"

勾践自然不答应，他只想跟吴军最后决一死战，彻底报灭国之仇。于是，他继续对吴军进行逼攻。

夫差的军事才能只有在强大的吴军中才能发挥出来，如今吴军士气低落，而夫差又不善鼓舞人心，故而在军事上迟迟无法突破。他又不善处理政事，以致姑苏城内的情况越来越坏，他却无力扭转。无奈之下，经过一番艰苦抵抗，最后弃城逃上余杭山。

公元前473年，越军的围攻仍然在继续，包围圈越来越小。

伯嚭达不成夫差交给的任务，索性留在勾践身边。夫差身边没有得力的和平使臣，只好把上将军公孙雄找来，令他入越营请和。

公孙雄学着当年越国请和时文种的样子，赤裸上身，到越营后跪行到越王勾践面前，叩首泣道："孤臣夫差昔日得罪于会稽，夫差不违天命，与君王和议而归。今日姑苏亦当年会稽，孤臣亦望如当年赦罪！"

公孙雄的一席话使勾践想起当年之事，也想起公孙雄当年促成和议而怜悯自己之举，似有应允之色。范蠡在一旁谏道："大王，此时上天将吴国交到您面前，您却有意不取，恕臣直言，可能反受其害。十几年卧薪尝胆之图、三年石室之辱、夫差粪便滋味，难道您都忘了吗？"

范蠡的话像兜头浇下的一盆冰水，让勾践瞬间清醒，他挥手让侍卫将公孙雄驱逐出去。

余杭山顶的小屋里，夫差被冻得瑟瑟发抖。他不甘心，令公孙雄接连两次拜见勾践，辞愈卑，礼更恭。勾践又欲许和，范蠡再谏说："大王，当年在会稽，上天将越国赐给了吴国，吴国没有要，才有了现在的下场。如今上天又将吴国赐给越国，越国岂可违背上天的旨意？大王每日起早贪黑，辛苦谋划了近二十年，不都是为了要打败吴国吗？如果就这样把机会放弃了，大王您甘心吗？难道大王忘了会稽的教训吗？"

越王示意范蠡近身，轻声对他说："孤知道你说得对，可是夫差当年毕竟放过了孤和越国，如果孤这样杀了他，天下人会怎么说？"

范蠡也悄声说："大王若不忍，这件事可交给臣来处理。"

然后他对公孙雄说："大王已派我负责处理吴国的事情，请公孙使者赶快回去，否则休怪我不客气。"

公孙雄连连向越王磕头，嘴中不停喊："越王开恩啊！越王，当年吴王保全了你的身家性命，今日为何恩将仇报啊！……"

范蠡大声说："公孙将军，蠡佩服你是为国尽忠之人，只因国恨，越王不能答应你。如有别的所托，蠡定可效力。"说完，他示意两个侍卫将公孙雄拉出去，公孙雄泪流满面，一边使劲挣扎，一边声嘶力竭地喊："越王，开恩啊，越王……"

这时，范蠡向越王请辞前往余杭山，勾践点了点头。

范蠡离开后，勾践吩咐一近侍："你去告诉夫差的使者，让他转告夫差，孤有意将他安置在甬东，做一百户的主人。"

范蠡来到余杭山下，对传令官说："击鼓，命令大军准备进攻。"

夫差探知越兵攻余杭山，在西有太湖、东南均有重兵的情况下，同三个儿子带着王宫卫队向山北奔去，希望能从北面突围。

探报将夫差的动向报知范蠡，他不想独得此功，禀报勾践后，让勾践和文种率兵驾车追向余杭山北。这样，吴、越两国这一对冤家自行了断所有恩怨。

勾践快意而往，将余杭山北团团包围。擂鼓呐喊，要夫差下山投降。夫差从探报中得知越将是文种，亲自作书，系于箭矢上射入越军。士卒拾取呈给文种，视其词曰："狡兔死，走狗烹，大夫乃楚人，何不存吴一线，以留后路。"文种想了想，写书给夫差，以绝其生望。文种令人将绢书射上余杭山，再去请勾践亲自击鼓发令进攻。

夫差接到文种答书，急忙展开视之，只见答书上写道："吴王夫差有大过者五：杀忠臣伍子胥，一；重用佞臣伯嚭，二；齐晋无罪，数伐其国，三；侵伐同壤之越，四；先王死于越手，不知报仇，纵敌贻患，五。有此五大过，天已难容，还有何面立于人前！"夫差读到第五条时，如万箭穿心。他满面泪流道："孤不诛勾践，忘先王之仇，为不孝之子，此天之所以弃吴也。"

这时，夫差见公孙雄回来，连忙上前迎接，公孙雄立马跪倒，低头不语。夫差刚才听山下击鼓，便已心中有数，见到公孙雄的低落神态，更证实了他的猜测。他抬头看天空，阳光虽弱，但依然刺得他睁不开眼，他知道老天再也不会帮他了。

夫差仰天长啸："老天，你决意不给孤一条生路吗？"

"大王！"夫差脚下，公孙雄和十几个大臣、卫士跪倒一片，伏地痛哭。夫差沮丧地垂下头，无力地对公孙雄说："莫要再哭，孤不怪你，起来吧。"

公孙雄吞吞吐吐地说："大王，越王让臣转告，他有意让大王迁往甬东，做一百户的主人。"夫差沉默不语，过了半晌，叹气说道："孤老了，不想伺候他。假如死去的人有知，我还有什么面目见伍子胥于地下？假如死去的人无知，我也对不起活着的吴国百姓！我死以后，你们要用三层罗绣遮住我的脸和眼睛。我活着时，这双眼睛看不清楚，看不明白，死后更不要让人看到我这昏盲的脸庞。"

夫差一边想着往事，心中悔恨交加，一边步履蹒跚地向山峰走去。来到山顶，两眼直直地注视着脚下的姑苏城。山下的越军已开始进攻，喊杀声越来越近。夫差拔出宝剑，青铜剑在阳光下闪出一道耀眼的寒光。

夫差万念俱灰，举剑抵住脖子，抬起左手，用长袖遮住脸，右手用力一挥，鲜血旋即染红罗绣，身子慢慢倒了下去，衣袖无力地盖在脸上。公孙雄见夫差如此，也自杀殉主。

"吴王自杀了，吴王自杀了！"胜利的越军士兵奔走欢呼着。范蠡赶往山上，看到夫差的尸体，命令士兵将他抬回姑苏城。

范蠡松了口气，可同时心里又涌起一股令人落寞的空虚感。熬干了二十年的青春和心血，就是为了这一人，这一事，这一天。说起来，自己兴越灭吴，干成了一件大事，本应豪情万丈，为何心里这般空落落的呢？

有时候，他也弄不懂自己。就像每每回想往事，他都惊讶于自己将西施送给了吴国。不送出去又如何？夫差照样要亡。可惜那时候他还没有看透。

勾践下令让他收拾残局，他让下属清点吴国活着的王子、王妃，将他们送到姑苏由越王明断。然后令越军每人背一小筐土，将夫差和公孙雄两人的尸体掩埋。不多时，夫差的大坟面向太湖，在山坡上立起来。一代霸主自此长眠在余杭山上，可悲可叹！

范蠡回到王宫时，看见伯嚭和吴国的几位大夫恭候在大殿外。听说夫差死后，早就归降的伯嚭不但毫无悲痛之意，反而沾沾自喜，等着论功行赏，那副嘴脸让人看了生厌。

回到姑苏城，越王问范蠡："范大夫，你看那些吴国旧臣，尤其是伯嚭，该如何处置？"

范蠡答道:"大王,伯嚭虽说帮了越国不少忙,然而此人身为吴国太宰,却不忠于君,又贪婪无比,这种人,决不可留。"

"那该处何处置?"勾践又问。

"按律当处烹刑。"范蠡答道。

"那吴国的其他几位大臣呢?"

"叛国投降也是不忠于君,当共处之。"

"那就按律办吧。"勾践说道。

"大王圣明!"

4. 勾践称霸

灭掉吴国后,勾践好不得意,喜悦之色溢于言表:"天助孤灭掉强盛的吴国,成就霸业,即在今朝。"

范蠡接着勾践的话说:"所谓盛极必衰,就是这个道理。吴国这几年穷兵黩武,耗光了国力,当然文种大夫的计策起了很重要的作用。"

"若没有先生和文种,孤不知何日才能灭吴啊。"勾践感叹。

"有件事要提醒大王,吴国毕竟是周王赐胙的侯国,夫差的祖上泰伯是周文王姬昌的伯父。如果我们处理不当,其他诸侯国可能会联合起来帮吴国复国,所以当务之急是要处理好与周边各国的关系。"

"先生是说其他诸侯会联合起来对付越国?"勾践有点不安地问。

"这几年夫差不断攻打周边各国,各国对吴国又惧又恨。正因如此,我们攻打吴国时,吴国竟无人可求,也无人愿意出兵援助吴国,他们心里也是希望吴国早被打败吧。臣只担心诸侯此后会借复吴之名合力围攻我们,然后瓜分吴国的土地人口。"

勾践点点头,问:"依你之见,该当如何?"

"目前越国的国力并不比齐、晋、楚强大。但因越国刚灭吴国,而这些诸侯国以前都曾被吴军所败,所以他们会以为越国非常强大,定不敢贸然与越国为敌。如果大王借机与各国修好,成为友邦,自然化险为夷。"范蠡说到这里停了一下，勾践忍不住问："那该如何结交各国？"

范蠡接着说："诸侯中以齐、晋、楚三国为最强。臣上次出访齐、晋两国时，已和他们达成了共同灭吴的意愿，这几年两国也向我越国施以援手，大王可借机与他们结盟。至于鲁国、宋国，可将以前被吴侵占之国土归还他们，自然也无异议。只有楚国，与吴是世仇，而楚君一向贪婪，必觊觎吴地。臣有一计，不知当不当讲。"

"先生和孤还有什么话不能说，但讲无妨！"

范蠡便说："大王知道，越军是专门为复国所建，所有训练都是为了打败吴军。至于其他各国的战车、战术，我们了解不多，越军与之作战并没有优势。所以臣想，吴国的淮上之地与中原各国相邻，而远离会稽和姑苏，日后必成是非之地。依臣之见，大王不如主动舍弃，将它送给楚国。楚国原本就有意与我交好，楚王如得到淮上之地，定然心满意足，常怀感念，以后自然不会再打越国的主意。吴国水军现在已为越国独有，以后如以淮河为界，便可充分发挥水军的优势，不知大王意下如何？"

勾践听了微微颔首，对范蠡说："先生说得有理，如能与齐、晋会盟，自然再好不过。楚国帮了越国不少忙，你和文种大夫又都是楚人，淮上之地送给楚国也在情理之中。"

范蠡听勾践似乎话里有话，便辩解说："大王请别误会，我和文种大夫早已把自己当成越国人，一切都只为越国着想。"

"先生想到哪里去了。"勾践打断了范蠡的话，拍拍范蠡的肩膀，动情地说："先生和文种是孤的左膀右臂，要是没有你们倾力辅佐，越国恐怕早已亡国，哪有孤的今日。孤早就想过，等灭了吴国，孤要将国土分与你等共治。"

"承蒙大王厚爱，臣愧不敢当。臣本是布衣，是大王让臣做了越国的大夫，为大王尽忠是臣的本分。"范蠡不想过多表白，就转换话题说："臣还有一事请奏大王，当年吴国得到周王室的赐胙，成为侯国。如今越国既已得了吴国之地，何不借机向周王纳贡，也要求赐胙呢？"

"好，好，这个建议好！孤虽是大禹的后人，然越国地处中原之外，一直不敢求周王赐胙。如今要求赐胙应该也不算过分，你说周王会同意吗？"范蠡的建议正合勾践的心意，但勾践还是有点吃不准。

范蠡劝道："大王，越国今非昔比，已不再是吴国的附庸，而是名副其实的诸侯国。不管周王是否赐胙，越国向周天子纳贡也是应该的。"

"那就依你说的办。"越王勾践欣然采纳了这个建议，命人准备贡品向周王室纳贡。

范蠡想到越王要他操办会盟之事，于是问："大王，您看在哪里会盟比较合适？"

"依先生之见，选定哪里为好？"勾践反问范蠡。

范蠡想了想，说："臣认为在三国交会之处比较合适，比如徐州（今山东滕州），大王也可乘机巡视吴地，北渡淮河便可到徐州。"

"好，就按先生说的办。"勾践痛快地答应。

越王勾践分别派大夫给齐、晋两国国君送去国书，邀他们在徐州会盟，又派人前往周边各国邀请各国国君参加会盟。得到齐、晋两国同意结盟的回复后，勾践便由范蠡陪同，亲率越军渡过淮河，前往徐州。

齐平公、晋出公也到达徐州，宋景公、楚惠王、鲁哀公也应邀前来参会。越王勾践与各位国君是初次见面，大家以礼相见，甚是客气。以前吴国是霸主，此次越国一举灭掉吴国，使齐平公、晋出公和其他国君对越国刮目相看。又见越军军容齐整，武器精良，可知打败吴国绝非侥幸，因此对越王勾践很是尊敬。

随后几日，越王勾践相继和宋景公、楚惠王、鲁哀公达成友好协议，退回以前吴国侵占他们的土地，又割让淮上之地送给楚国，将泗水东岸之地给鲁国。

齐平公、晋出公推越国为新的霸主国，其他各国也都承认越王勾践为霸主，越军在长江和淮水以东可以畅行无阻。勾践推辞一番后接受了盟主之位，随后举行隆重的仪式。周元王也派人向勾践赐胙，任命他为"越伯"。

此时的勾践可谓春风得意,他尝到了当霸主的滋味,风光无限,感慨地对范蠡说:"孤有爱卿,如齐桓公之有管仲,孤要与你共治越国。"

"臣怎敢与管仲相比,大王过奖了,臣愧不敢当。"范蠡略显惶恐地说。

"不是你不能和管仲比,而是孤不能和齐桓公比。不提这个了,回国后,孤要重重赏你。"

随齐平公一同前来的齐相田常,与范蠡是旧识。五年前范蠡访齐时,两人相谈甚欢,交情甚笃,后来发展到称兄道弟。在徐州再度重逢,两人都很高兴。但由于各随其主,会盟时两人只是礼节性地问候一番。

仪式结束后,田常邀范蠡晚上一聚,范蠡也正想见他,便欣然同意。两人见面后,田常首先向范蠡贺喜:"越国此次一举灭吴,范兄劳苦功高,我敬范兄一杯。"

范蠡也举杯说:"贤弟谬赞了,若没有齐国和贤弟的支持,越国灭吴岂能如此顺利,该为兄敬贤弟一杯才是。"

两人相视大笑,一饮而尽。放下杯子,田常对范蠡说:"范兄如今贵为大将军,在越国是一人之下、万人之上的尊贵,不知以后有何打算?"

范蠡笑了笑,说:"想来贤弟一定听过飞鸟尽、良弓藏的老话。如今既已协助越王灭了吴国,也算对得起越王的知遇之恩了,我想就此辞官谢恩。"

田常听了很纳闷,疑惑地问:"范兄何出此言?越王刚刚称霸,正需范兄大力辅佐,况且越王对范兄甚是倚重,范兄应借机大展手脚才是。"

范蠡笑着摇摇头,说:"以前越国弱小,遭吴欺辱,我有心助越王一臂之力,也验证精进了自己的治国之道。如今越国已强大,不再需我相助了。再说,我本就不喜为官,还是做个闲游散人更自在。"

"这未免太可惜了。万人景仰的上将军不做,为什么偏钟情于做个乡野村夫呢？"田常百思不得其解。

范蠡就对他说了几句真心话："以前越王一心灭吴，只要事关灭吴，必不遗余力，所以我做事也尽心尽情。如今吴国已灭，越王做了霸主，心思必将转向别处，自然不可同日而语。所以不如早点离去，以免他日自取其祸。"

田常摇摇头说："范兄此举颇有高蹈之风，但就此归去未免可惜。你于国于君立下这么大的功劳，越王给你多少奖赏都不为过。怎么会降祸于你呢？"

范蠡笑笑，说："功劳太大了不一定是好事，贤弟可曾听过功高盖主之人的下场？所谓盛极必衰，物极必反，做人也应见好就收。再说，当初我帮越国，本就不为做官，但求做事。如今事已成，又何必贪恋权位、自取其祸呢！"

"既然如此，小弟就不再多劝了，他日范兄如来齐国，弟一定竭诚以待，你我知己执手叙谈，一醉方休。"

"一言为定。"范蠡拱手答道。

"今天你我难得相聚，定要尽兴而归。来，范兄，小弟再敬你一杯。"田常举杯说。范蠡也举杯应道："好，干杯。"田常又唤上随行的乐工和舞姬，和范蠡在乐舞中尽兴畅饮。

三天后，越王与各国国君一一道别，班师回越。范蠡的人生就此转入了另一个阶段……

第七章 急流勇退泛舟去

1. 西施迷踪

　　如今吴王夫差已逝,在活着的吴宫女子中却不见西施。西施到底怎样了?吴王为西施修建的馆娃宫在六年前就被越兵付之一炬,化为灰烬。那时候,范蠡接到消息,西施还在馆娃宫内,只是守护西施寝宫的吴宫侍卫乃是夫差亲自挑选,很难在不惊动他们的情况下安全接回西施。

　　在越军围困吴都的第二年,范蠡即让郑旦之弟郑铎带领他手下的精干士卒潜入城中,打探西施的消息。几天后,郑铎回禀,只听说西施随吴王上了姑苏山。范蠡眺望姑苏城,再望姑苏山,怅然不已。

　　公元前478年,笠泽之战刚打完,范蠡从姑苏回到越城会稽。刚入城中,就听文种府上的人来传话,说文夫人请范大夫过府,有事相商。

　　范蠡满心疑惑,文夫人从不与自己议事,毕竟男女有别,莫非有什么不想让文大夫知道的私事?难道说文大夫找到西施了?

　　当范蠡跨进文府大门时,首先见到的不是文夫人,更不是西施,而是百里宛玉。

　　宛玉突然出现,范蠡很是惊喜。前几年,从使者带回的消息中得知宛玉在吴国一切均好,但听闻总不如见面。后来,伍子胥被赐死,文种又把宛玉派到吴宫中,夫差大败后,文种才悄悄把宛玉接了回来。

　　这时,文夫人从内屋出来,说:"范先生,可认识这位姑娘?她已经等你好一段时间了。"

"多谢文夫人接引，不过宛玉，你怎么不早跟我联系呢？多年不见，如今长成大姑娘了。"范蠡先谢过文夫人，又笑着对宛玉说道。

"范先生，我若不来找你，恐怕你永远也想不起来我吧。"百里宛玉娇嗔道。

文夫人接过话茬，说："范先生怎么可能忘了你，你可是百里良将军的独生女儿。将军把你托付给范先生，范先生又是极重承诺之人，定会竭力护你周全。"

文夫人这几句话倒提醒了范蠡。范蠡比宛玉大十三岁，但他始终不明白，百里良老将军为何要将他的独女托付给自己。

范蠡难为情地笑笑，说："不瞒文夫人，范蠡时常想起将军，也一直挂念着宛玉姑娘。只是说来惭愧，这些年一心筹划助越灭吴，很多事都疏忽了，望宛玉姑娘见谅，今后我定会好好照顾你。不然，你我结为异姓兄妹如何？"

宛玉的脸唰的一下变红了，她说道："谁怪罪你了？谁要你照顾？"说完，转身跑开。

文夫人见状，叹了口气，坐在范蠡对面，说道："范先生，你可真糊涂。百里将军当初不只是请你关照宛玉，他是将宛玉的终身托付给你。你已年至不惑，该不会没有想过这个问题吧？"

范蠡何尝没有想过这个问题，只是他等待的人并非百里宛玉。

文夫人知道范蠡有难言之隐，只得把百里良、计然与范蠡父亲的关系挑明，将前因后果细说一遍。"当初计然大师与百里良将军是故交，你父亲救下计然大师后不幸丧命，他才在你家附近建屋造田，誓要把你兄弟培养成才。你长大后，他来到越国，又推荐好友百里良来越，并将你的事情告知百里良将军。待你来到越国后，百里良就已将你定为他的未来女婿。"

范蠡这才恍然大悟，可百里良将军生前从未提起过这些事，他为难地对文夫人说："我带领的少年军中有不少青年才俊，年龄也与宛玉相当，不如文夫人为宛玉选出一个……"

"范先生——"文夫人打断范蠡，说，"难道你还没看出来吗，宛玉早已心系于你，非你不嫁了！"

范蠡目瞪口呆，急忙问："这可如何是好？"

"依我之见，你还是先娶了宛玉——"文夫人见范蠡要反驳，抬手制止，望了望四周，让使女们都退下后又去探查了门窗四周，才又坐回来，低声对范蠡说道，"你与西施的事，我与文大夫心里有数，但不瞒你说，越王怕也动了心思。"

"什么——"范蠡大惊，不由得提高了嗓音。

文夫人皱皱眉，示意他小声说话："我与王后同是楚人，有时她召我到宫里聊天解闷，大部分时间是说楚国的吃穿住用和风俗习惯，只有一次，王后谈到了越王这些年卧薪尝胆，极为辛苦，如今国势扭转，她想召几位年轻女子侍奉越王，但越王一口拒绝了。"文夫人说到这里，看了一眼范蠡，接着说，"我们的越王不甘落于吴王之后，他也想要西施陪侍。"

范蠡听完大脑一片空白，无法思考。文夫人看他面如土色，自觉有些言重，于是安慰他说："不过越王也有顾虑，因为有人传言西施是不祥之人。只是无论如何，你是复国功臣，而西施毕竟是侍奉过吴王的。越国虽不像中原那么讲究礼仪，但她若做你的正妻，恐怕……"说到这里，文夫人顿了一下，换了副语气接着说，"可宛玉就不同了，她没有这些往事纠缠，又清清白白，家世也和你相配……"

文夫人苦口婆心地劝说，范蠡却一直恍神，只听得一句："此事就先这么定了，宛玉父母俱已不在，礼节方面就从简吧。"

范蠡几乎来不及反驳，就被文夫人送客出门。很快，随从找到他，告诉他勾践召他议事。他本能地走向越王宫，走着走着，忽然醒悟，接着在心中嘲笑起自己来，自以为是布局者，引导勾践一步步成为贤明君主，把夫差一步步引入困境，自以为胸中韬略在越国得到充分展现，殊不知自己其实卑微如尘，失去了最宝贵的情感和年华，空耗了半生的心血，却很可能是徒劳无功。

"值得吗？"范蠡自问。他不知道，他唯一确定的是，在事情结束前，他无法抽身。而事情结束后，他还能见到西施吗？一切都充满了变数……

而被困姑苏城内的西施心里牵挂着夫差，她隐隐预感到夫差败局已定，正因如此，她心里才更加煎熬。倘若有一天夫差知晓一切真相，西施不敢想下去，她想逃离，回到家乡去，回到若耶溪畔，每日浣纱、洗衣，再不去关注国运、战争、吴越、胜负。

不知道什么时候，那个立志要为越国上战场的小姑娘已经不见了，那个在若耶溪畔吟唱着国仇家恨的小女子也不见了。若说她为夫差做过些什么，那就是她磨掉了心里那份对吴国的仇恨。她清楚地知道，越人胜利的那一刻，同样会向吴人举起屠刀，同样会烧杀抢掠，在越国人眼中，这是复仇，但它何尝不是"胜者为王，败者为寇"的又一次重演？

她轻叹一声，仰望月亮，月光清冷而无瑕，"月出皎兮，佼人僚兮。舒窈纠兮，劳心悄兮。"范蠡曾经深情地为她吟诵这首《月出》，很多时候，是月亮陪着她度过一个又一个不眠之夜。如今看着月亮，又情不自禁想起了范蠡。

十年不见了，她记忆里的范蠡还是那个儒雅谦逊的青年，大概在范蠡的心中，她也还是那个温柔窈窕的溪边少女吧。可实际上，她已经变了，她相信范蠡也和她记忆中的不一样了。时间改变了两人的命运，在这场乱局中，她原本相信范蠡是布局者，可时过境迁，她忽然明白，所有人都是局中人，被时代的乱流裹挟向前。

突然，外面传来喧闹声，接着是士卒的厮杀声。西施知道，这一天终于来了，可她没有丝毫的高兴和期待。人是多么矛盾啊，她当初舍下范蠡入吴宫，不就是为了这一天吗？况且她也做了足够的心理准备，可是当看着远处姑苏城的火光在黑夜里闪现，她的心却仿佛在油锅上煎熬，她最不愿面对的越人对吴人的屠杀开始了。越军急于洗刷以前的灭国之耻，他们要用吴人的鲜血洗尽国耻。

喊杀声越来越近，西施举着烛台，缓缓走向窗口。许久，越兵也没有冲上来，只听得见声音，却见不到人影。远处的石城已经火光冲天，更远处的姑苏城也有几处火光闪现，这馆娃宫也快厄运当头了。

"着火了，着火了，快救火啊！"突然，外面的宫女侍从大叫起来。西施的两名侍女——小冼、司琴从睡梦中起身，发现西施端着烛台站在窗边，像是什么事也没有发生似的，用极为平静的语气说道："你们别去了，这火你们救不了的。"话音刚落，几名侍卫跑进来，说外面情况危险，要把西施带到安全的地方。小冼、司琴护着西施随侍卫往外跑。他们一路逃出了馆娃宫，待回头看时，馆娃宫已被火海吞没。

火势渐渐蔓延开来，姑苏台也烧起来了。小冼、司琴又照顾西施随侍卫一直往山下城内撤。那里越兵的叫喊声渐渐平息，等到他们下山来时，大部分越兵已经撤离，只有熊熊大火还在燃烧。王宫被烧去了一半，侍卫们只得让西施暂住到一间残存的偏殿里，一日三餐都派人送来。西施细问，才知道这一队侍卫的首领就是当初救下西施和郑旦的馆娃宫花园园丁。夫差给这一队侍卫下过死命令，他们的唯一任务就是守护西施，保证她的安全。侍卫队有夫差赐予的特殊令牌，只听命于夫差。

足足半年后，夫差才一身疲惫地回到姑苏城。他身穿铠甲，腰悬宝剑，没有戴头盔，灰白的长发束在一起垂落在身后，心神恍惚地走向安阳宫。看到残存的宫殿，看着身边仅有的几员大将，想到他的儿子被勾践活捉杀害，他希望自己只是做了一个噩梦。他几乎不敢相信这是事实，他不是刚刚当上霸主吗，怎么转眼就沦落到国破家亡的境地？他不相信。

他挥手让臣子们退下，一个人坐在大殿的台阶上，眼前浮现出当年勾践跪在自己脚下，奴才般唯唯诺诺、可怜巴巴的样子。回想起自己在黄池无比荣耀地坐在盟主的高座上，晋定公、齐简公、鲁哀公脸上不时露出惊惧的表情；想到自己手持长戟，在疆场上往来驰骋、无人抵挡、威武不凡的样子……想到这些，夫差微微咧嘴，露出一丝苦笑。接着眼前又浮现出孙武、伍子胥、太子友各自不同的容貌。突然，范蠡的脸闯入他的脑海，夫差睁大眼睛，发出一声长长的叹息。再接着，他想到了西施，思绪在此中断了。夫差闭起眼，脸部痛苦地抽搐着。随后，他下令四处打探西施的下落。

夫差不愿把失败的屈辱归结到西施的身上，他此刻只是担心爱妾的安全。他清楚在吴国有多少人痛恨西施，尤其是在这个时候。西施从没有要求过他什么，姑苏台是他要修的，馆娃宫也是他下令建的，他把无数珍奇财宝捧到西施面前，西施从来不多看一眼。在他眼里，西施远胜这世间的其他女子。他拼命靠近她，取悦她，呵护她，但总觉得离她很遥远。可即便如此，他仍希望有西施陪在身边，仿佛只要有她在，他的心就永远是安宁的。

西施走进院中，看到夫差孤零零地坐在大殿台阶上，心中有无数不忍。回想她第一次见到他的情形，也是在这大殿里，那个时候，她感到夫差的阳刚之气充斥整个宫殿，他眼中的两道光芒直直地射向她。人是无法回避炽烈爱意的，西施曾这样想。一年年过去，她已不再年轻，可夫差看她的眼神一如既往地充满激情、热力和期盼，而她总是有意淡漠地躲避着，因为她不知道夫差对她的爱源自哪里，她的美貌吗？似乎不是，至少不全是。

如今夫差败回，那种张扬霸道的英勇之气骤减，却更亲近了。夫差听到脚步声，一抬头看见西施正走过来，然后坐到自己身边。他嘴唇动了动，却不知道说些什么。

西施不说话，就这样陪他坐着。不知过了多久，夫差突然开口道："爱妾，孤还能重整旗鼓，东山再起吗？"

西施抿抿嘴，说道："军情大事，妾不知道。但妾会陪着大王，生死在一起。"

夫差眼皮跳了一下，故作镇静地问："你——不想回到范蠡身边吗？"

西施惊讶地看着夫差，早年间她倾心于范蠡的传言曾经让夫差大闹一场，可后来两人和好后，谁都没有再重提此事。如今夫差这样问，竟让西施心中一紧。

夫差叹了口气，笑道："孤又不傻，难道你一句'都是流言蜚语'就真的能说服孤吗？放眼越国，除了范蠡，没人能配得上你。只不过孤当时觉得，孤比范蠡更好，总能赢得你的心。一个连心爱之人都保护不了的人，说实话，孤瞧不上，所以孤没把他放在眼里。如今时移世易，连老天爷都要惩罚孤，孤或许保护不了你了。"

西施握住夫差的手，他的手心满是茧子。她笑道："世人都说我魅惑大王，其实是小看大王了。这么多年，大王练剑不辍，熟读兵书。当真有一天，大王保护不了我，那天下就没有能保护我的人了。"

夫差看着西施，猛地站起来，抽出腰中长剑，指向大殿正门，说道："好，为了保护爱妾，孤也要再与越王拼杀一场。"

然而，上天没有再给夫差机会。吴国早已人心涣散，财库空乏，而夫差向来不懂理政生财之道。更雪上加霜的是，楚国这个旧日宿敌，看到吴国衰落，也趁势攻打吴国。夫差带领吴军和楚国打了几场硬仗，最后却因为士气低落和粮草供给不足而败下阵来。和楚国作战后没有多久，越国又发起战争。夫差被迫应战，在笠泽大败，不得不退回姑苏城死守。

夫差到底还是绝望了，当他后来退守姑苏山时，西施陪他上了山。在这期间，范蠡不停地派人寻找西施的下落，后来姑苏城破、夫差自杀后，范蠡又派人在山上山下、城内城外搜了个遍，根本没有西施的踪影。

范蠡找来搜山的军士询问情况，据他讲，审问了随夫差上山的所有侍从、妃妾、宫女，他们都断定西施没有上山，如果上了山，两年期间，不可能这么多人都见不到她。范蠡又找来搜城的军士询问，情况一下子复杂起来。负责搜城的人叫陈光，他是美女陈娟的哥哥，因为他与西施早就相识，所以搜城时特别留意西施的下落。他们五百多人搜城，活着的、死了的都要查看，甚至被残垣断壁掩埋了的尸体也要挖出来登记,可是根本没有发现西施。但他提供了一个重要信息,在他们进城前,城内早有越王的亲兵,即被称为君子兵的部队在活动。

范蠡心下猜测,西施在姑苏城破前夕就已不在城内了,且与君子兵有关系。君子兵由两部分人组成,一是越王原来豢养的死士,二是少年军中的部分精英,而能直接调动君子兵的只有越王及王后。范蠡猛然感到,事态不仅复杂还变得严重了。

2. 功成身退

越王勾践北上立盟成为霸主,回来后先在姑苏城巡视了一番。半年多了,姑苏城还是一片荒凉,到处是残垣断壁,满目疮痍。他来到吴王宫,尽管很多宫殿都被烧毁烧残,但相比越王宫的简朴,吴王宫残存的奢华仍让勾践感慨万千。他立即想到了迁都。巡视后,越王在姑苏举行了盛大的庆功仪式。

这是一个不寻常的夜晚。吴宫灯火通明,欢声雷动。越国君臣、军民正在举行盛大宴会。他们庆祝越军北伐中原大捷,庆贺齐、晋、宋、鲁、楚诸国尊越为霸,庆贺周天子封勾践为"东方之伯"。

这场宴会的主角勾践端坐北面,右边坐着王后芈季爱,左边坐着王子鼫与、兴夷,身后坐着或站着王女、贵人、侍人、君子兵等。文种、范蠡、若成、皓进、皋如等大臣和水陆师将军依次坐在东、西两边。每人面前的几案上摆满了佳肴、陈酿、水果、食品,一应俱全。

庆贺仪式庄重复杂。勾践祭天、祭地、祭祖宗、祭死去将士,王后祝酒,王子祝酒,大臣祝酒,将军祝酒,各国使者敬酒,周天子特使敬酒,百姓老者敬酒……祝敬一次,众人欢呼大王英明、大王万寿一次。

越王封文种为上大夫,相当于左相国,赏黄金千镒;封范蠡为上大夫,相当于右相国及大将军,赏黄金千镒。其他有功大臣、将军皆一一受封得赏。

宴席上,有大臣提出,大喜之时,应有音乐助兴,勾践便命乐师即兴创作讨伐吴国的歌曲。乐师为讨得勾践欢心，誉美颂功，出口成章，即兴唱起《表功曲》：

　　　　吾王勾践有神威，霸业巍巍惊天地。
　　　　赏无所吝罚不违，君臣同乐酒如水。

乐师唱罢，上大夫文种应声而和，唱道：

　　　　吴杀功臣伍子胥，今不伐吴待何期？

群臣兴奋激动地应和着，朝着大王、王后、王子笑着。但勾践的笑颜须臾即逝。文种唱罢，举杯向勾践祝酒，吟唱的一段祝酒词，也十分动听：

　　　　天皇保佑帮助啊，我王受福上苍。
　　　　良臣集体策谋啊，我王功德无量。
　　　　宗庙祖先辅政啊，鬼神一齐帮忙。
　　　　国君不忘臣下啊，臣下竭尽全力。
　　　　我王丰功伟绩啊，苍天不可掩盖。
　　　　酒杯两次举起啊，我王福寿无疆。

群臣听罢，纷纷竖起大拇指，盛赞文种才华横溢，思维敏捷，出口成章。他的祝酒词，句句动听，不料勾践高坐席上，还是一言不发，脸色越发黯淡。文种以为是自己的颂辞不能让勾践满意，便调动才情，接着热情颂道：

　　　　我王贤能仁慈啊，道德高尚无比。
　　　　消灭仇敌吴国啊，未忘返回故乡。

赏赐毫不吝惜啊,邪恶皆被埋葬。
君臣和睦同心啊,王恩普降万民。
酒杯两次举起啊,我王福寿无疆。

前一段祝辞是歌颂勾践的丰功伟绩,后一段祝词是赞美勾践的普降恩德。文种的祝词令群臣叹服,他们个个喜笑颜开,但勾践仍是满脸冰霜,找不到一丝喜色。

勾践一脸阴沉,把文种和群臣弄得满头雾水,只有范蠡心里明白君王勾践为何不悦。他含笑注视着推杯换盏的人们,心中涌起一种很奇怪的感觉,仿佛眼前这一切都不是真实的,那些欢声笑语似乎近在耳边,却又那么缥缈,无法直达他的心灵。

夜幕降临时,城内点起了早已准备好的篝火,全城的民众和士兵一起围着篝火载歌载舞,彻夜狂欢。

这一夜,范蠡没有回住所,他径直到了水师驻地,悄悄找到百里良将军的老部下山阳……

过了几日,范蠡到会稽抽空拜访了文种。文种听说范蠡前来拜访,非常高兴,亲自到门口迎接。自范蠡回来后,两人还未曾有机会详谈。范蠡率军攻打吴国期间,全靠文种在后方大力支援,保证越军粮草、军备的供应。因此范蠡见到文种,首先表达了谢意。

文种连忙摆手说:"这本来就是我分内的事。贤弟智勇双全,打败夫差,灭掉吴国,说起来应该为兄谢你才对。"

两人相视而笑,一同往厅堂走去。落座后,两人又闲谈了几句。文种有话问范蠡,便让旁人退去,然后轻声问道:"贤弟,听说夫差的嫔妃都被沉江处置,这是为何?"

范蠡沉吟片刻,如实相告:"将她们沉江是王后的意思,一是怕她们怀有夫差的遗腹子,要是生下一男半女,总是后患;二是不想让越王知道西施的下落。"

"那你有西施的消息吗?"文种担心地问。

"沉江者中没有西施,想必她还活着。"范蠡的眼里闪烁着光芒,"我会找到她的。"

文种点点头,又叹了口气,说道:"西施要找,家也要顾。你既娶了宛玉,就要好好对她,否则对不起死去的百里将军。"

范蠡点头。他在文夫人的安排下娶了百里宛玉,在新婚前夜,他特意找到宛玉,说了西施的事情。没想到宛玉早知道事情始末,并且在吴王宫里与西施有过一面之缘。她表示,范蠡尽可去寻找西施,找到后也可把西施接回府中。范蠡这才迎娶她。他从文夫人那里得知,早在吴国为奴时,宛玉就已经对他一片痴心。他不能推脱,不好推脱,也无法推脱。

"少伯,是不是还有别的心事?"文种眼神锐利,问道。

范蠡问文种:"子禽兄,如今我们打败吴国,今后你有何打算呢?"

文种不知范蠡是何用意,疑惑地问:"现在越国吞并了吴国,一下子多了那么多地方,还怕无事可做吗?"

范蠡摇了摇头说:"子禽兄不见庆功宴上,当越王说要把越国分给我们时,那班大夫、国戚的脸色吗?他们怎能与我们共享天下?再说,吴国是块肥肉,越国岂能独吞?将来越、楚两虎相争,我们夹在中间,更添为难。"

文种闻言紧皱眉头,想了想对范蠡说:"难怪我这几天去见大王时,他神色异样。那依贤弟之见,接下来我们该怎么办?"

"子禽兄当年立志冒死辅佐越王时,是为了吴国之地吗?"范蠡试探着问文种。

文种看了一眼范蠡,说:"那种情况下,怎容得左思右想?当时只想身为越国之臣,自当为越国尽力,绝无任何非分之想。"

"那就好办了,"范蠡似有把握地说,"弟仅有三个字:走为上。"

文种缓缓点点头,对范蠡说:"贤弟说得对,但为兄年老体衰,无力再为他国效力,况且忠心事越多年,现在若要离去,心中多有不舍,还是听天由命吧。"范蠡闻言,不便再劝退,闲谈一阵后,便起身告辞了。

越王自吴国回来后，范蠡便去拜见越王。

"什么，爱卿要辞去大将军之职？这是为何？"勾践大惊，连声问范蠡。范蠡平静地说："大王如今功成名就，越国国富民旺，臣想在余生之年把计然之策用在家业上，为子孙积下一份产业。"

"爱卿想要产业，尽可说话。"勾践说道，"是孤考虑不周。吴、越两地，爱卿想要土地、山河、人口，只需言明，孤立刻让君子兵着手去办。"

范蠡刚要推辞，勾践又拉住范蠡的手说："孤赖先生之劳，才有今日；越国百姓赖先生之功，始人旺谷丰。孤正欲图报，先生为何要弃孤而去呢？收回奏简吧！"勾践言之切，情之殷，留之诚，令人感动！

范蠡迟疑片刻后，一脸坚定地说："主辱臣忧，主忧臣死。昔年大王受会稽之辱，范蠡本该就死，当时不肯死，是为了留有用之躯替大王雪耻，如今大仇已报，应请大王赐死，哪有功劳可言？"

勾践含泪挽留说："爱卿，你走了叫孤靠谁呢？"

"大王，只要大王有心纳贤，越国定不缺栋梁之材。"范蠡回答。

勾践闻言，再三挽留道："爱卿若执意要走，孤将杀掉汝妻及家人。"

范蠡依然坚定不移地说："臣闻君子顺势而为，有计不急于成功，死后不被人猜疑，内心也不自欺。今离越出走，我妻儿何罪之有？"范蠡言辞切切，去意已决。

临行之际，他心中仍然惦念着曾经和他一起出生入死的恩师兼益友文种，他真希望文种能看透这一切世事。于是，在离开的前一刻，范蠡派人给文种送去一封书简。文种展开阅后，大惊失色。只见其中写道："子禽，吾之良师益友，见函如斯，此时吾已踏上离越之行。子善图始，蠡能虑终。吾闻天有四时，春生冬伐；人有盛衰，泰极否来。知进退存亡，不失其正。人无远虑，必有近忧。蠡虽不才，尚知进退之机。高鸟已散，良弓将藏；狡兔已尽，良犬将烹。越王为人，长颈鸟喙，鹰视狼步,可与共患难,而不可共欢乐;可与履危赴汤,不可与居安共福。子待何不去?望三思,切切此言。恕蠡不辞而别。"

五年后,越王勾践在新都琅琊召文种问伐楚之计,文种默然,后回到姑苏称病不朝。越王的左右近臣向勾践进谗言道:"大王,文种自认为功高盖世,却不能与大王共享江山,心中不满;今日令他筹谋伐楚,他又一再推脱,似有反心。"勾践深知文种的才干,觉得楚国是吴国手下败将,而吴国又是越国的手下败将,以越伐楚,轻举可得,文种不出计,显然与楚有共谋。他更害怕文种有朝一日作乱,无人能制,所以心中认定群臣这么说言之有理。

勾践复召文种,说道:"上大夫,当初孤靠你的九术之策得以复国,孤始终不忘旧情,可你也要记得,你在我越国,就该对我越国忠心不二。如今越要伐楚,你腹有良谋却缄口不言,与背叛何异!"

文种伏地跪拜,口喊冤枉,勾践一把掷下属镂剑,说道:"上大夫若真对越国忠心,就到地下侍奉老越王吧,去向他谈你的治国九术吧。"

果不出范蠡所料,这一天终于来了。文种持剑仰天长叹道:"吾闻大恩不报,大功不还,难道就是说眼下诸事吗?老夫后悔不随范蠡之谋,果为越王所戮。我不听善言,纵人以恶。后世之人,尤其忠臣良将务必以我之教训为诫啊!"仰天长叹后,文种伏剑而死。这一把属镂剑,昔为伍子胥、夫差自刎之剑,今为文种自刎之剑。事后,越王葬文种于国之西山,又名重山,后改名种山。

3. 初泛江湖

范蠡那一天拜辞了越王后,回到家里便跟夫人百里宛玉商议。"我想离开越国。"范蠡直白地说。"离开越国?去哪里,是吴国吗?"夫人以为越王派范蠡去吴国。"不是,我想辞去越国的所有官职,一家人离开越国。"宛玉闻言大吃一惊,睁大了眼睛看着范蠡,说:"什么,你要去职离国,为什么?是不是发生什么事了?"

夫人的反应早在范蠡的意料之中，为了解开夫人的疑团，他轻声说："以前，越王在吴国受了很多苦，所以回来后一心想着灭吴报仇。担心自己忘了所受的苦，他还每日尝苦胆提醒自己，而且每日起早摸黑地劳作，生活十分艰苦。当时只要是有利于灭吴之事，他无不采纳，而且十年如一日，这种意志和毅力实非常人所及。他让文种主管内政，让我主管军务，而且放手让我们做，这不是一般君主能做到的，也是我愿尽心为他做事的原因。如今吴国已灭，越王心事已了，他不会允许我再掌军权，必派人接管，到那时，也许就是我们大祸临头的时候。"

宛玉打了个寒战，但有些不信，问："先生对越王这么忠心，又立了那么大的功劳，怎么会降祸于你呢？"

"正是因为功劳太大，才会招来祸害。越王表面有丈夫气度，其实心胸狭隘。将士们都认为是我灭了吴国，以我在军中的威信，大有一呼百应之势，连他都要忌惮三分。越王现在没有借口收回我的兵符，一旦有了合适的时机，我就成了待宰羔羊，想走也走不了了。"

"那我们现在怎么办？"百里宛玉急迫地问。

"泛舟五湖。"范蠡只说了四个字。

宛玉更加惊讶，连忙否决："不行。在越王的眼皮底下，他怎会找不到你我踪迹？再说，灭吴是你与文大夫出计，与吴人结下仇怨，他们怎能轻易放过你？"

"夫人放心，吴国的百姓没几人认识我，再说，五湖之大，要寻我如大海捞针一般。"范蠡为何选择在太湖隐遁呢？他给百里宛玉的理由是，太湖物产丰富，可保温饱无虞；太湖水路四通八达，可随心所欲通往任意之处；太湖景色优美，变幻无穷，可以陶冶性情，修养品行。当然还有一个不为外人道的理由，那就是寻觅西施的踪迹。他坚信她还活着，他要想办法找到她。

一日傍晚，轻雾初降，夜色朦胧。三条船从军港固陵关悄悄启程。为了迷惑守关的士卒，船行了两三里后又沿途返回，船上的二十几人换上一条大船继续北行。

这一切都是百里良将军的旧日下属山阳预备好的。按范蠡要求，他准备了快船，雇佣七八名可靠的上等摇桨手和舵手，预定时间和地点，装好财物等候。临别，范蠡坦诚地对山阳说："不才已向越王辞去上大夫和大将军之职，复为一介草民。此番离开越国，请山阳兄保守秘密，好自珍重。"

山阳听后，在惊讶之余，执意要追随范蠡而去："不管先生为民为官，小的都愿跟随先生左右。"

范蠡道："你正当青春，该为国效力，有所作为。若有一日再相遇，便是我们缘分未了，那时再相聚。"山阳下跪而拜："大将军保重，一帆风顺！"

当范蠡的船驶入太湖时，已是第三天的早晨。太阳出来后，茫茫太湖，金光闪耀。

太湖，名震泽，又名五湖。东西二百里，南北一百二十里，中有七十二峰，其中最大的是洞庭西山。因它东通长洲松江和嘉兴韭溪，南通乌程雪溪，西通宜兴荆溪，北通晋陵滆湖，有五道溪流汇集于此，故名五湖。

太湖东北岸是沃野平畴，鱼池、田园随处可见，是江南鱼米之乡的风光；太湖北岸是惠山，紧连湖西十八湾；太湖南岸，群峰叠翠，充山、鹿顶山、宝界山、嶂山连绵数十里，是太湖的天然屏障。

范蠡仗剑走出船舱，眼望浩渺无垠的湖面，心潮澎湃，不觉吟道：

> 三山纵横一镜中，
> 雾锁银盘浸芙蓉。
> 何人胸贮三万顷，
> 我欲身游七二峰。

这时，岸上一匹快马从远处飞奔而来。来人大声喊道："大将军，大将军，请留步！"原来是陈光追上来了。他告诉范蠡：越王得知大将军要离开越国,已派君子兵追赶,但被他蒙哄过去,难保不会再追来,所以请将军隐姓埋名而行。另外,听说有人在这一带见过西施,不知是否确切,请将军留意。"

范蠡谢过陈光,把所有随行的人都叫出来,对他们说:"越国将军已死,朱公今日重生,你们以后都叫我'朱公'。"然后,吩咐郑铎:"让船穿过三山,在鼋头渚靠岸北上。"

在范蠡的随行人员中,有范蠡在越国各地发现的奇人异士,也有从各国慕名前来的贤士,更多的是从楚国前来投奔的同乡宗亲。看着他们,范蠡心情复杂,这些人中真正有大用的并不多,但毕竟跟随了自己这么多年,也帮自己做了不少事情,一朝分开,终究有点不舍。只有郑铎是历经沙场的军人,倘若有人来袭,则完全依赖他了。

范蠡环视着他们,发现大多数人都比初见时苍老了许多,深感岁月无情。这么多人愿意死心塌地跟着他,这是他始料未及的。这些人行动起来是拖累,生活上也是负担。范蠡把夫人宛玉叫来,悄声说:"当务之急是要安排他们的生计,仅靠千余镒黄金恐怕撑不了多久。"

"看样子,先生早有成竹在胸了。"宛玉看着范蠡,眼神中充满信任和爱意。

"五湖东北岸,地势低缓,我们可以结庐而居,以五湖水中的物产和岸上的谷物,足以供给这些人生活。战后到处都在重建,我们就称是避乱而来的外地流民。"范蠡看着夫人,神态平和地说。

宛玉笑道:"先生一向韬略过人,当年越国四五十万人的吃饭问题都能解决,这区区二十余人又怎难得到先生。"

"当初之功得益于计然之策,文种又善于运用发挥,哪是我有什么本事!但我想,计然之策既然可以治国,就一定可以用来治理产业。我只要善加利用,到时候,便可让所有跟随我们的人都过上富足的生活。"

"妾相信先生一定会做到。不过眼前最要紧的是找个地方生火做饭。"

用晚饭时,范蠡的两个儿子范智和范哲跑过来。他们先对范蠡行礼，又挤眉弄眼地对视一下，最后六岁的范智开口问道："父亲，为什么我们要离开越国，跑到这野地里来？"

范蠡捻髯微笑，对范智说："我们来越国是帮助越王完成霸业。现在他的愿望达到了，我们在越国的事情也办完了。"

"越王为什么给我们那么多赏赐呢？"范智又问。

"一个人只要勇敢勤劳，孜孜不倦地做好事，就会得到奖赏。你是不是觉得越王给了我们家那么多的赏赐都是应该的？"

"当然应该了，父亲率军打败吴国，越王给您再多的赏赐都是应该的。"范智不假思索地回答。

范蠡摇摇头，对他说："你不应该这样想。是为父带兵打败吴军不假，但打败吴国的并非我一人。首先是越国的五万多将士，还有像你娘这样的百姓，是他们同心协力打败了吴军。另外，吴王不恤下民，违背天道，只图安逸享受，压榨百姓的血汗，所以他被打败了。你明白吗？"

范智似懂非懂地点点头。范蠡慈爱地摸摸范智的头，又对两个儿子说："如果我们是越国人，也许不会离开。但我们原本是楚人，楚国才是我们的母国。"

"那我们要回楚国去吗？"三岁的范哲问。

"不，我们不回楚国。现在回楚国又算什么呢？"范蠡的神情有些落寞，似乎在回答孩子的问题，又似乎是自言自语。

"孩儿以后要回楚国。"范哲高声说。

"为什么？"一旁的宛玉忍不住问他。

"因为父亲说孩儿是楚人，回到自己的国土，做什么事情都不用怕了。"范哲天真的回答引得大家都笑了。

晚上，月光如洗，映照在澄清如镜的水面上。旷野寂静一片，不远处，山村里微弱的灯火星点闪烁。范蠡临风伫立船头，望着远处银光闪烁的湖面，想起了自己在母国的田园生活，心生感慨，吟道："去国一身轻似水，成功三载重于山。归来只逐太湖水，缥缈沧蒙月一湾。"无论是对楚国，还是对越国，范蠡都满怀深深的眷恋。

第二天，范蠡带领众人伐树砍竹，割芦苇、扎茅草。半月后，太湖北边的缓坡上就立起了六七间草屋。

4. 三个传闻

范蠡一行人在太湖东北面定居下来后，就一边开荒种稻，一边捕鱼捉蟹，日子过得平静安逸。但范蠡还有一桩心事未了：西施到底在哪里？范蠡为了寻找西施的下落，一连几个月，每一天他都在太湖边上暗中寻找西施。

有一天，范蠡从姑苏城的胥门出走至太湖边，见一女子在烧纸祭拜，边祭拜边哭，口中念念有词："夫人，若有来世，就别做这天下第一美人了，安安静静地做一普通女子吧。"范蠡听了心中一动，上前问她祭拜的是谁，女子擦了擦眼泪，低声回答道："西施夫人。"

"你认识西施？你是谁？"范蠡狂喜，可随即又想到她是在祭拜，又心口一凉，"你是说她死了吗？"

原来这女子就是西施的侍女司琴。她告诉范蠡，夫差自从黄池会盟回来，就一直生病，好不容易病情缓解了，又与楚人交战，再后来又与越人打了一仗。西施日夜守护在侧，十分心焦。

夫差笠泽大败，回到姑苏城的那一天，夫差手下的一群将领闯入后宫，嚷嚷着要杀西施，夫差挡住了他们，将他们喝退出去。后来夫差要退到姑苏山，本来安排西施夫人出宫到太仓去避难，他说他在那里有一处别院，少年时曾在那里生活过一段时间，可是夫人不肯，定要陪着夫差。

"她要陪着夫差？"听到这里，范蠡心里一痛，像被人当胸射了一箭。

"是。夫差有意用恶言侮辱她，她不动声色，只回答一句'我不能在这个时候离开大王'。"

"后来呢？"范蠡追问。

"后来，西施夫人拿出一些珠宝，分给我们几人，让我们出宫各寻出路，或回越国，或在吴国找一个安全的地方落脚。"司琴说道，"再后来，我们听闻夫差自杀，想必西施夫人也死了。我们临走时，曾苦劝夫人和我们一起走，夫人却说，她欠吴王太多，无法回报，至少要和吴王死在一起。"

"她这么说？她真的这么说吗？"范蠡绝不相信自己的耳朵，西施和夫差怎么可能生死相依？这是天大的笑话！

范蠡逃也似的离开了，他不相信司琴的话，他需要更多的旁证，他一定要把事情彻底弄清楚。

范蠡再次潜入姑苏城。现在姑苏由水师和君子兵驻守，他找到当年首先进入姑苏城的君子兵头目。这个人为勾践及季爱王后办过不少事情，但因知道勾践的太多事情，灭吴后渐渐被越王冷落，又遭部下排挤，心中充满怨恨。他向范蠡讲了事情的经过：

派人来接西施，是越王勾践的主意，当时越王觉得已稳操胜券，就对夫人季爱说："西施在吴国这十几年来对越国的确忠心一片，若没有她帮忙，吴国就是败，也不会败在越国手里。等到攻陷姑苏城时，派一队君子兵去接西施，务必要把她接到越国来。"

季爱早看透了越王的心思，他不仅要打败夫差，夺回夫差曾霸占的所有东西，还要像吴国当年对待楚国那样，占他们的宫殿，分他们的财宝，收他们的妻妾。她不由冷笑一声，说："这等小事何须大王费心思，您只要吩咐范蠡便可。"

勾践赧然，胡乱找了个借口："范卿正一心奋战，万不可在这个时候因此事分心。"

季爱说："他不可分心，难道大王就可分心？"

勾践沉默，但事后还是悄悄派出一百二十个君子兵潜入姑苏。

君子兵赶到吴宫时，夫差刚上姑苏山，只有几辆马车和两队侍卫护送西施。君子兵与侍从经过一番打斗，将西施夺过来，迅速送回越都。这之后，坊间就再没有关于西施的消息了。

这是一个更令人揪心的说法，可能性很大。范蠡听了，痛悔不已。他想去钱塘江，那里沿岸的百姓多少会有所耳闻。只是在越王的眼皮底下打探，风险太大。

一连几天，范蠡茶饭不思。正当他一筹莫展之时，又有传言传来：西施已重返故里，继续浣纱采桑，过着平淡安稳的日子。

这一说法给了范蠡莫大的安慰和希望。他偷偷去了一次若耶溪畔，在当初与西施谈心的石台上等了三天三夜，却没有见到西施。他在苎萝山附近徘徊了几天，终究感受不到西施的任何气息，只好又返回太湖。

5. 五湖琴音

范蠡心思烦乱，乘船出行，漫无目的地顺着水流而走。眼看到了傍晚，天边彩霞流云，灿烂锦绣，他正想靠岸，忽然听到有琴音从湖中岛飘来。

琴声最初平缓，好似离人互诉别情，极尽幽怨。灵动中掺杂着难以言语的孤寂，琴声忽而高亢激昂，如雄鹰般展翅飞翔，可很快又转入低沉，凄美缠绵，仿佛在诉说咫尺天涯的情怀……

范蠡循声来到一个小岛。登岸沿小径走不多远，便见到一座庭院。花园幽深秀丽，杨柳翠绿，亭台掩映，花影移墙，奇花异草，山石水池，流水淙淙，绿竹猗猗，环境极为雅致。园侧有一竹楼，上面有篆书的匾额，写着"书云轩"三个字。范蠡贸然而入，径缘池转，廊引人随，景色非常怡人。轩内有一白衣女子在专心抚琴，全然没有察觉到这个不速之客。

范蠡见主人如此投入，便站在一旁凝神静听。一曲终了，范蠡只觉余味悠长，他不愿打扰主人的清静，正待默默转身离去时，白衣女子突然说道："先生循着琴音而来，想必是知音之人，为何贸然闯入却又不告而别？"

范蠡回头向白衣女子拱手施礼，道："在下朱公，打扰姑娘雅兴，请问姑娘，方才所弹奏的曲目是——"

"作曲之人将此曲命为'天意'。素女也是最近刚得此曲，虽然弹得还算熟练，但总不如作曲者本人。"

范蠡听白衣女子自称素女，心想，吴、越两国超绝不俗的音律大师总共七人，素女的琴技如此高超，但不在其中，想必是位隐者。只是素女似乎意有所指，可不知她在暗示什么。

"敢问姑娘，作曲者何人？"

素女微微一笑，拨动琴弦，吟道："故国千里兮，十载不得归。一曲哭残霸，何处响屐声。问苍波无语，华发奈山青。小舟从此逝，江海寄余生。"

范蠡曾听说夫差喜欢西施穿木屐跳舞，听到"一曲哭残霸，何处响屐声"这两句，他疑惑又震惊，问："姑娘，莫非这首曲子是施夷光所作？"

素女笑而不答，只是继续弹琴，凄凄然的琴音从素女那芊芊玉手中流泻出来，哀怨婉转，重重叠叠。那伤感的音符压抑了所有的悲伤与寂寥，渐渐在空气中弥漫开来。

"听闻先生一直在寻她，她特将此曲传给我，意在传给你听，借这支曲子，先生应该懂她的意思。"

"她在跟我道别，一直在跟我道别。"范蠡苦笑，"她素来不舍得为难我，可无论如何，分别多年，她总该出来见一见我。"

素女叹息道："相见遗恨不如不见，她希望你回想起她的时候，只记得她是若耶溪畔的浣纱姑娘。你送给她的竹笛她会一直留着，只是她此生再也回不去若耶溪了。"

"若耶溪！"范蠡想起若耶溪，他想起前不久回若耶溪畔，苎萝村还在，那个总模仿西施的东施姑娘也还在，可是西施的芳踪却无处可寻。多年前他所做的接她回若耶溪畔的承诺也终成一场空。

"范先生请回吧，莫要再寻她，想她的时候，就奏此曲。"

范蠡冲素女深深作了个长揖，执着地说道："她执意不肯见面，范某也无能为力,但请姑娘告知我她现在的情况和以后的打算,否则范蠡实难心安。"

素女犹豫了许久后,缓缓说起了当年事。当年越王的君子兵确实在姑苏城破前就将西施掳回,因越王在姑苏城外督战,西施被送到新建的越城。勾践早有纳美人之心,不想越夫人季爱也在越城。她让西施陪她乘凤舟赏明月,以表对西施为国付出的敬意。

西施不知是计,听说越夫人相邀便上了船,当船行到太湖中时,越夫人命人停下凤舟,听西施弹琴。西施在奉命弹琴之际,突然从阴暗处窜出两个君子兵,他们用力把西施推入太湖之中。越夫人命人提灯相照,不见人影,只称西施不小心落水而死,命人返航。越夫人万万没想到,浣纱女出身的西施自幼练就一身好水性,她在混乱之中抓住了手中的琴,随水漂流,过了一会才挣扎着浮出水面。

当她再次苏醒过来的时候,就已躺在这湖中小岛上了,而后才知道是素女救下了她。素女和父亲原是楚国没落贵族,来这小岛隐居多年,以制琴为业。西施起初没有吐露身份,得素女衣食相助,就此住下来,随着素女学制琴。

素女说:"她一开始很安静,几天也说不了一句话,但每当我要到太湖岸边买东西时,她就很热心,要跟着去。听到那些小商贩谈论吴、越两国的消息时,她会停住不走。有一次她听到夫差自杀的消息,当场吐了血。后来她又听闻勾践本有心答应夫差的求和,是范先生阻止了勾践,一连五天五夜没有进食,只些许喝了点水。"

范蠡听到这里,只觉肝肠俱裂,他踉跄后退,嘴里不住地说:"西施恨我!西施恨我!"

他万万想不到,西施会恨他。他当初执意要将夫差置于死地,只是一心想为越国斩草除根,他从来没有想到西施会对夫差动情,从来没有。更残酷的是,就算时间倒流,他还是会坚持杀了夫差,永绝后患。西施聪慧绝顶,自然明白自己为何如此决绝。而眼下,正是这决绝,让西施下决心与他不复相见。

素女看范蠡顷刻间面无血色，像是受到了巨大的打击，安慰他道："范先生不必过于自责。西施说她不怨你，她只是在夫差死后才明白了自己的心。她说，若是当初她没有被勾践掳走，一直待在夫差身边，随他死在一处，或许她此生对谁都不亏欠。不亏欠越国，越国复国了，她完成了使命；也不亏欠你，这些年虽在夫差身边，却没有一日忘记过你；也不亏欠夫差，她以命回报他的情爱，不可谓不重。可偏偏——"

"偏偏天意难违，她现在不能回若耶溪，不能回到你身边，也无法和夫差同穴而眠。她的余生大概都会在痛苦和懊悔中度过。"

范蠡还想说什么，素女及时制止住，说："她现在形容枯槁，早已不是那个明艳绝伦的美人了，所以她绝不会见你。而且——"素女突然顿住不说了。

"而且什么？"范蠡紧盯着素女，"请姑娘直言相告。"

"自从西施知道夫差死后，五天五夜没有进食，她晕厥过去，醒来后就落下心悸的毛病。她怕是不能享常人之寿了。我若带你去见她，说不定她心悸发作，又有性命之忧，倒不如让她在太湖畔安静地度此余生吧。"

范蠡听罢，痛心疾首。他曾心心念念灭吴，以为灭吴后，他就能了却一大心愿，从此和西施一起"江海寄余生"，可万没想到，他竟因为灭吴把西施弄丢了。

天意！老天总是习惯和人开这种哭笑不得的玩笑。家国仇怨、兵戎争霸，不过成就一代英雄的浮名。你范蠡要这些虚名干什么？范蠡啊范蠡，你自称胸有韬略，要一展所长，挑起了一场战争，以弱胜强，你洋洋得意，却没发现赢家从来都不是你。范蠡自嘲着，他想跳入太湖，把自己的灵魂放到太湖水中涤荡一番，重新回到最初的原点。然而任凭是谁，也不能让时光逆流复还……

起风了，雨丝如帘，烟笼寒水，漫天的桃花开始纷飞。这年的桃花开得似乎比往年都淡，淡到近乎月白，却比往年看上去更美。

范蠡呆呆地望着美景，却无心观赏，他收拾了一下自己潮湿的心，登船迎风雨而归。

第八章　惨淡经营富贵乡

1. 围湖养鱼

范蠡——现在应该叫他朱公了——寻西施不得，沮丧地回到自己的村子，又听郑铎说，开垦出来的二十几亩稻田全部被湖水淹了，根本无法下种。

朱公立刻去查看现场，发现湖水已漫过围坝，稻田里至少有七尺深的水，如果湖水不退，要想种稻子是不可能的。原来太湖与江、海相通，春末夏初正是江南多雨季节，江水涨则湖水也涨；夏天海潮涨，湖水也涨。而这个季节正是种稻时节，眼下最直接的解决办法就是加高堤坝，可这是一个多么浩大的工程啊。事关生存大计，朱公决定再难也得做。于是，他把精壮劳力组织起来，日夜奋战，挑土抬石，把围坝增高二尺。

一个多月后，围坝总算高过了湖水，但又出现了新的问题：湖水迟迟不退，稻田里的积水怎么排出去呢。朱公把所有村民全部叫来，希望群策群力解决这一难题。

村民中有个叫儒稚的人自称是篾匠，他早就想造一架手摇水车，只是没机会付诸实践。他的原理很简单，就是在吸水口和出水口各安装一个灵活的转轴，把楠竹劈成近一尺长的竹筒，将许多竹筒用麻绳绑牢，再根据两个转轴的距离结成串，靠手摇转轴带动竹筒不断转动，这样竹筒在吸水口灌满水带到出水口倒出。

"太妙了。"朱公觉得原理可行，便马上开始制作试验。随后又在实地操作中进行了改进：在两轴间加了滑动板，两个转轴改成一大一小。成功后，他们造了四架手摇水车，将稻田的水排到合适深度。时节虽然晚了点，但总算把稻子种下去了。

秋天很快来了，这一年的收成很不好，二十几亩地的收成不到三十石谷子。一连几天，朱公愁眉不展，这样入不敷出的生活只会越来越艰难，该怎么办呢？自己耗尽钱财倒不算什么，但手下这些人怎样生存呢？

朱公想调节一下情绪，便带上长子范智去湖边垂钓。一片迷人的芦苇在秋风中轻轻地摇曳，绵延着，向着远方，连着山，连着云，连着朝阳，通向地平线。神奇的太湖四季景色各不相同，晨暮意境迥然。

"爹爹，为什么每天都有太阳从东边的湖面升起，又到西边落下，东边有很多太阳吗？"范智好奇地问。

朱公这下为难了，不知怎样对儿子讲，想了想回答道："每天从东方升起的都是一个太阳，它升起来，是为了把大地照亮，这是它该干的活，累了就到西边去休息，第二天依然从东边升起来。"

"爹爹，太阳每天都这样，它不觉得闷吗？"

"日子就是这样，劳动也需要这样不断重复，才能得到好结果。"朱公趁机把吃苦耐劳的观念教给儿子。

父子俩正说着话，鱼已经上钩了。朱公连忙起钩，钓起的第一条鱼居然是少有的鳜鱼。他让儿子把鱼放到铜盆里，然后换个地方下钩。这一次钓起的是鲤鱼，大肚红白相间，很漂亮。一个多时辰后，朱公钓了满满一盆鱼。十几年没握鱼竿了，这次既解瘾又获实利。范智也高兴，他特别喜欢那条花色的鲤鱼，坚持要把它喂养起来。宛玉便依儿子所愿，挑了四五条大肚肥头、颜色鲜艳的鲤鱼喂养。

可惜，这几条鱼没喂到三天，就已奄奄一息了。眼看要死掉了，朱公劝儿子放生，儿子不舍，只得把它们放到有水的稻田里。

入冬后，朱公开始考虑和谋划二十几人的生计，很快把这件小事抛在脑后。第二年开春，因为要节省粮食，他带领大伙去岛上挖竹笋。迎着淅淅沥沥的春雨，肥嫩、短壮的竹芽破土而出。挖回的春笋被做成菜肴，味道清淡鲜嫩，吃法多样。若是发动大伙到周边的山里捉些野味或下湖捉些鱼来，仅此就半年不愁吃喝了。

开创一种生活方式是艰难的，在技术和生产工具落后的古代，更显得有开拓性意义。

春雨淅沥，乍暖还寒。桃花已经开了，红的粉的白的，一簇簇、一丛丛，阵阵清香扑鼻而来。朱公披着草衣，坐在稻田围坝上，不期然低头一看，竟在稻田里看见了奇迹：透过清亮的浅水，田底呈现出一片晃动的红色，他原以为是桃花落入水底，再定眼细看，竟是一群群红色小鲤鱼在慢慢游动。他惊呆了，难道这是幻觉吗？当他确认这一事实后，感慨不已，他赞叹这生生不息的生命奇迹，同时一个新的发展计划也在脑海中涌现出来。

朱公首先把自己的想法告诉夫人宛玉，夫人笑道："你是说要养鱼？这一带只有捕鱼的渔家，人们取之于自然，哪有人养鱼啊。"

"凡事都有一个起始，让我们先试试吧。"看到夫君如此兴奋，宛玉也不好再说什么，只是主动把大伙叫来商议如何养鱼。

朱公问："你们有没有谁养过鱼或者在水中养过其他活物？"

大伙儿面面相觑，都说没养过。见朱公略显失望，一个十八九岁的青年腼腆地说："在老家，小人见祖父养过河蚌。"

河蚌是种好东西。传说，河蚌以它的唇、肌肉一点点地磨砺、舔舐、卷动，呕心沥血润滑着小小的沙粒，形成珍珠。每当海上明月升起，蚌即浮上水面，对着天空打开贝扇，让内里的珍珠吸取月华，滋养生命，最终长出色泽光润的璀璨珍珠。

朱公忙问："你老家在哪里？你可知道河蚌如何养？"

这个青年名叫春喜，老家在边角（今嘉兴境内），他不懂河蚌怎么养，只知道用细麻绳结成很密的网，然后用湖汊围起一片湖，把河蚌放进里面养。

朱公没有得到详细的养殖方法，但从春喜的话中受到启发。用土石围坝养鱼，区域面积会受到很大限制，如果要围上一大块地方，围坝的工程将无法完成。因此，结网围湖不失为一种好方法。只要在湖中每隔一定的距离打上木桩，固定好网，并在网底压上石头，就能保证鱼不会跑掉。

大伙觉得此法可行，热情甚高。之后各有分工，伐树的、搓绳的、织网的，每个人都各尽其责。当地的麻丝很便宜，但搓麻绳太费工夫，干脆向渔家买现成的。如此，一个面积近三顷的渔场很快就围成了。围场的这种网被称为"罟网"。用罟网养鱼，主要养河鲤、鳜鱼、红鳍鲌（太湖白鱼）、青鱼、鲢、团头鲂。头一年，鱼的长势不错，尤其是团头鲂和红鲤生长特别快。拿到集市去卖，收入颇丰。朱公对众人说："养鲤鱼者，鲤不相食，易长，又贵也。"以后村子里着重养翘嘴红鳍鲌、团头鲂和鲤鱼。

但是，新的问题又接踵而来。因麻绳太细，在水中长时间浸泡后容易腐烂，围鱼的网很快就出现了许多窟窿，鱼从窟窿里挣脱游走。起初，他们一边查，一边补，但这个活似乎永远也做不完，补好了一处，另一处又坏了。一旦大面积坏掉，想补都来不及。

还是篾匠儒稚提出了一个替代方案：劈竹条编织成网状替代麻绳网，要防腐烂就用桐油多涂几次竹网。周围的竹林多的是，伐之不竭，只需要费点工夫。这个方案很快得到实施。他们用编织的竹网分段替换了麻绳网，整个围网结实牢靠。

朱公高兴地对儒稚说："这是了不起的发明。再把你的本行发挥一下，看看竹子还能否造出其他物什来。"儒稚想了想，回道："竹的用途举之不尽。竹竿可做竹器，竹沥、竹茹可用药，竹笋可以吃……"

"可做哪些竹器？"朱公不待他说完就兴趣盎然地问道。

"可做很多竹器，比如篓、篮、筐、桌、椅、床、席，楠竹可盖房子、钉竹板，还可做成竹排，在水里运东西。"

"太好了，就地取材，物尽其用，种竹养鱼千倍利啊。"

此后种竹养鱼成为村民们的主业，各家各户的日子越来越富裕。

过了一段时间，朱公又叫来春喜，让他陪着去向他爷爷"取经"——养河蚌。这是他想到却还没有做到的一件事情。

当朱公与春喜兴冲冲来到边角时，才得知春喜的爷爷已经过世，养蚌之术还未来得及传给他人就失传了。朱公一脸沮丧，比春喜还伤心。更糟糕的是，在他们返回太湖时，竟然遇上君子兵。好不容易躲过去了，可朱公的心还是悬着的。

越王勾践已将国都迁往琅琊，如果姑苏没有特别的事情发生，君子兵根本不会出现在太湖附近。回到村子里，朱公立即让郑铎去打探消息。果不其然，的确有不好的消息传来：上大夫文种重新都回到会稽后，已被勾践赐死；越王做霸主已有三年，要来姑苏犒军，并重游太湖，以耀其文治武功。越、楚这两个盟国业已反目，正鹬蚌相争，勾践急欲逞其威势。

朱公闻文种死讯，泣下数行，悲痛欲绝。尽管这是预料之中的事情，但他还是不愿意相信勾践真的如此绝情。他在船头跪拜，痛悼这位异姓兄弟、这位良师益友、这位治国奇才、这位绝世知音。尔后，他把村子里的事交代给儒稚——儒稚已不只是一个篾匠，还成长为一位将才。

朱公对他说："照顾好这里的一草一木，一条鱼都不许放跑。"

儒稚行礼，恭敬地说："朱公放心，即使把我自己丢了，也不会让这里丢半点东西。"

朱公把两个儿子也都留在村里，只带上夫人宛玉和郑铎星夜乘轻舟直奔太湖西南。

2. 荆溪朱公

公元前468年（勾践二十九年）初秋，越王勾践回太湖，他并不是冲着朱公来的，因为他还不知道范蠡已改名朱公在太湖种竹养鱼。

这几年，越国做霸主愈发张扬，中原各国的大小事情都想插一手，卫国、鲁国都听命于越国。迁都也好，管闲事也罢，无非是想改变其在中原诸侯国心中"蛮夷"的形象，树一代霸主的威风。即使对过去的同盟大国楚国，越国也早已不放在眼中。越、楚公然开战是必然趋势，仅是时间问题。而姑苏城和会稽仍是越国的两个主要军事基地，勾践来太湖自然是为了对付楚国。朱公看得很清楚，但万一被认识的人碰上了，就将惹出不小的麻烦，越军将领中有几个不认识范蠡！所以还是避一避为好。

凉月悬空，疏星闪烁，融融的月光洒落在湖面上，如金蛇游动。时值初秋，风起多时，船工只得划桨迎浪前进。船桨拍打着水面，发出单调而有节奏的响声。

朱公来到船头甲板，忽然前面一里开外两艘战船迎面而来。朱公眼尖，一眼认出那是越军水师的两艘小翼。

"快！到那边去！"朱公指着不远处一个小岛说。那小岛在他们的正南面，只有一里之遥。众人操着桨，一齐向那小岛划去。

这岛不大，见方不及一里，山不高而多石，没有什么大树，荆棘丛生，荒草足有半人高。小石山两脉合抱，中有一个水塘，面积约一亩，环塘有翠竹环绕。两脉合抱处有一丈多宽，长数丈的水口外连太湖，这水塘实际上就是太湖的一部分，西南岸便是荆溪。

岛四周除进来的一边有些芦苇外，其余滩长水浅，礁石密布。他们在小岛上避了一阵子，待第二天天大亮，朱公才让船工把夫人和郑铎送到西南面的岸上去，吩咐他们在那里找个落脚的地方，他自己准备了简单工具，暂时留在岛上，说是要等一个人。

宛玉不解地问："这般荒凉的小岛，你能等到何人？"

朱公也说不清楚，昨夜只睡了片刻，得一梦预示有不速之客将至，再细细一算，也有佐证。他不好详说，便敷衍道："有人托梦而已。"宛玉熟知朱公个性，言行时常与众不同，但所言所行必有依据，做事自有其理，她也就不再多问，几人辞别而去。

朱公寻岛一周，未见有何特异之处，除了萋萋枯黄的芦苇蒿草和黧红的石土，别无他物。他割了些芦苇搭在两石之间，作为自己临时的窝棚，然后再到湖边水深处垂钩而钓。

此时的朱公哪有心思钓鱼，他只是想验证自己的预测到底准不准。有鱼咬钩了，起钩一看，鱼太小，他取下又丢入湖中。他心里不禁猜想，也许过了这些日子，西施已经改变主意，想要见他一面。说不定天悯人愿，异乡巧遇，那一刻该是怎样的令人感动！

朱公想得出神，待回过神来一看，又有鱼上钩了，不过又是一条小鱼，他取下再投入湖中。这时，天淅淅沥沥落下雨来，雨滴入湖中，洒出一波波碎玉，湖面蒸腾出一片雾气，渐渐地整个太湖都笼罩在那片蒙蒙烟雨中。

朱公瞧瞧自己身上，并未落一点儿雨。奇怪，他抬头一看，见身后有人撑着一把黄色绢布雨伞。是西施吗？不是，是个年约八旬的老者，童颜鹤发，道骨仙风，丰神俊朗，似有一股神仙的味道。

"有鱼上钩了，起钩啊。"朱公正呆看着，老者提醒他道。

朱公赶紧起钩，这次是条大鱼，好大一条红鲤。

"还是道家有口福，只是不知慈者舍不舍得？"老者看了看朱公，微笑着说。

"一条鱼而已，哪谈得上舍得舍不得。只是这贫地荒野，如何为食？"朱公把鱼递给老者。

老者拿一苇叶，将鱼开膛破肚，然后在水边挖一把红泥捏成镬状，盛水放鱼，搁在两块石头间，点燃苇秆烧起来。待水烧开后，又放入嫩蒿和盐末。一股香气扑鼻而来，朱公看呆了。老者也不理会他，只顾自己吃起来，直到只剩下鱼尾。

"好美味，多谢慈者，无以为报，送上一把富贵土，请笑纳。丁山（今江苏宜兴东南丁蜀镇）内藏五色之土，用以制陶，富贵至矣。"老者递给朱公那只镬，拿了雨伞，起身说道。

朱公施礼答谢，一抬头，老者已站在远处一块大石上，孑然伫立，一身淡青色道袍隐隐飘动。难道他就是老师计然曾提到的祖师爷"渔翁"？朱公不敢确认，忙下跪道："谢仙人指路。"再抬眼相看，老者已全无踪影。

他抓起一把土，用手捏捏，发现此土黏性特强，再拿起老者方才煮鱼的镬看看，已呈黯红色，变得很结实。一般人不可能只用几根芦苇就将它烧到如此程度。这一瞬间，朱公有些恍惚，他到底是在梦中还是在现实里？

很快地，郑铎来接朱公，朱公带着他来到丁山和蜀山之间一个名叫台山的村庄，宛玉已经在此安顿下来。朱公把自己的奇遇讲给夫人听，宛玉不信，说："哪有这样神奇的仙人？夫君拿的这个罐子，不过是个粗糙的土钵，此地的农家谁家没有几个这样的土罐？"

朱公道："不是说陶罐有何稀奇，而是仙人临别时口称这是'富贵土'，想必此土非同一般。这里可有叫丁山的地方？"

宛玉心想，这世上哪有仙人，即使像计然、越女这样的奇人，也只能勉强算"半仙"。她不想跟朱公争辩，将他拉到外面，指着不远处的高山，说："这山是黄龙山，我们站的地方是黄龙山脚下的丁山镇，夫君看这里的土与那里的土不是一样吗？都是黯红色，莫不都是富贵土？"

朱公走到黄龙山上，一看傻了眼，整个黄龙山都是这样的土。他抓起一把捏一捏，也很有黏性，与小岛上的毫无二致。

"富贵土？"——难道老天真的赐给我这么多富贵土？范蠡又仔细看了看，土干后，变成一种紫色的砂子，湿则黏中带砂，柔中见刚，富有韧性；挖开底层再看，果然有白泥、黄泥、绿泥、青泥和紫砂泥等多种，颜色鲜艳。

只做简单的比较还不成，得实际做做才行。当时这里的陶业已很兴旺，据说千余年前当地人就掌握了烧制土罐、钵、卮、壶等器皿的方法。他向当地的老人请教，学习技艺，又叫其他几人采泥做坯、筑窑集柴。

他们做了很多坯，等干了以后，就围着坯筑起一个圆墩，顶上留一个孔洞，从孔洞里把柴草、树枝塞进去烧。他们一边烧，一边看，每当看到火小了，再把柴草添进去。

数天后，成品出炉，朱公虽然把陶器烧出来了，但所有陶器不是烧得变了形，就是没有烧透，完全不能用。朱公弄不清楚原因，一直想不出解决办法。

有一天，他闲来无事，在家里休息。等到烧午饭的时间，宛玉淘好米，洗好菜，就动手做饭了。她先在锅底下垫三块石头，把锅子垫高，然后点起柴草。朱公见火苗很旺，扑得很高，心想这样烧柴草实在浪费，就把这三块石头拿掉了。宛玉说，锅子压在火上，火就烧不旺了。

果然，三块石头拿掉以后，火顿时萎了下去。接着，一股一股浓烟从灶膛里冒出来，呛得他们又是眼泪又是鼻涕。宛玉道："我讲得对吧！不要把石头拿掉。"等到锅子重新垫好，火又旺了起来。朱公捋着胡子寻思：假如烧窑用的泥坯不着地放，而是把它垫空了烧，泥坯不是更容易烧透吗？

等到下次烧窑时，朱公就把泥坯全用石头垫起。因为坯体受热均匀，烧坏的陶器明显减少。后来，人们把这种石头叫作"脚石"。

又有一天，朱公做完活回来，宛玉正好在烧饭。烧着烧着，饭汤溢了出来。宛玉赶紧把灶膛里的木柴夹出来，只留几块柴头在里边。朱公问："饭烧好了？"

宛玉说："没有。"

朱公奇怪，又问："那为什么要把柴夹出来？"

宛玉说："汤烧滚后要闷一闷，歇一会还要再烧一把火，这叫'还火'。"

朱公不解地问："何必要做两遍手脚？"

宛玉笑道："如果一直用大火烧，时间短了做成夹生饭，时间长了饭烧焦。"

等到宛玉还完火，开锅盛出饭来，粒粒似珍珠，吃到嘴里又香又有韧劲。朱公吃着吃着，心里突然一亮：烧陶器跟烧饭不是一样的道理吗？如果一直用猛火，米粒吃不消，就烧焦了；陶器吃不消，就烧裂了。假如先烧再闷,多加几道工序,不是既可烧透,又不破裂吗?

后来,朱公经过几次试验,掌握了一套控制窑温的办法,终于烧出满意的陶器。村人莫不称奇,纷纷来讨教方法,朱公皆尽其所知相教。

3. 勘察商道

在荆溪,朱公原本只有暂避一时的打算,但越王勾践久驻姑苏一带,加上黄龙山紫砂制陶出乎意料地成功,朱公便让郑铎常由水路往返于鼋头渚和黄龙山之间,自己则在荆溪又建起一座庄园,自称"陶庄"。

鼋头渚的竹器、鱼越来越多,即使与周边的乡民交换他物,也还有许多剩余。黄龙山的陶器也是如此。

为了解决这个问题,朱公沉思多日,最后决定尝试农商兼顾的办法。

公元前467年,朱公出黄龙山,入太湖,沿吴淞江至嘉兴西的白马寨。白马寨是他最熟悉的一个集市,这里曾是一片洒满鲜血的土地,它的南面几里地便是当年越吴征战的檇李。二十余年过去了,这一带依然热闹。市集上的银桃(水蜜桃)和李子看上去可口水灵,人流和物品都比过去增加不少。这里不再是逢五赶集,而是天天开市。朱公随后便将鼋头渚和黄龙山两地的货物运到这里来交易。这是第一条商道,可以东西横跨荆溪、檇李,南北贯通姑苏、余杭。之后,朱公又着手打通"国际"商道——从姑苏顺着吴王当年的北伐之路转到齐国临淄。

十多年前,为了联齐抗吴,朱公曾在吴王夫差北上会盟前夕出使过齐国,那时齐悼公在位,田乞为相。范蠡来到临淄后,首先按礼节拜见了齐悼公。在堂上,他见齐悼公懦弱无能,说话时还要看田乞的脸色,知道不能在他身上寄以希望,于是隔日前往田府拜见田乞。

田乞见范蠡前来,表现得十分客气,盛情宴请范蠡,并让他的儿子田常出来相陪。这是范蠡与田常的第一次会面。田常很像他父亲田乞,精明善谋，范蠡便存心交好，双方相谈甚欢。

席间，田乞问范蠡："我听说越国每年要向吴国进贡，越王对吴王十分恭顺，可有此事？"

范蠡早先就料到齐国的大臣必会问他这种话，早已想好了应对之辞，他从容不迫地说："相国大人可知吴越两国是世仇，越王怎会真心对待吴王呢。跟大人说实话，越王时刻不敢忘记复仇的使命。如今吴军强大，我听说吴王现在正准备伐齐，不知贵国可有防范？"

田乞苦笑了一阵，说："前些年齐国内乱，一时竟让吴人乘虚而入，让众诸侯国看了笑话。不过如今我们已知道夫差在打什么主意，齐国不是羸羊，怎可能坐以待毙？"

"那就好。"范蠡点了点头，表示理解。

"范大夫说越王时刻不忘复仇，不过据我所知，夫差不允许越国拥有兵甲，再说吴军这么强大，贵国可有什么良策啊？"田乞继续试探范蠡。

"也谈不上什么良策。"范蠡不卑不亢地回答，"我越国生民只知道上天会帮助有德之士，惩罚失德之人。所以越王行仁政，恤民情，与民同甘共苦，甚至亲自下田耕种。如今越国上下谨遵天道，不敢懈怠，希望能尽快恢复国力。"

田乞有点不相信，问范蠡："范大夫说越王亲自下田耕种，是做做样子的吧？"

"非也，非也，不仅越王亲自下田耕种，而且夫人也亲手纺线织布，他们已经这样做了好几年。不但如此，越王还每日强迫自己尝苦胆，以示不忘过去的耻辱。"

田乞听了很动容，说："这样说来，越王的毅力非比寻常。今日越王身边有你这样的良臣辅佐，他日定能兴国。范大夫这次到齐国来，有何打算？"

范蠡见田乞的态度有了很大转变，便说："范蠡这次来齐国，就是希望齐、越两国交好，共同对抗吴国。同时也希望能和田相国交个朋友,此外并无所求。"

"哈哈哈……"田乞仰头大笑,之后将着胡须说:"范大夫就是不说,我也想交范大夫这个朋友,你放心,以后我田家人就是你的朋友。至于吴国嘛,本来就是齐国的敌人,以后只要是对付吴国的事情,越国可尽管开口。"

田乞去世后,田常与范蠡的往来渐多,甚至到了称兄道弟的地步。徐州会盟时,两人执酒对谈,范蠡透露了隐退之意,田常当时很是不解,如今他肯定相信了。

朱公回想往事,当初那么极力为越国奔走,为越王鞍前马后地劳碌,处处可见自己的一片纯然赤诚之心。而如今不仅越王反目,就是自己也难寻回当初那一片初心了。

他走在齐国的市场里,一路上都听到人们在夸赞田常,说他在青黄不接时借民众粮食用大斗量,等还粮时,却用小斗收,来去间就让人们少还了很多粮食。

"田成子为什么要这么做呢,难道他嫌粮食太多了?"问话的是朱公的侄子范成,他几年前从楚国来投奔范蠡。范蠡看他为人机警,又读过几年书,就有心栽培。这次出访,特意将他带在身边,以长见识。

朱公告诉他,田常这种大斗出、小斗进的做法其实是在效仿他父亲田乞。田常实行了一系列巩固田氏势力的措施,笼络民心,他厚待齐国官员,对于齐国人民借粮则用大斗出借、小斗回收,让市场上木材的价格不高于山上木材的价格,让市场上水产的价格不高于海边水产的价格,以此赢得齐国的民心。此外,他还注意搞好与诸侯各国的关系,主动归还了原来齐国侵占的鲁国和卫国的土地,并且与晋国、越国等国友好往来,赢得众诸侯国的支持,从而使齐国获得安定,使田氏权力进一步巩固。

朱公早些年就明白田常的野心,田氏代齐与他这个一心回归江湖之人走的是两条路,只不过如今勘察商道,有这位大权在握的国相荫护,会更有把握一些。

到了国都临淄，朱公决定先去拜见田常，于是派人到田府送上帖子和厚礼。田常听说朱公来访，亲自出门迎接。田府的仆人很少见田常这么看重一位客人，也对朱公刮目相看。

朱公见此时的田常已与徐州会盟执手相谈时大不相同。如今的他更加意气风发，昂首阔步。只不过朱公更怀念十二年前垂立田乞身边的那个田常，那时的他低调、机警、少言，却又对一切了然于心。

两人寒暄后，进屋落座。闲话过后，田常对朱公说："徐州会盟时，范兄说要隐退，我还不太相信。那时范兄身在高位，正是风光显耀之时，哪能轻易抛却？没想到范兄果真说到做到，田某佩服。"

"田相过奖了，若细论起来，我反而觉得现在的日子更自在。"朱公笑道，"衣食无忧，又不受国事政务之累，闲来做点小生意，来往各国，见见世面，甚是逍遥。"

田常笑道："范兄胸藏富国良策，富一国尚不在话下，富一人又何足言。田某只是觉得范兄大材小用了。"

朱公笑道："不然。当年管仲初创盐铁专营，鼓励齐国发展商业，让齐国一跃成为强国。到如今快两百年了，其他诸侯国的商业都不如齐国发达。依我看，从商亦可利国。"

田常道："范兄之言果然不入俗流。齐国正在茁壮之时，不知范兄可否为富我齐国而出一二策？"

"相国，在下此次来齐，正是要寻求商贸机会。"

田常心想，依范蠡秉性，虽身不在越，短时间内也不可能帮齐国出谋划策，但只要他常来齐国，就不怕找不到合适的时机。他顺势高兴地说："齐国之门，愿意为范兄敞开。只要田某在，范兄可以随来随往。"

第二天，田常只带两个侍从，与朱公便衣而行，在临淄最热闹的地方转了转。临淄街上车水马龙，人群熙熙攘攘。一个个高台上站着高声叫卖的商人，只见各式各样的货品堆满半条街：东方的鱼、盐、绤；西方的皮革、文旄、铁、池盐、玉器；南方的长松、文梓、楩、楠等木材，犀、兕、麋、鹿、象等野兽，羽、翮、象牙，犀、兕的皮制产品，黄金、铜、锡、青等金属矿产与珍珠、橘、柚；北方的犬、马、橐驼、枣、栗；还有丝、麻、绢及各式各样的兵器……交易的物品琳琅满目，一路行过，朱公看得眼花缭乱、目不暇接。朱公一边看着，一边转动心思，他打定主意要进军临淄，开通南北商道。

第三天，朱公返回姑苏，田常派卫队一直将他们一行人护送到齐国边境。

4. 多元相济

朱公在齐国考察商道后，大受启发。他觉得借助地理优势从事各国贸易，正符合"大道自然，顺势而为"的商则。当时，越国产桑麻，齐国广耕锄，秦国多冶炼，赵国善土木，各国有各国的特产与需求，而在朱公看来，经商就是促成各国间的商品交换，在使各国受益的同时自然得利。

太湖沿岸的冲积平原土壤肥沃，既可发展农业，又有养鱼、舟楫之利。山区盛产陶土和竹木，产出的陶器、竹木器甚多。再往东，吴兴则是鱼米之乡，粮食充足，蚕丝业生产也已经发展起来。若开辟太湖周边的产业，进行多种经营，并与姑苏、白马寨、余杭以及齐都临淄的商贸结合为一体，那么其利将不可估量。

如此，朱公便聘请了一些木匠、竹匠和丝工，收下一批各具专长的男女奴仆，并把他们分成多个不同工种的小组。女仆主要负责桑麻纺织，男仆则负责耕种、养鱼、制陶等，由他的侄子范成负责监管。

朱公大量经营人们生活生产所必需的铁器，还计划烧制琉璃，试养河蚌。他已经做了许多筹备工作，因没有找到合适的师傅而暂时搁置了。在吴兴，他还先后建起几间茅舍，开垦出一片农田，并在山坡上种植了桑树，辟出一大片桑园。

经营的项目增多，财富也积累得越来越快，朱公便想做些利人利己的善事。水路不通的地方，朱公组织人力挖渠开河；陆路不畅的地方，又开路架桥。荆溪一时成为周边重要的交通枢纽，商贸越来越发达。

朱公经商，与众不同。他把大生意都交给郑铎、儒稚、范成等人到外地去做，他自己只做些小生意。

夏天，漕湖一带竹子上市，农民要把竹子扎成排，撑到无锡后，再放到市场上去卖。朱公买竹子，不论长短、粗细的都要。买回竹子后，他把粗的做成各种竹器，细的削薄做文具、儿童用的玩具和乐器。秋天，漕湖一带芦苇上市，农民把芦苇扎成捆，装船摇到无锡荡口、甘露出售。朱公买芦苇和夏天买竹子一样，长短、粗细的都要。买回芦苇后，他把芦花扎成既漂亮又柔软的扫帚；芦苇秆编成帘子，拣粗的压扁织成芦苇席。冬天，漕湖一带的农民砍整株，留足烧的柴火后，多余的拿到吴县望亭、浒墅关出售，朱公专买货劣价低的树桩，大大小小、奇形怪状的都要。买了树桩后，他把小的树桩做成木桦，大的做成砧板，长的做成棒槌。

那一年，农历四月十三日立夏，朱公和范成装了一船货来到荆溪与东桥相交的西桥做买卖。途中遇见一位白发老翁，那老翁不买东西，只是一直上下、左右地打量朱公，半天后笑着说："我看你很像一个人。"

"像谁？"

"越国的大将军范蠡。"

"您认识范蠡？"朱公吃了一惊。

"十多年前我给他赶过马车。你很像他，只是他没这把胡子。"

"老丈真是有心人啊。"

老翁叫道："难道你真是赫赫有名的范蠡大人？"说完要跪下叩头。

朱公连声说："不敢当，不敢当。只求老翁不要对人说起今日之事。"说毕，朱公与老翁道别。

这天晚上，朱公辗转反侧难以入眠，起身来到外面，月明星疏，湖水荡荡，清风微拂，花香阵阵。朱公坐在门前的竹椅上望着周围的景物，头脑渐次放空，仿佛在自动涤荡那些私心杂念。慢慢地，老师计然的形象浮现在脑海里，接着是祖师爷"渔翁"捏陶土的情形。他取出随身携带的铜笛，抚摸着铜笛上的"易"字。当初计然将铜笛送给他，他问老师"易"字作何解，计然笑而不语。后来老师离楚去越，待了几年又离开越国，他当时以为老师心性散漫，不适官场，现在想来，老师是料准了越王不可信任。

朱公细想着老师的一言一行，把笛子放到嘴边吹了起来。笛声中又浮现出祖师爷"渔翁"的样子，朱公仿佛看到他身披鹤氅，立在岩石上，满身雨雾。"天目，地目，人目，透视寰宇。离也，聚也，离离聚聚，人生易也。"一曲毕，朱公竟发觉自己在不知不觉中流下了泪水。

一个"易"字，蕴涵了多少人生哲理啊。天下理无常，万物有盛衰，人生向来充满变数。一个"离"字，又包藏了多少人间辛酸，人终究主宰不了命运交错，逃脱不了悲欢离合。朱公的一生有过太多的无奈和遗憾。他眼前闪过一个个亲人、朋友的影像：最先离自己而去的是父亲，自己从未见过父亲，只能在人们讲述的故事中想象父亲英勇善战的样子；接着离去的是祖母，一个朴实善良的老妪；还有母亲的离去，她把一生都托付给了父亲，忍痛将两个儿子抚养成人；再后来是与老师的离别，少年不知"离"滋味，这一别竟没有再见之日。再后来又与哥嫂离别，与百里良将军离别，与西施离别，与文种离别……朱公不敢再往下想，许多事情总是身不由己，相逢如是，离别亦如是。

朱公正为离别伤怀，不知过了多久，忽然感觉一只手轻轻地搭在自己的肩上。他回过头来，"宛玉，你怎么来了？"他说得很无力。

"你又在体悟那个'易'字了，何苦总是这样自伤？"宛玉坐在朱公身边，手挽着他的胳膊。

"日月经天，江河行地。世间之事，该去的留不住，该来的挡不得，再美妙的事情都有结束的时候，我常以此自我劝解。我本以为早已看破了尘世，没想到心中还有那么多不舍。"朱公长长地叹了口气。

"你至今还在想她？"宛玉有些神伤。

朱公自然知道宛玉口中的"她"指的是西施，也没有回避，坦然道："这一生，我欠她最多。有时候回想整件事的来龙去脉，我什么都考虑到了,唯独没有考虑到她,没有考虑到她的变化。对我来说,这是一生中不容回避的遗憾。"朱公说完,感觉宛玉的身子瑟缩了一下,他随即揽宛玉入怀,安慰她道:"世间之事,不可强求。除了她,我还想到你父亲、我师父、文种兄,对我来说,不能再与他们相见,都是遗憾。人啊,总是这样,拥有时不懂珍惜,等失去了才后悔莫及,倒不如好好珍惜当下。"

宛玉笑了笑,当年她执意嫁给这个男人,就因为她认定他是一个好男人,是一个有情义的好男人,什么谋略、富贵、功名、高位,她都不看重,如今这样的生活已让她很满足。她靠在朱公肩头,柔声叹道:"这样的当下,让人心安。"

朱公道:"是啊。荣华富贵、功名利禄,如幼童沉迷于戏耍,久而久之,不思其返;沉迷功名者如文种,最终落得个一命呜呼的下场;沉迷仇怨者如夫差,也是自取灭亡。凡此种种,皆命中之迷象。如今我历尽世事,心之所求,唯一安字矣。"

说到这里,朱公突然想到白天遇见的那个老翁,他怎么可能为自己驾过马车?自己为官十多载,平时一般都骑马,即便坐车,车手也都是军营里的精壮小子。他想到这里,心里顿生疑窦,对宛玉说:"我们是不是生意做得太大,太富裕了?"

"你还怕财宝多用不完啊!"宛玉错愕,不解其意。

"一个人太富或太贵,就容易出名,出了名就有很多人想认识你、找到你。看来,我们又得动一动了。"朱公一脸严肃地说。

"生意做得顺顺当当,怎么又突发奇想?你的脑袋里总是冒出些令人惊奇的念头。"

朱公慢慢地摇头:"你十四五岁时就那样机智果敢、冰雪聪颖,哪会想不到?"他把白天遇见白发老翁的事情详说一遍,宛玉一下明白了:怪不得这段时间总有些形迹可疑的人在附近打听他们的身世。越王勾践历来用人如器,一旦不为他所用就会毫不犹豫地毁掉,可勾践远在千里之外啊,难道至今还不肯放过朱公?可若不是越王,那还能有谁呢?

朱公和宛玉隐隐感到某种潜在的危险正在悄悄逼近，他们立即派人把郑铎叫来。郑铎此时已经成家了，住在桥西那边。他听到朱公的吩咐后，丝毫不敢怠慢，仍像过去从军那样行动迅速，办事利索。

郑铎带回来的消息大出朱公所料。郑铎说，他先后潜入姑苏和会稽，向不少可能知道内情的人打听过了，包括现在已成为君子兵小头目的雨来。他们都说这两年从没听说越王有过寻查范将军的命令，但越王确实因思念日深，命金匠铸造了一尊范将军的金像，放在王座之侧，以示纪念。而且，迁都时，这尊金像也随驾搬了过去，搬运途中竟与主公同车而行。

朱公听完这些，微张着嘴，愣了半晌没有说话，这是他生平第一次发现自己错看了勾践。

第九章　青山不转流水转

1. 不速之客

　　丁、蜀两山间有一片平坦地方，地里麦苗正秀，油菜碧绿。在左边山脚下筑有一座庄院，绿树成荫，修篁夹道，屋宇参差，山光水色，十分清幽。一条大道从庄院大门直达河边的码头，乘船只需一盏茶的工夫便可驶入太湖。

　　宛玉一早就赶往鼋头渚北边的村子。湖上雾气氤氲，像睡美人覆体的轻纱。刚靠近夫椒岛，淡淡的晨光下，隐约可见前面有一团黑影在悄悄靠近。宛玉一直惴惴不安地盯着这团黑影。越来越近，越来越近，这时从岛上青山脚下芦苇丛生处蹿出来几艘快舟，正以飞快的速度向宛玉的船靠近。宛玉一看情况不妙，立刻大喊："不好了，有强盗！"

　　宛玉的船上只有一个仆人、一个使女，还有掌船的艄公。她心想：早听说太湖上有个匪帮，但从未见过，这回竟让我遇上。艄公忙回舵准备原路返回。然而大船掉头，甚是笨重，哪里比得上小艇如离弦之箭，不一会就把大船围在了中间。

　　一只小船迎面靠过来，上面一个身材魁梧、拿着弯刀的大汉大声喝道："什么船？"

　　"过路的！"仆人心惊胆战地应了一句。

　　"过路的？船上还有两个女的，二佬过来看看，是不是我们要找的那个。"那大汉恶狠狠地瞪了宛玉一眼，叫另一条船上的人来看。

那大汉口中的"二佬"倒像儒雅的书生或道士，身穿玄色绣金长袍，面色清癯，颔下一缕美须，一副好模样。他看了看宛玉，说："年纪相仿，是不是抓回去再说。"之后，几个带弯刀的小子"呼"地跳上船来。

"住手！你们可知道我们是何人？"说话的是使女，她柳眉倒竖，大声喝道。宛玉吃了一惊，想不到每日在身边服侍自己的使女竟有如此胆量。跳上船的几个人也站住了，盯着使女看。

"我们是禹王剑仙。"使女自问自答。

"什么剑仙？大胆使女，竟敢哄骗我们'五湖四蛟'！"

这伙人果然是传说中的"五湖四蛟"。这"五湖四蛟"在太湖一带为非作歹多时。方才喊叫的大汉名为琅轩，是三佬"潜海蛟"；儒生模样的人名叫鲍云，是二佬"混天蛟"。"四蛟"中的大佬叫"冲天蛟"，四佬叫"出海蛟"。他们都是菌丘诉仙人的弟子，以勇武闻名。菌丘诉晚年隐居独山，广收门徒，颇得吴王夫差看重。夫差军中的武士很多都模仿他独创的天罡三招三十六式弯刀法。"四蛟"被师父赶出师门之后，仍在外行凶斗殴，后因杀了人，避罪逃入太湖，占岛为寇，聚集了百余名强人，专干这无本的买卖。

夫差几欲出手惩治他们，但因战事频仍，无暇顾及，待姑苏城破后，更是无人过问。这就使得他们更加为所欲为，最终在太湖成了气候。他们打家劫舍，拦路抢劫，杀人放火，无人可治。湖上往来客商每闻"五湖四蛟"，无不丧胆，避之唯恐不及，谁敢往他们的刀尖上撞？

宛玉为使女和船上几人捏了一把汗。尽管她随朱公在江湖闯荡多年，但眼下不明底细，哪能不心慌？

弯刀小子们还没有冲上来动手，使女又道："我要见你们的大佬'冲天蛟'，到时候你们自然知道我是不是剑仙！"

"过了我这一刀，就让你们见大佬，否则就让你们见鬼佬。""潜海蛟"琅轩挥刀一跃而上，奔使女劈来。使女不慌不忙，就在刀锋离面门不过数寸光景时，突然轻轻将身一扭，移身错步避开刀锋，顺势操起一根竹条，左挥右拂，化解了他的三招杀招。"潜海蛟"恼羞成怒，喝令那几个弯刀小子一起上。突然，岛上方向响起飞箭声，三只带羽长箭齐整整地刺在"潜海蛟"快舟的帆杆上。

所有强盗都愣住了。二佬"混天蛟"先清醒过来："真有剑仙！好汉不吃眼前亏，先撤！"几只快舟不及扬帆就桨叶翻飞、水花激溅，飞也似的逃离。

宛玉受了一场虚惊，待稍稍平缓了心绪后，让艄公划船沿途返回。回到陶庄，宛玉一直不说话。朱公料到这次行动的结果不好，走过来问道："有没有见到你熟悉的人啊？"

宛玉依然不吭声，他知道她还在生气，劝道："怪我没有事先跟你说清楚。这次让你们去村子收拾可以随身带走的重要物品，也估计到你们可能要遇到麻烦，所以特意让红蕖陪你去，并请雨来带人在暗处监护。这主要是怕人多了强盗不露面……"

"什么？难道你是故意让强盗劫我们？你说的红蕖是谁？雨来又是谁？"朱公还没说完，宛玉就气呼呼地问了一大串问题。

"你先别生气，待我慢慢跟你讲清楚。之所以要你们去引出强盗来，是因为这伙强盗中有你认识的人，而且他们不是一般的强盗，很可能是认识我们且对我们有刻骨仇恨的人。这本是我的初步揣测，为了让这次'意外'更逼真，所以没对你明说。但考虑到你和家人的安全，我专门派红蕖和雨来一路保护。使女就是红蕖，她是'越国第一女剑圣'越女的传人，雨来是当年少年军中受陈音教习的大力弓弩手，现在是姑苏城内君子兵的头目，也是使女红蕖的未婚夫。"

随着谜底的解开，宛玉的气也消了一半。她说："这些事你为什么一直瞒着我，难道还信不过我？还有，你怎么知道强盗中有我认识的人？他们又是谁？"

朱公沉默了一会，说道："既然你没有见到他们，那就算了，还是我亲自去会会吧。"

但事情并不如朱公所想的那般简单，他乘一只舲船在夫椒山附近转悠，但直到斜阳西下，也没见到"五湖四蛟"的踪影。

正在朱公失望地划舟返回时，舲船拐过一个礁头差点撞上一只楼船。楼船甲板上站着一位白衣剑士，一眼望去，眉目清秀，气质儒雅洒脱。朱公拱手道："差点出事，得罪，得罪。"

白衣剑士还礼道："无妨。敢问来客尊姓大名，去往何处？"

朱公答道："在下姓朱，人称朱公，一介商贾，常往来于太湖中。今天色将晚，欲找个落脚之处。"

白衣剑士笑了笑："真是太巧了，在下王孙钺，也做点小买卖，江湖中人。正待回夫椒山歇脚，朱公可愿一同前往？"

朱公略一思忖，故意推辞道："在下有要事在身，不便相扰。"

白衣剑士劝道："天色已晚，朱公即便有要事，也要等到明天了。你我既都是江湖中人，不必客套。在下在夫椒山有个小庄园，朱公不妨顺路同船，在那里将就一宿。"

朱公见白衣剑士安排周到，只好答说："多谢王孙侠士盛情相邀，给贵府添麻烦了！"

"朱公客气。"

两船靠拢，朱公偕郑铎、红蕖一道走上大船。王孙钺早已带人在船舷边相迎。互相见礼之后，王孙钺指着一位四十岁左右、乌发短髭的剑士介绍道："这是兄长王孙雄。"

"打扰了。"朱公作揖行礼，将郑铎、红蕖也做了介绍，几人又寒暄了一番。王孙雄将朱公同郑铎让进座舱，分宾主坐定。朱公看这船舱十分宽敞，装饰华丽，虽比不上勾践的楼船，倒也不逊王侯。朱公打量一番，不禁赞道："好一座大船，真是富比王侯！不知王孙兄弟做何生意？"

王孙雄叹了一口气，幽幽地说："朱公过奖了！我兄弟无德无能，无非是托先人余荫，苟活于世罢了。"

"啊，令尊是——"朱公不动声色地问道。

王孙雄摇了摇头，说："我兄弟不肖，愧对先父，朱公不问也罢！"

朱公见王孙雄避而不谈，故意将这个话题深入，说："听说吴国相国伍子胥有位公子也改姓了王孙氏，不知二位是否有所耳闻，或者有点渊源？"

王孙雄、王孙钺大吃一惊，两人互递眼色后，王孙雄笑着问道："朱公与伍相国可是旧交？何故有此一问？"

"在下经商有年，往来于吴、越之间，曾有幸与伍相国有数面之缘。因见王孙兄弟与相国面貌有几分相似，故有此一问。"朱公仿佛随口而说，显得既简单又轻松。

王孙钺向王孙雄使了使眼色，说道："我们兄弟与伍相国并无渊源，只是对伍相国一向敬重而已。"

朱公见兄弟两人不愿承认，看了郑铎一眼，又说道："是啊，我等对伍相国也很敬重。相国满腹经纶，一片忠心，却惨死在夫差的属镂剑下，实在令人惋惜痛心。"

郑铎在一旁补充道："倘若伍相国不蒙此奇冤，吴王夫差又何至于身死国灭，落得如此下场！夫差残害忠良，自毁藩篱，不亡国实是天理难容！"

王孙钺闻言黯然神伤，他强压住满腔怒火说："吴王夫差固然该死，但越国大夫范蠡也该杀，还有那妖女西施也是凶手，他们都难逃孽债。"

"伍相国精忠报国，吴人中上至白发翁叟下至三尺孩童，莫不有口皆碑。所幸的是，吴人中尚有不少正义之士誓死为伍相国、为吴国报仇雪恨。"王孙雄说道。

郑铎点点头，赞道："王孙兄说的是！自伍相国被抛入钱塘江之后，钱塘江畔百姓一直尊其为潮神，不仅四时祭拜，端午节更是隆重，可见民心不可欺也！"

朱公打量着王孙兄弟，试探道："听说伍相国被害后，他的次子伍雄隐居太湖，原本想伺机先杀夫差报仇，再杀范蠡和西施，但没来得及动手，夫差就死了，西施也不知所踪。据说现在的主要仇人是范蠡，为杀他在所不惜。他还鼓动起吴国遗民的反越情绪，尤其是那些在战争中死去亲人的吴民，让他们燃起复仇的怒火。有一批从战场上逃出来的士卒也加入伍雄旗下，甚至'五湖四蛟'也被他拉拢过来，势力很大，不知王孙兄弟可有听说？"

王孙兄弟闻言，脸色大变。刚好这时，船驶到夫椒岛，连忙借口说："夫椒岛已到，请几位下船登岛，莫因这些闲话扰了大家的好心情。"

夫椒山在西洞庭山，后人称西山。它的主峰叫缥缈峰，是太湖七十二峰之一，也是七十二峰中最高的山峰，但实际海拔不过三百余米，因兀立水面，而显得十分高峻。夫椒山上重峦叠嶂，怪石嶙峋，林深草茂，藤萝缠绕，当初吴越决战就是在夫椒附近。

走过曲折的花径，绿树掩映下是精巧的庭院。香风徐徐拂面，真是个清静的小天地。进到庭院，便有数十人相迎，一时显得很拥挤。

红蕖有些担心，悄悄走到朱公身后，说："朱公，这似乎是他们特意安排的，他们会怎样对待我们这些不速之客？"

朱公微微转头，轻声说："来这里不正是我们的意图吗？既来之，则安之，情况大略不会出我所料。"

仆人们侍候客人入座，准备了佳肴美酒，王孙兄弟却迟迟不再露面。三人互相看了一眼，朱公以手扶案，凝眉沉思。

红蕖快人快语，说："朱公，情形好像不对，我们得马上走！"

朱公点点头，三人刚走出门外，只听一声："范蠡，你还走得了吗？"院子里早已出现十几人。他们穿短衣，拿长刀，端着架势，看起来气势汹汹，但从架势上看，武功根底并不深。王孙雄、王孙钺站在他们前面，颇有成竹在胸的神气。

朱公哈哈一笑，道："我等应邀而来，不想这山庄竟如此待客，着实令人心寒。"

王孙钺冷笑一声，说道："如果真是客人，山庄自然以礼相待。可惜你不是朱公，你是范蠡！"

朱公不动声色，笑道："既然王孙兄弟已经打探明白，何不在船上动手，难道上了岛，你们就更有把握了吗？还是说你们在刚才的饭菜里下了药？"

王孙钺听后，脸色铁青。朱公忍不住笑出声来，说："你们两人不露面，单凭一桌酒菜就想引我们三人上当，未免太看低我们了。"

王孙钺说道："久闻范蠡奸诈狡猾，今日一见，果不其然。你既已猜出我们的身份，就不必多言，动手吧。"他晃动着手中长剑，挑衅道。王孙钺挥剑而起，郑铎随即拔剑迎击。

一群人见状一拥而上，把朱公围在中间。王孙雄则直逼红蕖。红蕖手无寸铁，纵身一跃，从一棵大树上折下一枝，像扫地一般招式严密地与王孙雄接战，顷刻间，王孙雄脸上布满了血痕。

这时，朱公大叫："伍雄、伍钺，你们真以为能挡得住我范蠡吗？"

王孙钺边迎击郑铎边说道："放心，知道你身边有高手，我早已有准备。"说完，口哨声起，但四周并没有任何变化。王孙钺又吹了一声口哨，四周还是无人现身。王孙钺只得从与郑铎的争斗中退出来，看了看四周，皱起眉头。

红蕖也早已跳到朱公身边护卫，朱公说道："你的人不会来了。"

王孙钺说道："不来也好，听说你范蠡剑法如神，今日伍某就要与你决出个高下！"

"范蠡与你辈分不同，岂可与你比剑？"范蠡拒绝道。

王孙钺生气道："你是不敢，还是小瞧伍某？"

朱公笑道："伍家剑法，乃天下奇门，岂可小瞧。只是你父亲伍相国当年与我有约，只在战场上见高低。"

王孙钺一听他提到父亲，更加生气道："你还有脸说起我父亲！"

朱公叹道："你父亲把你留在齐国，就是想保你兄弟周全，你又何必执意寻仇，枉费你父亲一片苦心。为何不请鲍公出来一见？"

"不要提我父亲，你不配。"只见王孙钺面色煞白，青筋暴突，极力压制着怒火吼道。

朱公叹道："你父亲与我各为其主，并没有私仇。不信，你大可去问鲍公，我相信伍相国并没有留下杀我的遗命。"

王孙钺怒气未消，接着问："你又怎知道鲍公？"

朱公平静地说："他试探我是受你之托吧，他还找我买过扫帚呢，哈哈哈。"

这时候，从屋后走出一位白发老翁，步履飘然、衣衫带风，他说："范大夫果然眼力非凡，但既然那时就知道老夫是谁，为什么不当场拆穿？"

朱公将计就计地说道："那时候我还不敢确定伍公子这样做的目的是什么，既然下了那么大工夫，背后的事情肯定小不了，所以我要查查清楚。"

朱公知道这一切是因伍子胥的死而起，便劝说道："范蠡与伍相国各为其主。如果你们要报仇，那当年伍相国率领吴国军队攻进楚国，被吴军杀害的楚人的亲属是不是也要找你父亲报仇？"

王孙钺被问住，冷冷哼了一声："巧言令色，强词夺理！"

朱公摇摇头，叹道："伍相国的悲哀正是他太过铭记家仇，倘若他不公报私仇，领兵攻打楚国，使楚地生灵涂炭，我或许会投到他门下，为吴效力。可他是楚国的罪人。我敬重他，是因为他对吴国、对吴王忠心耿耿，至死不渝，还有他不畏权贵、刚硬正直的大丈夫气概。"

全场静默半晌，王孙钺道："就算你范蠡逃得脱我伍氏兄弟之手，也逃不脱亡国后满腔仇恨的吴国遗民的追踪。所有跟范蠡有血仇的兄弟们，拼死一战吧。"他想再次激励士气，让他们与范蠡一行打斗。

"慢着！"人群外传来一声女人的断喝。众人回头一看，原来是百里宛玉。"二公子、三公子，要说有仇，我算你们的第一个仇人。"

王孙兄弟定睛一看，原来是他们母亲身边的那个机灵可爱的丫鬟，"你怎么也在这里？"

宛玉答道："我是百里良的女儿，当初夫椒山对战，我父亲死于夫差、伍子胥两人之手。我若要报仇，是不是该找伍相国报仇？父债子偿，我是不是又该找两位公子报仇？"

王孙雄看着宛玉，眼里闪着寒光，说道："当初你来我们伍家，难道不是为了寻机复仇吗？"

百里宛玉干脆地说道："不是。我当时受文种大夫指派，只是想暗中保护在吴国为奴为仆的越王夫妇，探听吴国消息。伍相国忠于吴国，我父亲和我忠于越国，各为其主而已。两位公子是伍相国之子，还可四处找仇人。可平民百姓连仇人都找不到，吴、越几次交战，死了多少人？吴、越有几家没有父母、兄弟、姊妹死于战场，但我们找谁去讨回血债？战场上两军对垒，谁杀了谁都无法掌控，小小兵士，一介草民，有几人能主宰自己的命运？"

王孙兄弟无言以对，他们望了望四周，围着范蠡的那十几人也放下了刀。

这时，有个人悄悄进了院子，朱公看到后招手让他过来，然后对伍氏兄弟说："这位是越国将军雨来，他已经把'五湖四蛟'及那伙强人剿灭，你们指望不上他们了。"

雨来对伍雄、伍钺说："看在死去的伍相国份上，我不杀你们，你们还是到他处谋生去吧！"

鲍公叹息一声，伸手拉住伍钺的胳膊，说道："两位公子，随我回齐吧。听你父亲的话，好好活着，就是对你父亲尽孝了。"

2. 行迹江湖

朱公回到陶庄，心情依然沉重。思来想去，觉得对不起伍子胥和吴国的所有遗民。他一个人坐在石桌边独饮，回想着往事，放下酒盏，突觉手背一热，原来不知道从什么时候开始，自己竟已满脸是泪了。他又重新端起酒盏，一口饮尽盏中残酒。

公元前467年（周贞定王二年）暮春，朱公夜里从黄龙山出发，准备入太湖，北出梁溪河，入长江，经过当年徐州会盟时路过的高邮湖、洪泽湖、骆马湖，再转入微子湖（今微山湖）至齐国。

朱公原本只带夫人宛玉和两个儿子成行，没想到回村子上船时，船上已有好些人了。范成、红蕖、春喜等都执意要同行。朱公劝不住，说："那好，我们将在别处重新开始，朱公此人已留在太湖，你们以后就叫我'鸱夷子皮'吧。"春喜嘟囔道："这么难叫的名字，是什么意思啊？"

朱公想了想，鸱夷子皮的含义太复杂，哪能跟他们一下说清楚。伍子胥因死谏被夫差赐死，遗体被裹进牛皮，抛在钱塘江中，名曰"鸱夷浮江"，意在使其葬于鱼腹。伍子胥这位有功于吴国、有恩于夫差的老臣忠臣最后竟落了个被赐死的下场，令人惋惜、痛心。还有西施，有功于越国，会不会也是如此……于是随口应道："酒囊饭袋而已。"

一个细雨蒙蒙的清晨，朱公和陶庄的几人悄然离开黄龙山。后来，郑铎按朱公的吩咐，把全部家产分给了那些穷苦百姓，尤其是在战争中失去亲人的家庭。

此后，鼋头渚、荆溪、吴兴、白马寨都知道越国大夫范蠡经商致富，于是经商之风盛行。他们用范蠡之名取地名，号商铺，立寺庙，将他视为行业之祖。

鸱夷子皮一行人经过十几日的水上颠簸，顺利进入了齐国境内。谁知一天夜里天气骤变，水上忽然起了风浪，暴雨倾盆，风大浪高。船工们无法让船只前行，加上四周一片漆黑，他们只能凭感觉尽量让船往岸边靠去。第二天天亮后，风浪已过去。鸱夷子皮来到船头甲板，只见面前好长的一片滩涂，沿着岸边向外延伸，几乎看不到边际。滩涂上长满了一人多高的芦苇，如果是从水上或者站在滩涂上往里观瞧，根本看不到芦苇丛后面是什么。所幸船头高过芦苇，鸱夷子皮依稀看到远处有片湖，湖边是一片空地，还盖着几间茅屋，而且似乎有几个人正往这边走来，一会儿就钻进芦苇丛不见了。

鸱夷子皮让随行的范成、春喜他们戒备，一面注视着芦苇丛中的动静。但芦苇随风起伏，根本无法分辨人的踪迹。不久后，那几个人终于穿出了芦苇丛，他们似乎也看到了搁浅的船，便向船只方向走来。

来的一共四人，走到近处，才看清每人手里都拿着捕捞鱼虾用的工具，显然他们是来滩涂捕鱼抓蟹的。范成、春喜松了口气，只见来人在离船一丈多远的地方停下了脚步。

他们中的一个年轻人问道："过路人，需要帮忙吗？"

鸱夷子皮问他们："请问，你们是齐国人吗？"

"是的。"那几个人回答。

鸱夷子皮又对他们说："我们是从越国来的商人，昨夜遇上风浪，被吹到了这里，不知这是什么地方？"

"这儿是微子湖，由四个湖组成，北面不远还有五个湖，所以这儿也叫南四湖。具体是什么湖名，我们也说不上来，因为这里到处是芦苇，又靠近北面，所以我们都叫它北苇滩。"

范成道："小兄弟，我想问一下，平日涨水时，湖水能到这里吗？"

那年轻人说："昨夜的风很大，又赶上暴雨，你们的船才被搁浅在这里，平时湖水很少到这里。你们这么大的船，恐怕没办法推进湖里去了。"

中年汉子接口说："据说有十几条河通往这微子湖，一遇暴雨，湖水猛涨，雨停后，湖水又落得极快，难怪你们会搁浅。"

鸱夷子皮也不着急，邀请他们几个上船来说话。这些人看上去如此善良，定是朴实诚恳的人。

上船后，鸱夷子皮问了他们的姓名，刚才说话的叫国仲，有两人是他的弟弟，叫国季、国贤，另外一人叫安青子。

鸱夷子皮问国仲："请容冒昧一问，国氏乃齐国贵族，怎么这荒野之地也有不少国姓人士？"

国仲听闻此言，有些不安起来，国季说道："我们原本住在离齐国国都不远的一个江边的村子里，后来吴国和齐国交战，为了躲避战乱，村里的一些人就沿淄河顺流而下，又走了一段旱路，但一路都没找到合适的容身之处。众人便再乘船经北五湖，来到这里。看到此地有这么大的滩涂，四周又无人迹，就在这里下了船。穿过芦苇丛后，发现里面有更大一片湖，就在湖边安心住了下来。"

鸱夷子皮心中不解，吴、齐征战对都城临淄的影响并不大，周边的百姓为何要逃到这么远的地方安居呢？这其中隐情定和齐国内斗有关，想来田氏一族对国氏一族打压得很残酷。但他不便多谈这些，只向他们询问起这里的环境、物产之类。

国仲依然很紧张，只有国季依旧说道："此湖水面像海一样宽阔，一眼望不到尽头。湖中的鱼类数都数不清，夏天的荷花铺满湖面，似乎见不到底下的湖水，莲藕根本吃不完。还有禽鸟，就是闭上眼睛射出一箭，都能射下一只野鸭或野雁来。"国季越说越兴奋。

"是吗？"鸱夷子皮半信半疑地从船舱中拿起一张弓，"嗖"的一声射出一支箭，接着便传来一阵鸟的哀鸣。"国季所言不虚啊！"他很兴奋，又问，"那这一带有人种稻子吗？"

"北五湖那一带全是种稻子的，这里草荒、水荒，人都见不着，还种什么稻子呀。"国贤抢先说。

鸱夷子皮下船看了看，湖中的沉积物很少很薄，蒿草下不是淤泥而是比较结实的土地，开辟成粮田并不难，只要一把火烧掉芦苇、蒿草，再围上坝即成。

鸱夷子皮想到湖中看看，但船被搁浅在湖岸上，只得由安青子把他们带到一条小船上，让国仲、国贤陪着，一览山光湖色。满湖翠荷，清香幽幽，沁人心脾。那荷花，红的嫣然如霞，白的清丽典雅。成片绿荷使湖面化为碧绿，甚至连空气也带着绿意。偶见几只渔船，似碧海花丛中的点缀，还有那醉人的旭日朝阳，共同构成一幅天然画卷。这里水乡泽国，与五湖比，更有渔乡风情。

这时，两只白鹭从芦苇丛中走出，拍了几下翅膀，然后在水面上翩然起飞。鸱夷子皮一直看着这对白鹭，直到它们飞出自己的视线。

乐山好水的鸱夷子皮顿感缥缈，不觉流连忘返。他放空思绪，只想：人生若得此仙境，远离尘嚣，陶然物外，该是何等自在啊。然而，鸱夷子皮又觉得自己还没修行到如此境界，还要操心不少人间俗事。

小船上的一番倾心交谈，让几人更加畅所欲言，颇有一见如故之感，鸱夷子皮和国氏兄弟及安青子成了好朋友，并希望能与他们合伙开辟这片蒿草之地。国氏兄弟正愁自己势单力薄，无所作为，听鸱夷子皮这么一说，兴致极高。

　　鸱夷子皮回到岸上，对随行的众人说："这里如人间仙境一般，物产丰饶，没有衣食之虞，你们可愿意留在此地？"

　　众人莫名其妙，面面相觑。过了一会儿，二子范哲说："我倒是喜欢游山玩水，可这里太荒凉了，一整天都见不到什么人。"

　　"你不是想行走江湖吗？现在我们就是江湖中人。"鸱夷子打趣说道。

　　宛玉看着鸱夷子皮，知道他不是在开玩笑，一定又有了正经主意，说不定是想安居于此，但这里水路难通，旱路难行，就是物产再多，也无法与外界沟通交易啊。此时她身怀有孕，帮不了丈夫什么忙，所以只是沉默。

　　红蕖是决计要去临淄的，因为她来自最原始的南林，一生所愿就是要见识大山外的世界。她不会表态留下。春喜来自边角水乡，确实很喜欢这里，捕鱼抓蟹也是他擅长的，但他不愿意和大家分开。

　　这时候，范智站起来说："你们都不用留下，我一个人在这里足矣。我愿意在这里开荒种地，养鱼养禽，不久后，这里就会变成一个金银满屋的大庄园。"宛玉觉得儿子年纪尚小，于心不忍。但范智个性倔强好胜，谁也劝不住。

　　鸱夷子皮笑了笑，点头说："还是智儿有志气，那就你留下，我把你托付给国氏兄弟，这只船就是你的本钱。"

　　这番动员，最后只留下了大儿子范智。鸱夷子皮打算带领众人改乘小船北上。临行时，春喜突然改变主意，请求留下跟范智作伴，一起干。他俩个性相似，都不喜欢去人多热闹的地方，靠自己勤劳的双手养活自己，心里比什么都踏实，他们都相信自己是很能干的人。

　　这样，鸱夷子皮带着其他人转入北五湖，满帆顺风，船行如飞，三日后登岸，再经旱路车行六七天便来到齐国国都临淄。

3. 千里贩马

齐国国都临淄传说是闻名九州的商业都市，子城方圆十里，大城则为四十里。

鸱夷子皮虽奔临淄城而来，但并没有住到临淄城内，而是选择在离临淄城约十里地的淄河边的一个小邑镇借一处民房暂居。过了几日，他带上范成进城，不巧遇上了陈光。

意外的重逢让二人惊喜交加，他们像是确认又像是不敢相信地对望了半晌，甚至有些小心翼翼，生怕错认了人。

原来在越国迁都后，陈光便受人引荐来到齐国，现在是临淄城的守城将军。陈光听鸱夷子皮说明来意，便主动当起向导。

临淄街上很热闹，行人熙熙攘攘，各种商品琳琅满目，有丝麻织品、玉器、陶器、竹器、木器、铜器、粮食、食盐、山货、水产品、牲畜等。大摊小摊上摆着堆着，商贾们蹲在地上，经过一番讨价还价，货物就换成了各国货币。钱币质地有玉的、贝的、青铜的，还有银的和金的；形状有刀币、圜币、戈币、铲币，还有蚁鼻钱，最通用的是青铜币。

他们走到一条街道的尽头，看见前面有片空地，很多人围在那里。一打听，才知原来是交易奴隶的市场。鸱夷子皮一时好奇，也来到跟前，只见大约有一百多名奴隶双手被缚地站在那里等待被人买走。

鸱夷子皮见大多数是青壮年，而且体格强健，一问才知他们原先是被俘的士兵，被分到一位卿士的封邑做了奴隶，面上都被烙了印迹。后来集体逃跑时被抓回，主人杀了为首的几个，其余的也不敢再留用，杀了又可惜，只好拉到这里卖了换钱，到此时已陆续成交了一百多人，还剩下这一百多人。

鸱夷子皮是行伍出身，自然知道这些士卒的辛酸，他心生感慨，又想起了湖边的那片滩涂。那个地方不是正缺少人手吗，如今这里有现成的壮劳力，正好送到那里去。想到这里，他便上前打听价钱，最后以每人三至五个刀币的价格将剩下的这一百多人全部买下。

鸱夷子皮让人给他们解开绳索，然后对他们说："从现在起，你们自由了。某为你们的生计着想，准备派你们到一个美丽的鱼米之乡去耕种农田，只要出力气干活，都会过上富足的日子。不过，如果有谁不愿去，也不强留，脱下奴隶的衣服，就可回家去了。"

这些奴隶原先因不堪忍受虐待才逃跑，即使回国，也会因做过奴隶而被人看不起。所以听鸱夷子皮这么说，这些人都表示愿意留下。

陈光得知鸱夷子皮要将这些人送往微子湖，提出派几个士卒护送，但鸱夷子皮拒绝了。次日，鸱夷子皮从获释的奴隶中选出两个头领，一个姓邹，一个姓鲁。他对他俩说："你们都是士卒，知道怎么生存和管理自己，这些人就交给你俩，要安全抵达。我相信你们。"鸱夷子皮领着这一百多人，一直把他们送到河边，又雇了两条大船，将他们全部送上船。

那段时间，因夫人宛玉有孕在身，鸱夷子皮不便出远门，只能闲居家中。趁着无事，他便一心想带着宛玉、范成、红蕖进城去逛逛。

"夫君要出门吗？"宛玉欣喜地望着他，眼里充满了兴奋和期待，可是转念又想到如今自己出门多有不便。

鸱夷子皮笑笑，说："不要担心，我给你准备了东西。"说着从身后拿出一方纱巾，"这是吴兴的新品，蒙在脸上正好。"

宛玉拿着纱巾左看右看，面露喜色说："太好了，临淄城果真是应有尽有啊。"

城里每天都很热闹，南来北往的商贾都汇集于此。红蕖最活跃，见到什么都觉得新鲜，她站在人群中就像只翩翩飞舞的蝴蝶，一会儿看看这，一会儿摸摸那，就像一个十足调皮的孩童。

不一会儿，红蕖跑到前面停了下来，两眼盯着一匹雪白的小马驹。

"怎么了？"照顾宛玉赶上来的鸱夷子皮轻声问道，"好几年没骑马了吧?"

"爷佬,你不觉得这马很漂亮吗?我想骑骑它。"红蕖自鸥夷子皮改这个名字后,不知该怎么称呼他好,就用南夷的习惯叫法,带个"佬"字。

旁边卖马的汉子脸黑黑的,也就二十几岁的样子,憨厚地笑着说:"姑娘好眼力,这匹小马是俺家的母马生的,它力大跑得快,又温顺乖巧,姑娘家骑最合适了。"

鸥夷子皮看了一眼那个黑脸的汉子,从面相上看是个老实人,想来不会说谎。他上前去拍了拍小马的背,马儿果真温顺极了,它身躯粗壮,四肢有力,胸廓深长,确实是匹好马。

"好,卖家,这匹马我买了,等会儿我再来牵。"说完递给他两枚铜币的定金。

"大爷,用不了这么多,这匹马儿也就几十个贝币。"

"哦?这马儿如此便宜?"鸥夷子皮来了兴趣。

"我们那儿的马都是这个价,就是一匹母马也值不了几个钱。"

"那你家是哪里?有多少人家养马?"

"俺家在莱夷胶莱河(今山东莱州境内)边,庄子里每户人家都有好几匹马或好几头驴呢。"

"你叫什么名字?日日卖马能赚多少钱呢?够三餐温饱吗?"

"俺叫二黑。不瞒您,这马卖不了几个钱,俺家中还有父母、妻子和孩子,日子过得有些艰难,唉!但母马年年生马仔,太多了也没法养,到市上好歹能卖几个钱。"二黑既羞涩又无奈地答道。

"二黑,你以后跟着我怎么样?我每匹马给你双倍的价钱,如何?"

"这……可是我只会养马,不会做生意啊。"二黑一脸惊讶和疑惑。

"我就是要你养马。"

"怎么养法?俺家还远着呢。"二黑还是一头雾水。

"远不要紧,骑马一天能到吧?我先给你一笔钱,你回家把你庄子里的人都聚在一起,养一批良马。现在把你们庄子的名字告诉我,需要马的时候我派人上你们庄子里去运。"说完，他又给了二黑三十枚铜币。

二黑见鸱夷子皮很爽快，略一思考就答应道："好，俺跟你干。可是你不怕俺拿了钱溜了吗？"二黑坦诚地问。

"你若溜了，就是你的损失。如果你好好干，我会让你比现在多赚十倍都不止。"

"行，俺以后就听你的了，你让咋干就咋干！"二黑有了这么好一个主家，又得了一大笔定金，激动不已。

鸱夷子皮几人逛完城时，天色已晚，几人转来牵那匹马，二黑言而有信，还在那里等。

得了一匹漂亮的小马驹，红蕖高兴极了。她一跃上马，催动小马驹奋蹄飞奔，几乎不输于越国的成年马。

鸱夷子皮突然想到，时间一晃，红蕖已成了二十二三岁的"老姑娘"，也不知雨来那边着急不着急。他对宛玉说："红蕖跟着你也有七年了吧，该找个机会打听打听那边的消息了。"

宛玉一时没反应过来，问道："打听什么消息？"

"问问雨来，什么时候把红蕖娶过去。"

宛玉不好意思地笑道："都怪我，一直把红蕖当小孩子看，竟忘了他两人的终身大事。"

没过几天，宛玉打听到有熟人要去姑苏，便捎了话去，托他在姑苏看看雨来。

偏巧，过了约两个月，雨来就有好消息传来：越王勾践回姑苏犒军，奖励雨来剿灭强人之功，赏给他白马寨附近的几十亩田地，他已在那里建好宅院。而且越王还令姑苏城将军买一批良马备战，据说楚国准备到陇西购买五百匹军马，越国自然不能等闲视之。

鸱夷子皮心中一动，从中嗅到了巨大的商机——贩马的生意好做。

宛玉只想早日促成雨来与红蕖的婚事，没想到夫君却又打起生意算盘。她立马在一旁说："从莱夷运马到吴越，怎么说也有千余里路程，数百匹马用船运也好，走陆地也罢，需要费多大的事啊，沿途吃喝不说，一路上盗匪也不少，这桩买卖风险太大，恐怕很难做成，夫君要思虑周全再下手去办才是。"

宛玉的话不无道理，鸱夷子皮也考虑到了，路途遥远，马匹多不好运回，成本高，无利可图。无利可图而风险又大，这种生意谁会做？能不能找个大商家合伙呢？在齐国，除了老朋友端木子贡外，恐怕也没有什么大商家了。但即使子贡愿意合作，迟早也会暴露自己的真实身份，何况子贡常住在鲁国。

鸱夷子皮一时也没了主意，便去找陈光饮酒。闲谈中，他说起贩马一事。陈光一向佩服鸱夷子皮的眼光，对他说："您的运筹之术无人能比，怎会缺少计谋。若想找人结伴，在咱们这个地方，倒是有一个很有势力的富商，此人叫姜子盾，经常贩运麻布、皮货去吴越之地，因为经常往来于两地之间，所以他早就用钱财收买了沿途的盗匪，若是能跟这个人一起做，恐怕就顺畅多了。不过此人出身齐国贵族，生意做得风生水起，很难看得上一般的商贩买卖。"鸱夷子皮说："陈将军这样讲，我倒有主意了。事不宜迟，容我先告退，多谢你了。"

翌日清晨，人来人往的临淄城门口聚集了一群行人，每个人都抬头向上张望，只见上面贴着一张绢布告示，大意写着：鸱夷子皮新组起几支马队，时值开业酬宾，可免费帮人向吴越运送货物，托运人只需负担马料费即可。

鸱夷子皮在贴出告示之后，就亲自去胶莱河挑选马匹。原来这一带并不产良马，只因有人从辽河那边浮海运来良种，才使这里的马匹品种大大改良。鸱夷子皮非常高兴，一下挑到三百匹，让二黑带几人送到临淄。

回到家里，鸱夷子皮气定神闲地坐在堂上休息，嘴角的浅笑说明他已成竹在胸。但范成、宛玉还在为他担心，倘若没人运货，这三百匹马该当如何处置啊。

正在这时，一个衣着华丽的中年男人找上门来。鸱夷子皮起身迎了出去。此人体型微胖，短须，贵族装扮，一点也不像商人。来人正是富商姜子盾。见到鸱夷子皮很热情地迎过来，姜子盾也不多礼，开门见山地问："听闻你新组了一支马队，免费帮人往吴、越两地运货物，不知一次能运多少？"

鸱夷子皮不急于回答，只说道："客人是姜公子盾吧？耳闻已久，今日一见，果然贵相。"他顿了顿，又说，"若是一般人可能一次只有十来车货，若是姜兄这样的贵人，怎么说也得有个百十来车吧。"

姜子盾心想，听他口气还不小啊。原本一年要运两次皮毛、玉器、麻布等货色去吴越，一次也有五六十车，但当着鸱夷子皮的面这样说又显得自己小家子气，干脆两次合为一次吧。于是他对鸱夷子皮说："本人正好有一百二十车货物要运往江南吴越。但我不明白，此次远去千里，路途辗转周折，你却只要一点马料费，为何如此？"

"商人图利，赔本的生意谁都不会做，这其中的奥妙恕暂时不便详说。不过，有姜公的威名在，鸱夷子皮保证货物绝对平安送达。"

"看得出来你鸱夷子皮先生不是一般的商人，如此大手笔，在天下狼烟不断、盗匪四起之时，确实少有人为。"姜子盾略微改变了对鸱夷子皮的印象。

鸱夷子皮笑笑，谦虚道："哪里，全仗姜公的威势。"

姜子盾是个豪爽之人，当即道："好，就将货托给你，我亲自陪你去。什么时候启程？最好是快些。准备好后派人去我府上知会一声即可，先告辞了。"

姜子盾前脚刚离开，家里的人就一下子围过来打听何时启程。鸱夷子皮说："明天准备，后天就启程。"红蕖着急地把鸱夷子皮拉到一边，说道："爷佬，夫人生产在即，您少说也得挨半个月再启程。"鸱夷子皮说："那哪能行。剑法云：静若处子，动如脱兔，趋势若猛兽鸷鸟之发。商人趋时逐利，得时无怠，时不再来；天予不取，反为之灾。哪有遇机而不发之理？"

宛玉听了，泪水在眼眶里打转，她很能理解鸱夷子皮所言之理，深情地对鸱夷子皮说："又不是头胎，有红蕖照顾就够了，夫君不用担心。

只是路途遥远,你已不再年轻,凡事须小心。赚钱倒在其次,平安就好。"鸱夷子皮有些感动,不顾众人在场,用双手拭去宛玉的眼泪。

两天后,一支由二十七人、十一辆马车和三百匹马组成的庞大马队或拉或驮着各种货物由临淄城出发,一路向南,浩浩荡荡,尘土飞扬。因为打着"姜"字大旗,穿越齐境,越山过水,历时二十余日,竟通行无阻。鸱夷子皮的马队顺利过了齐境,很快进入越国的骆马湖区。现在他搞清楚了,原来由姑苏去临淄,根本不需要经过微子湖。他不时打量东西水畔,见人烟绝迹,心中默想:生民流落,竟凄凉至此!倘若沿途有些饭铺旅店,该给奔波在外的商人带来多少方便。但现在他们只能风餐露宿,人们只知商人富,哪知商旅苦。一个新的念头又在他脑海浮出来。

当马队过长江到了梁溪河岸后,鸱夷子皮一边吩咐范成按既定计划悄悄去拜见姑苏守城将军,一边让其他人用马车分批把货物运进城去。做完这些事,他自己另外找了个去处。

4. 白马饭庄

鸱夷子皮贩来的良马正好可以解决越军的燃眉之急,所以范成与守城将军及越王使臣一谈便成。他们给出了好价钱,鸱夷子皮赚了一大笔。但因军中挑选马匹十分严格,有二十几匹弱马终被淘汰下来。

生意是范成谈下来的,这几年经商他也学到一些门道。他跟鸱夷子皮建议将剩下的马匹牵到白马寨集市去卖,也可看看普通百姓中有没有这样的需求,如有,那贩马便可作为长期生意了。

鸱夷子皮笑道:"你居然有生意经了。可是马全卖光后,这些车和人怎回去?这次贩马是赚了钱,但这种好事可遇不可求。我倒有个主意,挑十几匹马送给这边的朋友,看看能不能作种马,倘若能成,我们以后就只贩种马。"

范成一听,眼界大开,夸道:"还是老叔想得深远,这先见之明,恐怕我一辈子也学不来。"

鸱夷子皮说:"这边的朋友我都找好了,他叫东戟。"

范成挠头,疑惑道:"这个名字好耳熟,怕不是以前见过他吧?"

鸱夷子皮拍着范成的肩膀,笑道:"你怎么可能见过他?但应该听说过,他曾是美女郑旦的初恋之人,如今在吴江边上以放牧为生。这件事情还得你去跟他商谈。"

上次鸱夷子皮去胶莱河,意外发现骡子在北方受到青睐。因为骡子特别能干活,而且比马容易饲养,不易生病。另外骡子比驴也有优越之处:骡子比驴力气大,干活顶用,骡子比驴效率高,拉碾、拉磨、拉车都比驴快得多。在北方市场上,一头骡子的价钱高于一匹马,一头骡子的价钱抵得上两头驴还多。若头年用两匹马一头驴配种,第二年就有两头小骡驹。卖掉这两头小骡驹,又可以换回一匹公马、一匹母马和一头母驴。那么第三个年头,第四个年头……这是利滚利的生意。因此,他想让东戟尝试一下。

鸱夷子皮不想在吴越之地多抛头露面,只想转转白马寨,再悄悄与雨来见个面,便打道回临淄。

这天,鸱夷子皮、范成还有二黑三人悄悄走进一家酒馆,挑一个临窗的桌子坐下。二黑从没有来过酒馆,显得有些拘谨,范成对他说:"来吃饭,你紧张什么?"看到鸱夷子皮和范成都气定神闲、泰然自若,二黑心里才踏实了许多。

三人刚坐下,就有一个小二热情地过来招待:"几位客佬莅临小店,要点什么饭食?"

"你们这儿有什么好酒啊?"鸱夷子皮微笑地看着眼前的小二。

"客佬,您可算是问对了,咱们这陶然居有的是好酒,不是小的自夸,整个集上都找不出比我家酒更好的酒了,瞧瞧,这是从会稽运来的,以前范蠡大将军都常饮此酒。当年越王伐吴,出发前把这酒倒在河里,三军将士饮河水后,斗志昂扬,奋勇杀敌,一下子就打败了吴国。"小二激动地夸赞着自家的酒,鸱夷子皮他们几个边听边笑,过了半晌才问道:"小二,你方才说这家酒楼叫什么?"

小二被突然的一问愣了片刻后说:"陶然居啊!几位客佬……"

范成轻拍了一下桌子:"我说呢,原来这也叫陶然居,难怪刚进来的时候觉得有些眼熟呢。"

"几位客佬这是……"小二觉得莫名其妙。

"没什么,我们现下住的客栈也叫陶然居,故而有些惊讶。"鸥夷子皮笑着解释。

"哦,那个陶然居客栈离这儿不远,我们本来就是一家的。"小二热情地向他们介绍。

"那为何又有两个陶然居呢?"二黑以有趣的眼光打量着这个小小的酒馆。

"客佬有所不知,咱们老板刚开始在这儿开了这家陶然居酒馆,后来客人太多,生意好,就在不远处另开了一家客栈,但不知为何那家新开的客栈生意并不好,客人少,老板正为此发愁呢。"小二叹了口气,忧心忡忡的神态让人看上去以为他就是老板。三人看着又都笑了起来。

"那怎么这里生意就好呢?"鸥夷子皮又追问了一句。

小二看有人拿他当行家,就滔滔不绝地讲道:"商地不差寸,小饭馆的位置选得好,正在集市十字大路的角上,是人来车往最集中的地方。赶圩场之人,赶货车的、挑担子的,还有过路的,上午该买、该卖的都忙得晕头转向,顾不上光顾饭庄,到了晌午,饭庄开始上客,直到下午寅时,都络绎不绝。卖东西的手头儿有点钱了,买东西的手头儿还有剩余,都会吃一顿中午饭再往家走。一来二去,对这家饭庄熟悉了,东西物美价廉,就有不少回头客光顾。"

"喔,小二哥,你们这白马寨倒是十分热闹啊。"鸥夷子皮觉得时机成熟,可以切入正题了。

"那是当然,我从小在这里长大。咱们白马寨是连通吴、越两国商贸的枢纽,北接姑苏,南连余杭,西至荆溪,东达边角,许多客商要从这儿经过,卖什么的都有。客佬,看您几位也是远道而来,到咱们这儿做生意的吧?"小二上下打量着他们几个。

"哦,你看我们像做生意的?"鸱夷子皮微笑地看着这个有趣的少年。

"看着倒是不像,只不过几位若不是来做生意,难道是寻亲?"少年皱着眉头问,"寻亲可不大好办啊,前些年吴越交战,很多士兵都逃到外地去了。"

"你这小二想法倒不少,我们的确是来做生意的,叫你们老板出来,我有一件要紧事要和他商议。"小二干脆地答应了一声,就进去叫人了。

不一会儿,陶然居的老板出来,是一个中年男人,留着长胡须,穿着一件灰色的左襟长袍,眼睛很小,却露出精明。见鸱夷子皮几人打扮不俗,酒店老板行了礼,说道:"不知几位客佬找我有何事?"

鸱夷子皮笑了笑,客气地回道:"占用你一点时间,请坐下慢慢说。"

"看几位仪表不俗,不是本地人吧?"老板眸子里的光一闪而过。

"老板好眼力,只是不知你这么聪明的一个人,为何要养着那么大一个赔钱的客栈呢?"

"我的酒馆好好的,哪有赔钱的理,你这客佬好不会讲话!"老板生气地"哼"了一声。

"哦,我们说的是北边的那个陶然居客栈,那不是老板你的吗?"范成故意问道。

老板一听大为惊讶,忙问:"你们如何得知那个客栈生意不好?"

"店家稍安,我们在那边住了好几天,整日耳闻目睹店内情形,生意人谁不会看场景呢?"鸱夷子皮道。

"原来是这样,多有得罪,是我误会了。各位打听那个客栈,莫非是想买下来。"老板的神情松弛下来,又带了一丝期望地问。

"确有此意。"鸱夷子皮捻须沉吟道。

老板眼睛一亮,声音有些颤抖地问:"请问这位客佬尊姓大名,若买下客栈,能出得多少?"

"鄙人鸱夷子皮,不知老板想要多少呢?不过你可要想清楚,既然我们打算买这家客栈,已经事先打听了实底,你千万不要漫天要价,否则这笔买卖我们就不做了,你先报个地道价来听听吧。"鸥夷子皮心想,自己并不知道底细,不便贸然开价,否则出价太高或太低了都会很被动。

"鄙人是正当商人,怎么会漫天要价呢?经商之人,非诚信,无以立。"老板尴尬地笑了笑。

"我们可是听说客栈自开张后一直赔钱,不知是怎么回事。"范成脸上是一本正经的表情,可是心里却止不住地笑。

"这……"老板心里一沉,暗想:那个客栈是有些不太吉利,据说很多战死的士卒都葬在那边,当时自己买那块地方就是图便宜。其实地段也不差,可就是不赚钱,难不成跟这个还有关系,别管那么多了,拿到现钱才是正理。想到这里,老板决定豁出去了,痛快回话:"几位看着给个价吧,只要说得过去咱们就成交。"

谈判很顺利,几乎没费什么周折。等到出了酒馆,鸥夷子皮的袖管里已装着那间客栈的房契。范成叹道:"叔父经商有道,今日让小侄大开眼界,不佩服不成啊。"

这天天朗气清,远远地飘来一阵花香。前面就是槜李了,鸥夷子皮深深地吸了口气,感叹道:"这里真是个好地方啊。"

二黑见鸥夷子皮心情愉悦,反而担心起来,问道:"俺们真要在这里开饭庄,不回齐国了吗?"范成顺口取笑道:"二黑想老婆了吧,哈哈哈。"

这句话倒把鸥夷子皮点醒了。出门已经几个月了,家中情形怎能不令人担心呢。他对范成说道:"快去把雨来找来,这事不能再耽搁了。"不久后,白马寨又多了一家白马饭庄,饭庄的老板就是雨来。

鸥夷子皮在离开越国的时候,不想让十多辆马车空着返回,就装了好几车楠竹带到临淄。范成不知道鸥夷子皮的头脑中又在策划什么,但他不再询问了,因为他不愿让自己显得没有经济头脑。

鸥夷子皮虽然彻底搞清楚了从姑苏到临淄的路线,但从这次他离开越国后,就再也没有踏上这块他生活了二十多年的热土。

第十章　千金散尽还复来

1. 独山农庄

　　鸱夷子皮回到临淄家里时，十分欣喜地见到宛玉怀里他的第三个儿子，他给小儿子取名叫"祈"。

　　鸱夷子皮深情望着宛玉消瘦的脸，大半年没见，宛玉鬓边有了几缕白发，而眼神依旧如从前般淡定柔和。鸱夷子皮从她疲惫的神态中看出她过得很辛苦。愧疚之情无以言表，他拉着夫人的手说："多日未归，让你受苦了。你要我办的事情已经安排妥当。"

　　鸱夷子皮说的事情宛玉自然知道，就是红蘽的婚事。白马饭庄是他们夫妇送给红蘽的嫁妆，那里是一片深情的土地，是他们永远怀念的地方。鸱夷子皮找来几个年轻男女，择吉日把红蘽送过去，好似千里嫁女。

　　范哲一直在跟红蘽学剑，把她当亲姐姐看待。听说她要走了，抓着她不放手。红蘽只得哄他说："大丈夫怎么能哭？姐姐以后还会常来教你剑法。"范哲这才迟疑地松开手。好在年幼的他还不知道这一去千余里，"常来"二字是一个多么难以想象的承诺。

　　红蘽走后，鸱夷子皮和宛玉失落了好一阵子。待到心情平静下来后，鸱夷子皮又一头扎进他的生意里。他在临淄城内的一条横街上搭建了五间小竹屋，每间都有很别致的货柜，这样与人谈买卖不用再蹲在街上，货物也不怕被风吹雨淋了。

其他生意人见鸱夷子皮这种办法不错，纷纷仿效，以竹子搭建货柜成为一种商业时尚，连竹子的价格也长时间居高不下。

公元前465年，越王勾践病逝，王子鼫与继位。鼫与在战乱中度过童年，离乱之苦对他而言刻骨铭心。因此，勾践酝酿了七年之久的楚越之战终究没能打起来。

这一年，文种夫人也在会稽去世。她在病中的时候就听人传言，范蠡隐名五湖，经商致富。临终时，她留下遗嘱，让自己的小女儿一定找到范大夫，托他把小女送回楚国老家去。

鸱夷子皮和宛玉虽未亲闻所嘱，但一直都对文夫人深怀感恩之念，于是商议找一个最合适的人来了却文夫人的遗愿。然而，思来想去，委托谁去都不合适。

这时，范成从外面回来说，货柜的生意太好了，恐怕人手不够。鸱夷子皮没在意他说什么，只眼前一亮：这不是最好的人选吗？他打断范成的话茬说，有件很特殊的事情要交给他去办。范成很高兴，以为是又给他安排了一宗大生意，当听说是送个女孩回楚国，他表现得一百个不情愿。

鸱夷子皮劝道："你离家十一年了吧，难道一点都不想家？正好回去看望父母，也好让我知道他们的一点音讯啊。"

范成哪里不想家，只是舍不得离开叔叔一家，舍不得丢开生意，舍不得繁华热闹的临淄……他说不出有多少个舍不得。

宛玉也劝道："像你这大年纪早该成家立业了。你这趟回去，说不定姻缘就到了。那女孩算来差不多十七了。"

范成无奈，只得硬着头皮去跑这趟差事。从临淄到越国会稽再到楚国的郢城，没有八九个月恐怕回不来。范成依依不舍，竟然第一次因离别掉下了眼泪。

红蕖走了，范成也走了，宛玉觉得家里格外冷清。她又想起了大儿子范智，数次和鸱夷子皮提到要把儿子领回来。鸱夷子皮的生意也缺人手，于是从朋友那里雇了两个人来打点生意，自己则去看望在北苇滩过着开荒生活的儿子。

七天后的一个清晨,鸱夷子皮已经走在了独山湖边。天边的一轮红日冉冉升起,映照得湖面波光粼粼,一片金黄。那残荷,那芦花,也被染得风情万种,分外妖娆。不时地,水面跃起一条鱼来,划出一道完美的弧线,又轻巧落入水中,溅起朵朵浪花,泛开一圈圈涟漪。人所至之处,水鸟鸣起而飞,绕行于水面,让整片湖都充满了生机。

"站住,干什么的?"鸱夷子皮正陶醉其中,身后突然传来一声喝问。他回头一看,见喊话的人是个三十岁左右的汉子,有点儿面熟,他猛然想起去年送过来的那一批奴隶。

"你是姓邹还是姓鲁?"鸱夷子皮问道。

汉子愣了愣,定眼一看,连忙下跪行礼,"原来是恩公,请恕小人无礼。"这汉子正是那个姓邹的奴隶头领。

"我也是一村夫,何须执此重礼?快请起,来得匆忙,未提前告知,你带我上你们那儿看看吧。"鸱夷子皮扶起姓邹的汉子。

他们穿过一片枯黄的芦苇丛,面前是一方方水塘,水稍有些浑浊,但仍可见一群群鱼在游动。

"这是我们开挖的鱼塘,今年鱼长得特别好。"姓邹的汉子介绍说。

"这湖里的鱼已经多得吃不完,你们为何还要挖塘养鱼?"鸱夷子皮疑惑地问。

"回恩公,我们这儿有个养鱼高手叫春喜,他说他的师傅教他分类养鱼之法,就是将鲫鱼、黄鱼(鱼桑)、鲤鱼、红鳍鲌等按鱼性分别喂养。这样,鱼互不相食,所食之物相同,便于喂养,捕捞也可以按需而捞,比在湖中捕捞便利多了。"

鸱夷子皮心里暗暗发笑,想不到这春喜真成了养鱼高手!

过了鱼塘,便是一片整齐的田畴,田里的稻子已经熟了,微风之下金浪滚滚,似乎一眼望不到尽头。鸱夷子皮深吸一口田野中充满枯草味道的空气,又想到自己的故乡、自己的童年,这种气息是多么熟悉啊。

姓邹的汉子见鸱夷子皮兴致盎然,又带他去参观房舍。两排茅舍夹小道而建，鸱夷子皮数了数有六十座之多。茅舍虽简陋，所处地势也偏低，但整齐壮观，俨然像是精心设计的庄园。这个人烟稀少的地方，竟然成为居民最密集的农庄。汉子告诉鸱夷子皮说："这儿是国氏兄弟带领一百多奴隶开辟出来的，大家把这里称为'独山农庄'。"

庄子里的人听说鸱夷子皮来了，欢呼雀跃，沉寂的乡野沸腾起来。国仲派十个人骑快马去四十里外的小邑镇买酒，十个人去打野鸭、野雁，十个人去摘野菜、捞鱼，十个人准备生火做饭。

"呵，你们庄子看上去倒更像军营，我以为他们会像普通农夫那样自在生活。"鸱夷子皮不解地说。

"怕奴隶不好管，邹昱就想出这个招法。哦，邹昱就是带您逛湖的那个奴隶头领。我们这里现在有四个头领，分管这个庄子。安青子负责种植，春喜负责养殖，邹昱负责管人管物管财。"

鸱夷子皮还在等他说下去，见他不说了，便笑道："看得出来，第四个头领就是你这个'庄主'了。"

国仲不好意思地说道："哪里，蒙大伙厚爱，推选我做这个庄主，国某无才无德，又难却盛情，只得厚颜上任。为了方便称呼，这里取名叫独山农庄。"

这时，范智过来了，他身后背一张大弓，手拿一把长叉，看上去像个精壮的猎人。看见鸱夷子皮既不叫爹，也不激动，只行了一个跪膝叩首的大礼。

鸱夷子皮把儿子扶起来，仔细端详，只见他身子骨越来越壮实，个子也长高了，神态依然憨厚诚实，下巴上也长出了细绒似的黑须。"智儿，在这里许久，还习惯么？你的箭法定有所长进吧？"

范智学的是弓箭，跟范哲学的青铜剑不同，他的弓箭是谋生的工具，练得不好就可能饿肚子，他怎么敢有半点马虎呢？范智回道："爹看孩儿身强力壮，便可知箭法差不到哪儿去吧。"他越来越自信了。

国仲在一旁说道："范智很勤快，放马、砍柴、插秧、养鱼，干活跟大人一样卖力气。闲时便在屋内翻看书简，清晨还早起习练剑术。他乐此不疲，每日早出晚归，特别勤快。"

"众多好处以外，唯一不足就是胆子太小。"春喜不知什么时候过来，插嘴说，"去年放火烧荒的时候，第一把火是他放的，后来蒿草、芦苇成片成片地烧起来，连烧了三天三夜，他见大火不灭，吓得大哭，谁都劝不住。"他话音刚落，所有人都笑了起来。

众人又说了一个多时辰的话，有人进来禀告，饭菜已准备停当，请众人入席。没有桌凳，只能把芦苇席子铺在地上，百余人席地而坐，每人面前都有一杯烈酒。鸱夷子皮站起来说："这个农庄是你们辛辛苦苦共同建起来的，这里所有的人一律平等，有事大家做，有饭大家吃，有酒大家喝。来，我们先一起喝了这杯酒！"

听鸱夷子皮这样说，所有人都开怀畅饮，不一会儿，酒量稍差的人就倒在席上，而酒量大的人还意犹未尽。不知是谁说鸱夷子皮的箭法高超，一个奴隶提出要跟他比试一下。邹昰立即喝道："大胆，怎么敢对恩公如此无礼！"

鸱夷子皮道："无妨，我们都是一介村夫，以后对他们也不用管得那么严格，让大家都过一种轻松的生活。"

之后国仲介绍，提出比箭的奴隶原是鲁国士卒，战败被掳成为奴隶，他的箭法在百余人中稳居第一。鸱夷子皮来了兴趣，问道："怎么个比法？射野鸭吧？"有人提出异议，射野鸭不太好，野鸭笨，飞的是直线，容易射；不如射大雁，大雁飞的是弧线。

于是，众人来到湖边，一场别开生面的射雁比赛开始了。鸱夷子皮让那个士卒先来，只见他拈弓搭箭，等待水面的大雁起飞。不一会儿，一群雁从湖面腾空而起，划出优美的弧线。士卒张弓放箭，只听得一声哀鸣，一只雁栽落水中。接着，士卒又迅速在弓上搭上双箭，没等大雁逃出射程，就两箭齐发，随着"嗖，嗖"两声，又有两只大雁应声而落。众人对他的精妙箭法佩服不已，但因怕吓跑剩下的几只大雁，都不敢大声张扬。人们不禁为鸱夷子皮担心，要赢得这场射雁比赛恐怕不容易。

鸱夷子皮倒显得神态自若，他从范智的肩上取下大弓，并不搭箭，只静等大雁再次起飞。但好一会也不见大雁飞起，众人正无可奈何之际，不知是谁大咳一声，五六只雁突然振翅飞起，迅疾地在空中划出半弧。眼看就要飞远，鸱夷子皮深吸一口气，拉开满弓而弹，只听一声划破寂静的鸣镝声，没等大家反应过来，那几只大雁就纷纷栽入水中。

众人目瞪口呆，惊讶失声，为鸱夷子皮的神奇箭法叫绝。待问其缘故，鸱夷子皮解释道："雁生来结群而行，听力超强。这位壮士三箭三中，早惊吓了这群大雁，它们因不忍丢下同伴，只得等待时机。待它们再次被迫起飞时，已胆战心惊，响箭飞出使大雁感到气的震颤，它们便误以为被射中，故哀叫声声，纷纷落水。"见众人还张口结舌地望着，他接着说："箭法固然重要，但了解被猎之物的生性更重要，将二者合而为一，才是箭法的高境界。"众人终于清醒过来，发出一阵阵欢呼声。

鸱夷子皮在独山农庄逗留三天，准备带范智回临淄，但范智坚决不愿意回去，尽管鸱夷子皮把宛玉的思子之情说得十分殷切，也没有打动范智。其实鸱夷子皮也钟情于这里，想在这儿多过几日神仙般的生活。因此，他又多留了些日子，每天在湖边转悠，或是到附近走访乡农。附近人烟稀少，四十里外的小邑镇也不过数百人常住。

鸱夷子皮想，这里的物产丰富，光周边和农庄的人是吃用不完的，他又起心动念，想尽快为农庄开辟商道。

在离开农庄的前一天晚上，鸱夷子皮独自来到湖边，周围静得出奇，他举头观天象，秋夜的星宿高远但特别清晰，隐约发现有几颗星宿有异动，从变动的方位看，灾象已现。再掐指一算，又得到佐证。

次日，他把国仲、邹昱、安青子、春喜等人找来，跟他们提了几个建议：一是在高坡地带建几个大仓库，将粮食储存起来；二是把鱼塘的坝子加高两米，并把所有房舍移到高坡上去；三是在小邑镇设置一个粮食收购处，以略高于目前市场价格收购周边所有余粮，这笔钱由他来出。

众人面面相觑，十分不解。国仲对鸱夷子皮说："这几年四处风调雨顺，我们自己的谷子都吃不完，哪还用去镇上收购粮食呀。如果您担心春夏湖水猛涨，淹没了鱼塘和房舍，那也不必。我和安青子已在此生活了七八年，还从没有见湖水涨到那么高哩。"

鸱夷子皮说："年岁丰歉轮回，依照阴阳五行的变迁，岁正在金便丰收，岁正在木便出现饥馑，岁正在火便出现水患，并且依照岁星（木星）每十二年运转一轮。每六年出现一次丰收，每六年出现一次干旱，每十二年出现一次大的饥馑。只有做到有备才能无患。"

众人将信将疑。安青子说道："我相信先生说得对，但您是如何得知的呢？"

鸱夷子皮这下为难了，这个道理哪能三言两语就解说清楚。他回答道："是一个会测天象、断农事的仙人告诉我的，他十算九准。反正农庄秋谷收完就是农闲了，你们领着众人把这几件事做了，心里也踏实。"

鸱夷子皮没有太多的时间跟他们讨论这些问题，话已说到，一切不可强求，顺应天意吧。

2. "平粜"之策

鸱夷子皮在临淄的生意做得很顺利，他把搭建的小竹屋加盖到二十间。除了卖陶器、丝绢、铜铁器及水产品外，还卖各种粮食，如谷、粟、稻米等。

临淄城首富姜子盾自从上次跟鸱夷子皮合作成功后，就常主动找他寻求合作。虽然那次直到鸱夷子皮带十一辆马车返回时，才知道他是借自己之势千里贩马，但姜家依然获利丰厚，所以生意虽然各做各的，但合作更有优势。鸱夷子皮见姜子盾常主动上门来，便让二黑继续和他做贩马生意，但每次只贩三四十匹马或驴。姜子盾尽管精明，但怎么都想不明白，鸱夷子皮第一次贩马就做得那么大，现在路子走通了，反而变得谨慎，生意越做越小，难道那么大的吴越之地竟只有这点需求量？他哪里知道，二黑贩的驴马是做种的，而种马的价格要比其他良马价格高出三倍。所以，姜子盾认为鸱夷子皮是个行事怪异的商人。

还有一件事情更让姜子盾摸不着头脑：鸱夷子皮在城内有两间竹屋用来卖粮食，因为市面上卖粮食的人过多，买粮的人太少，尽管粮价已经十分低廉但仍然滞销，商家都愁粮食积压卖不掉。可是，鸱夷子皮却反其道而行，将两间卖粮食的竹屋用来购粮，大张旗鼓地收购粮食，购入时，也不刻意压低价格。同时，他又命人在淄河边新建了四座大粮仓。

这年春夏之交，齐国境内的气候跟往年一样，并不像鸱夷子皮预测的那样出现异常，而且春粮的收成比去年还好，夏秋粮食作物也丰收在望。独山农庄那边传来消息说，他们去年底已按鸱夷子皮的建议加高了塘坝、挪了房舍、建了仓库，只有邑镇上的购粮行动还未停止，他们问是否要暂停收粮。鸱夷子皮马上派人给他们送去钱币，并十分肯定地说："不能停。"

鸱夷子皮回到家里，夫人宛玉也说出了她的担心："夫君为何要不停地收粮呢？万一卖不掉，时间长了，新粮积压成陈粮，难免发霉腐烂，又当如何是好。"

鸱夷子皮细心对她说："农事依赖时令，每年气候不同，产量就不同，市场价格因之而有波动，但是季节和气候变化有规律可循，计然老师曾对越王勾践说起天地之势，他提到每六年有一年风调雨顺的上好年景，每六年又有一个旱年，每十二年还会遇到个饥年，也有一个水年，因此要未雨绸缪，发大水时准备车辆，干旱之年备齐舟楫。只要我们掌握了这个规律，就可以把农事和粮食价格平衡好。"

"可这是官府应该考虑的事情，你现在只是个商人，何必自寻苦恼，去操那么多心？"

"真正的商人不只顾赚钱，还应该以天下为己任，道义负于肩。商人买东西，不是说自己需要就买，而是什么时候物价低就买进；卖东西也一样，不是自己多得用不完了就卖，而是什么时候很多人需要它才卖。按照时节、气候、民情、风俗等变化，找出价格变化的规律。当遇到丰年，粮价跌落时就大量地收购贮存粮食，等到饥馑之年来到，再把贮存的粮食以平价出售给周边的国家或平民。丰歉直接影响谷物价格的涨落，谷物价格的涨落又必然引起其他各类货物的价格起伏，因此，掌握了谷物价格的规律也就掌握天下商货价格变化的规律，如能顺应这种变化规律做生意，自然能获取巨利。这不仅能利己也能利民，何乐而不为呢？"

"道理是没错，我只担心实际的事情，我们把钱都花在收购粮食上，如果粮食一直卖不出去，那以后的生意就没法做了啊。"宛玉还是不放心。

"没钱了，大不了重新开始，至少我们还有粮食可吃，你不用太担心。"鸱夷子皮安慰她，"我现在想的是粮食是百姓活命的基本，各地粮食买卖不仅价格不统一，量器也不一样，有的斗大，有的斗小，这样买卖容易混乱。"他不再说话，苦思着解决平衡粮食价格和统一度量的方法。

一天，鸱夷子皮从一个村庄收粮回家，在路上偶然看见一个农夫从井里汲水，方法极是巧妙。他在井边竖一段高高的木桩，把一段横木绑在木桩顶端，横木的一头吊木桶，另一头系石块，此上彼下，轻便省力。鸱夷子皮顿悟：石块虽小，却可以通过支杆使比它重数十倍的物体吊起来。这二者的比称会不会有固定样式可循呢？他回家仿照着用一根细直的木棍，一头钻上小孔，小孔系上麻绳，用手来掂；另一头拴上吊盘（似吊水的木桶），装盛货物，一头系鹅卵石为砣（似压杆的石块），调整鹅卵石至提绳的距离，就能使二者保持平衡。他还发现把鹅卵石移得离绳越远，吊起的货物就越多。这说明为了保持平衡，二者存在某种比例关系。但是，如何确定这个比例呢？用什么东西做标记呢？他苦苦思索了几十天，仍然不得要领。

后来他又去收粮，发现量米用的升或者斗应该是大致相等的，他便将升和斗拿回家中，先装一升米在吊盘一边，然后移动提绳另一边的鹅卵石，使二者平衡，并在横木上做记号；再在吊盘一边加上一升米，又移动鹅卵石至二者平衡,再做上记号,直到装满一斗米、做上十个记号为止。可是将吊盘一边换成谷子再称,一升米和一升谷子刻下的记号就不一样,称一升谷子时,鹅卵石离提绳近,说明谷子比米轻,即使同样是米,不同的一升米重量也不同,那如何刻记号呢?他又经过对各种实物上百次的反复称比,最后发现,清水的重量基本相同。于是,就以一升清水为一个度量标准来做记号。

因金刻的篆体字太烦琐,他又想到观测天象时的星宿,突发奇想,用南斗六星和北斗七星做标记,一颗小星表示一两重,即十三分之一升水的重量,十三颗星或一颗大星表示一斤,即一升水。

从此,在粮食市场上便有了统一计量的工具——秤。称量大米或谷子的时候,先用斗量,然后用秤称,这样不仅可以准确称出粮食的重量,还可推算出其中的杂质水分等。后来,秤不断改进,分为十六两、十二两或十两一斤,并被用来称量其他物品的重量,此是后话。

就在鸱夷子皮倾尽家财,不断收购谷子、稻子等粮食的这年冬天,齐国境内的大部分地区迎来一场几十年不遇的大雪。这场雪一连下了十多天,到处是四五尺厚的积雪,冰天雪地,寒冷至极,所有冬季作物全部冻死。转年开春,又一场冰雹几乎席卷全国。很多百姓的房屋被毁,牲畜被冰雹砸死,连树枝都被砸得七零八落。春粮颗粒无收,到四五月间,多地发生饥荒。

一直为这几年风调雨顺、粮食年年丰收感到得意的国君齐平公张皇失措,紧急召集大臣们出策救灾。但除了国库拿钱币出来贴补购粮外,还有什么更好的补救办法呢?国家出钱购粮,导致粮食价格飞涨。原来一直担心粮食卖不出去的临淄商家,早在鸱夷子皮购粮时就全部抛售,现在已无粮可卖。而农家的粮食,前一年种后一年吃,即使略有余粮,也大都卖掉了。

这种情况下,鸱夷子皮成了屯粮大户,他储备的粮食甚至比齐国国库的粮食还多。

姜子盾最先找到鸱夷子皮,称他高深莫测,想必能大赚一把。鸱夷子皮摇摇头，说："我不愿做囤积居奇之事。《周书》中讲：'农不出则乏其食，工不出则乏其事，商不出则三宝绝，虞不出则财匮少，财匮少而山泽不辟矣。'众所周知，农民种植不出粮食，食物就要匮乏；工匠制造不出器物，百姓的劳动与生活就要陷于困厄；商人不开市做买卖，粮食、器物、财富就要断绝，掌管山泽园囿的虞人不开发山泽，财富和资源就会缺少。财富和资源一旦减少，山泽也就无法重新被开发。可见，农民、工匠、商人、虞人是事关百姓衣食生存的四大关键所在。这四个基础夯实稳固，民丰而国富；这四个基础动摇松散，民贫而国弱。无论治国者还是治家者，只有让这四个方面都获利，才可论及富国、富家之策。眼下要度过灾荒，务必先降低农民和商人的损失，以市场价卖出存粮，保证商贩正常开市，这才是真正的商家之道。"

姜子盾惊讶地张大嘴巴，问道："难道你要平价售粮？难得碰上这样好的挣钱机会，你怎么白白放弃呢？"

鸱夷子皮觉得自己跟眼前这位富商的思维方式不同，为了让姜子盾了解他的做法，他又把"平粜"的想法细说了一遍："掌握年岁丰歉的循环规律，就可预测五谷及其他商品价格变动的趋势，可以利用它使一个国家财政丰裕，让个人致富。如果出售的谷子每斗价格为二十钱，农人就要吃亏；如果每斗卖到九十钱，商人就要吃亏。要是商人吃亏了，钱财就不会流到社会；如果农人吃亏了，田地就会荒芜。因此，谷价最高不得超过八十钱，最低不得少于三十钱，这样农人、商人才会双双有利。我囤粮只是为了使市场保持相对平衡，不是为了借机哄抬价格。"

姜子盾终于明白了，赞道："没想到一个商人竟有如此胸怀和境界，实在佩服！"这一番对谈让他对鸱夷子皮刮目相看。

但是，鸱夷子皮在春上并没有卖出去多少粮食，因为农家还有余粮可以度日，只有非农户才急于买粮，而这些人大都是有钱人，让他们多花点钱币在外地买粮，没有什么不好。何况以他的预测，更大的灾难还没有真正到来。

果然，这一年的春夏之交，十天九阴。全国四处细雨绵绵，旱地作物长势极差,野草比庄稼长得好,根本谈不上收成。入夏以后,又在几天内连下了几场暴雨,把水田淹成一片汪洋。南四湖等大湖区不仅受雨水侵袭,还遇到海水倒灌,湖水一下高过往年最高水位五尺有余。独山农庄的稻田和鱼塘虽然采取了一些措施,但还是被湖水淹了,好在仓库里有足够的储粮,总算躲过一劫。这下子,国仲、安青子他们对鸱夷子皮更加佩服得五体投地,叹为仙人转世。

入秋后,临淄街上出现逃荒的饥民。齐平公不得不急令各县城邑打开粮仓放粮,又从国库拿出一大笔钱币来救济。但有钱无粮,只能干着急。都城贵族都悄悄前往晋国、鲁国购粮,而平民则流离失所。在城内灾民日益增多、官府焦头烂额的关口,有人向齐平公禀报,临淄城外有个叫鸱夷子皮的人平价售粮,还白拿出一些粮食施舍灾民。齐平公很高兴,马上派人去打听鸱夷子皮的身世,要给予奖赏。灾民们听说城外有人施舍、售粮,一拥出城,这下子,灾民最多的都城反倒变得清静了。

3. 出使燕国

齐国出现数十年不遇的水灾,闹了两个多月的灾荒后,临淄城和周边的城邑渐渐平静下来。而化解这场灾难的人正是鸱夷子皮。

齐平公派出去打探消息的人回报说,那个叫鸱夷子皮的人只是一介商贾,但家财万贯,富可敌国。齐平公不信,说:"齐国义商只有端木子贡,富商只有姜子盾,从来没有听说过鸱夷子皮其人。"

探报人又说:"此人就住临淄城外,所作所为皆系臣亲眼所见,从入秋至今,每天都施舍、售粮,的确属实。"

齐平公喟叹道:"吾以国家之财力,施仁德于百姓,止于临淄。而鸱夷子皮以一家之财力,施仁德于百姓,且大于齐国,足见其人贤能。"齐平公经过再三思索,决定委派卿士子货去聘请鸱夷子皮入朝为官。

齐国的政体与吴、越两国不同，齐国地处天子脚下，是周朝天子封赏的诸侯大国，史传姜尚是第一个受封者，国君称为"公"，之下还有侯和伯，皆是爵位，卿士也是周天子封的爵位。国君也可给国内的人封爵，高级爵位称"大夫"，分上、中、下三等，爵位不是官职。有大夫爵位者，可求见国君，参与朝议。齐国官职中以相为最高，原分左、右丞相，现由田常一人独相，称为相国。相以下又设大司马、大司寇、大司空、大司农等职。而吴、越两国以前不是受周天子封赏的诸侯国，国君自称王，国王所封的大夫爵位不被其他诸侯国认可，只能算作担任某一官职的资格。如此，吴、越的大夫往往都直接与官职联系在一起，比如掌兵大夫、司农大夫等。

齐平公派卿士子货去请鸱夷子皮无疑是给了他很高的礼遇。子货行前还沐浴更衣，整理冠带，刻意梳洗打扮了一番，以示尊重。

这一天，鸱夷子皮在淄河边的家中静坐饮茶，见紫砂杯中有一根茶梗直立，右眼睛又无缘无故地跳动不止，这些征兆使他意识到，今天有要人登门，说不定还是一位不速之客。正准备暂时回避，有家人进来通禀，子货已经来到家门口。

子货是个见多识广、能言善辩之士，两人见过礼后，他便从称赞鸱夷子皮的经商之道开始，说到富行其德的大仁大义，再说到鸱夷子皮商路通达江海的兴旺景象……

鸱夷子皮见子货滔滔不绝，微微一笑道："贵卿过誉了。齐地沃野千里，诸侯四通，我只是顺天时，采地利，尽人事，尽己所能地做点事，以正世人对商贾的偏见。"

子货见自己的一通称赞没有激起鸱夷子皮的兴趣，便直接道出目的："齐公治国已经十九年，但齐国国力并不见增强，反而有逐渐衰落之势。邻邦常常以武力相胁，使齐国只能居于他国之下，齐公因此惶惶终日，夜不能寐。今闻先生贤能，胸有雄才大略，齐公特意招贤，愿请鸱夷子皮先生入朝为相。"

饱经世事的鸱夷子皮怎还会有做官的意向？"平粜"救灾只是出于

公心，觉得商人也应该以天下为己任，负道义于肩，而不是为了赚钱，更不是为了做官。他客气而明确地回绝："鄙人乃一介草夫商末，实无举国为相之材。蒙齐平公垂爱，令贵卿光临寒舍，今日有违所托，非不为，实不能也。依鄙人之见，齐平公招贤纳士，应前往大的诸侯国寻求高人为是。"

子货一直在观察鸱夷子皮的神情，看得出鸱夷子皮神色肃然，态度果决，是真心不愿位居高官，也只好就此告辞，打道回府。

听到子货禀报结果，齐平公很不满地说道："寡人欲亲带甲士前往。"于是，过了三天，齐平公带数十名甲士，鼓号齐鸣，鸣锣开道，来到淄河边鸱夷子皮的住处。进得院中才惊讶地发现早已人去屋空，不知鸱夷子皮一家迁往何方。

齐平公好生懊恼，回宫后即召将军陈光入见，令他即使搜遍整个都城，也要把鸱夷子皮找出来。但是陈光知道，鸱夷子皮就是范蠡，这个秘密肯定不能泄露，但他更清楚鸱夷子皮绝对不会留在城内，现在最有可能去的地方是微子湖。可君命难违，他只得回禀说："既然鸱夷子皮无意为官，肯定不会继续藏匿在城内，要躲就会躲到人迹稀少的地方，比如胶东、微子湖等处，主公不妨派人去那些地方查访。"这样也算是给齐平公一些暗示，如果他够圣明的话，自会派人去访。

齐平公一听，陈光说得有理，但转念一想，齐地的荒凉之处甚多，为什么偏偏就只提到这两个地方？陈光可能知道什么隐情！齐平公两眼直盯着陈光说："寡人诚心招贤，而你讲话却吞吞吐吐，是何缘故？"

陈光无奈，只得说，鸱夷子皮曾在市场上买了一批奴隶送往微子湖，今日他走得那么快，只有那里好去。

"还有这种事？你马上随寡人去见。"齐平公说完又带着一队人马出发了。

而鸱夷子皮一家果然逃到了独山农庄。这一天，风和日丽，鸱夷子皮坐在鱼塘的坝上，望着刚刚开始返青的野草，正觉惬意，忽听得远处传来一阵锣声。他站起来眺望，只见鱼塘前面不远处来了一队官兵模样的人马，正向农庄方向而来。稍近，鸱夷子皮发现是国君出行的仪仗，他在心内暗自说：没想到齐平公亲临了。知道自己已经无法躲藏，鸱夷子皮只好上前去迎接大驾。齐平公由陈光扶着从马车上下来，径直走到鸱夷子皮面前，先施一礼。鸱夷子皮见状，忙下跪叩拜，随后把齐平公请入农庄最精致的茅舍中。

其实，齐平公曾在范蠡当年出使齐国时会见过他，只因时间久远，一时没能想起来。见如此蛮荒之地，竟还有这样整齐的庄子，他更加坚信鸱夷子皮有治国之才。

子货前次已经说明了齐平公的意图，所以这次齐平公并不多说。鸱夷子皮见齐平公如此礼贤下士，不好再次推脱，但向齐平公提了一个请求：赦除农庄百余名降卒的奴隶身份。齐平公很为难，因为这涉及一个国家的制度，但还是答应特赦。鸱夷子皮再次叩首，替即将获得自由的奴隶们谢恩。农庄一时欢呼声四起，屋外传来"齐公万寿"的呐喊声。

齐平公下如此大决心，也是事出无奈。一是田氏势力日隆，相国田常专权，君权被削弱，若重设左、右丞相，可以对田相有所牵制。二是齐国经济、军事实力日渐衰退，抗击天灾人祸的能力渐弱，此次赈灾，一国之力还不如一个商人就是证明。三是北方的燕国虎视中原，跟齐国相互敌视，必须提前防范和化解。他希望鸱夷子皮能够帮助自己出谋划策，使齐国国富民兴，重振雄风。

相国田常听说齐平公不惜一切招贤纳士，聘得一位高人。他原本强烈反对，心想这鸱夷子皮是何人，如此胆大包天，敢来分自己的相权？但当他见到鸱夷子皮本人时，大吃一惊，此人竟是自己的老朋友、大名鼎鼎的越国上大夫范蠡。田常暗自思忖：多年前范蠡执意从越国退隐，可见其志如凤凰，非梧桐不栖，非练实不食，非醴泉不饮，完全不用担心他抢了自己的权位，不如乘机利用范蠡的计策壮大齐国。田常一向视齐国为田氏天下，壮大后的齐国和他的齐国无异，故而他并不反对。

辛苦隐姓埋名这么久，还是逃不脱命运的安排。如此，旷世奇才范蠡出任齐国右丞相，又一次被历史的潮流推上了政治舞台。

公元前461年（齐平公二十年），齐平公派左丞相田常和右丞相范蠡秘密出使燕国，意在息兵罢战，化解齐国与燕国的仇怨，订立和约。

燕国虽在周天子脚下，但其属民以北戎民族居多。燕立国以后与中原各地来往甚少，文化较中原落后，在春秋初年的外族入侵中更是险些亡国。

燕孝公在位这些年，正处乱世之秋，各路诸侯虽表面平静，而雄霸天下的野心并未丝毫消减，战事每时每刻都有被触发的可能。但燕国没有加入争霸的行列，只偏安于北方一隅。

这天，田常、范蠡及随从到达燕国边关，燕国官吏拦住他们，要查验封传，即边关通行证，并声称：凡齐国人燕者，每一封传只能一主一仆进入。田常和范蠡只好两人入关，让众随从暂住在关外。

田常与范蠡二人进入燕国后，一路上都被燕人密切监视，仿佛他们是入侵燕国的敌人。傍晚，田、范二人在一家客栈住下，要了些酒菜。哪知店家端上来的都是剩菜残羹，田常一见，脸色大变，拔出自己的佩剑，狠狠扔在地上。店家大惊失色，逃命似的跑了出去。范蠡见状，笑了笑，自己先吃起来。

田常早窝了一肚子火，哪还吃得下去，更何况是这等劣质饭菜。待范蠡吃毕，两人回到房间，他就大声嚷道："燕人对齐国的敌意如此之深，再往前行，恐有杀身之祸。"

范蠡道："我们此行正是为化解敌意而来，如果无功而返，即使主公不怪罪，那也是我们无能啊。"

田常在房间来回踱步，焦急地说："这可如何是好？"多年的交情使田常在范蠡面前丝毫不掩饰自己的急性子。

范蠡想了想，说道："相国先别急，容我给你讲个故事。有两条蛇要迁徙，因为要过大道，人来人往，担心被斩杀，小蛇就对大蛇说：'你在前面走，我在后面跟着，这是常规，人们见了一定会打杀我们。可如果我附在你身上，你背着我走，人们见了会惊奇，感觉这事很怪异，一定认为我是神，有大蛇护佑，便不敢再轻举妄动了。'大蛇听了觉得有理，便背着小蛇上了大道。果然，路上的行人见状，纷纷传言，说小蛇定是神君，争相看着大蛇驮小蛇越过大道而去。"

田常耐着性子听完，但不明其意，问道："难道蛇能帮助我们吗？"

范蠡笑道："我们可以仿效蛇的做法。相国衣着华丽，佩玉挂金，我布衣装束，旁人一看便知你主我仆，平常得很。但是，若相国与我身份互换，犹如大蛇背小蛇招摇过市，燕人定会感到惊讶、好奇，人们会以为我这布衣是千乘之君而对我们百般崇敬，也就不会再有这般羞辱了。只是不知相国愿不愿意屈尊？"

田常想了想，很无奈地说："别无他法，不妨一试。"

第二天在通往燕都的官道上，人们看到一个衣着华丽、背着封传小包的仆人尾随在主人的马后，马上的主人一身布衣却气宇轩昂，处处显出王者的威仪。一路上，燕人莫不驻足观望。有人议论说："仆人都如此豪奢，主人的官职小不了。国内少见这等人士，莫不是微服私访的齐国国君？"

晚上，"主仆"二人来到一个县邑，县令马上出至城门迎接，毕恭毕敬地说："不知齐公驾到，失敬失敬。"范蠡微微一笑，说道："我不是齐公，是齐公派来的使臣。"

县令略显诧异，随即说道："既是齐使，想必也地位超然，燕地简陋，还望齐使大人海涵。"说罢，他把二人安置到驿馆最好的房间，又办了丰盛的酒席款待。

次日一早，县令派兵护送，一路鸣锣开道，燕国百姓无不争相避让。

燕孝公已听说齐国出了个像姜尚一样的人物，早想一睹其风采，亲闻其谋断。当田常、范蠡顺利抵达都城后，燕孝公马上接见了他们。

待双方礼毕，燕孝公道："听说范相国能入两国卿相，又两置千金家产，恃何而达？"范蠡回道："顺应万物发展的规律，持盈而不溢。"

燕孝公又问："若一国处在危难之中，如何拯救它？""君臣同德，百姓同心，应时待机而知变。"范蠡从容应答。

燕孝公再问:"强国之君如何行霸道?""霸道岂会长久?吴王夫差就是最好的证明。"范蠡有礼有节的答复让在场的许多人点头称是。

燕孝公又问:"霸道行不通,那王道呢?"范蠡答道:"王道的核心即为仁政,德政化民,德服四邦,息干戈,行仁政。只是王道对当政者要求甚高,当政者除了戒奢靡、享乐与滥权外,更要殚精竭虑,一心为民,难以一以贯之。这一代当政者贤明,国则强;下一代昏庸,国则衰。"

燕孝公沉吟良久,叹道:"那天下岂不是无道可行?"范蠡答言:"有,人道。燕地处偏隅,民风强悍,军力威猛,只是经济落后,国力不济。若能息兵养民,韬光养晦,很快便可由弱转强。息兵养民,乃顺势而为,即为人之道。"

燕孝公质疑:"息兵养民能强燕吗?"范蠡微微一笑,说:"天之道,利而不害;人之道,为而不争。周室的守藏室史李耳告诫世人,善为下而不敢与天下人争能,不夺时而不敢与天下人争利。善为下者,不强出头,不树敌;不夺时,民之生计有时,农耕不得误时。不夺时即不大兴土木,不穷兵黩武,如此则民安矣。燕与秦相似,都地处偏远,且民风强悍,若外无敌国侵扰,内有强悍之民,国无忧矣!"

范蠡的一番答辩,使燕孝公觉得高深精妙,于是尊为天下至理。也因此,他打消了进军中原的念头,愿意与齐国和平相处,并就此签订了盟约。

4. 浮海出齐

范蠡出任相国后,对齐国的国情、民心做了进一步研究,过去田桓子(田常的祖父)对贫穷孤寡的国人"私与之粟"和田常执政后以大斗出贷、以小斗收进的做法,都是为了争取人心。他赞赏田氏的这些做法,提出以农为本,劝农桑、务积谷和"农商兼营"的主张,使制盐业、畜牧业等百业俱兴。此外还促进齐国与其他诸侯国之间的商贸往来，冲抵灾年对齐国物资短缺的困扰，结果使"民财为之归"，而百姓也对他交口称赞。

列国之中，尊贤尚能的齐国有着最悠久的养士传统。自姜太公开始，齐国就有"举贤而尚功"的基本国策和社会风尚。作为滨海国家的齐国开放并包，而齐人广阔的胸襟、爽朗的性格和浪漫的精神则孕育出博大兼容的齐文化。范蠡主张加强与周边国家的文化交流，齐国的养士之风复盛。

范蠡的做法，不仅得到齐平公的夸赞、厚赏，而且他的很多举措都与田氏集团不谋而合，因此也得到田常及其家族的积极支持。几年间便奠定了齐国经济与文化繁荣的基础。

时光如流水，不知不觉间，范蠡出任相国已三年有余。此时，范蠡向齐平公许诺的任相期限已过，因而范蠡也开始着手做辞官还乡的准备，想重归往日经商治家的逍遥生活。

他把大儿子叫来，吩咐说："你去胶莱河一带买一条最好的海船，将来说不定能派上大用场。"

范智不知父亲买船有何用场，问道："父亲要多大的船呢？"

"能渡海的三杆帆船，越大越好，买到后在那里等着我们。"

在范智前往胶莱河的同时，范蠡向齐平公辞官。可是，齐平公说什么也不让他离去。

对此，范蠡慨叹道："居家拥有千金之产，为官则列于卿相之位，对于一个白手起家的老百姓来说，这已是到了极点。长久地处在尊贵位置上，只怕不是吉祥的征兆啊。"于是，范蠡故伎重演，把相印还给齐平公，然后悄然离去。千金家产都分给了临淄的朋友以及国氏兄弟、春喜、安青子，还有在海边垦荒种地的那些奴隶们。

一天清晨，一艘很大的三杆帆船从胶莱河下游出发，驶向渤海莱州湾。一场不知何时到来的初雪将莱州湾过早地带入冬天，昔日的海面变成了白色的冰雪世界。范蠡原以为入冬后海面风浪小，行船安全，没想到气温下降这么快。他伫立在船头，凝视着海面，轻声地自言自语：

"还是有些迟了。"说罢,搓了搓手,钻进船舱。

范哲问他:"父亲,我们这是要去哪里?"

"北上,离开齐国。"范蠡回答。

"为什么不往南边走呢?"范哲不解。

"南面是个很大的半岛,绕行太远。"范蠡说得十分平静。

"哦。"范哲不再问了,有过前两次背井离乡的经历,他已经知道自己这个奇怪的老爹要干什么了。

除了几个船工,船上其余的人都不再说话,蜷缩在较暖和的地方不动。

利用季风航海,风的顺逆至关重要,顺水行船,再加顺风,航行快速安全;但海上行船时常会遇到变幻莫测的风浪,稍有不慎,就会迷失方向。他们在海上航行了四五天后,靠近了海岸。此时船工也搞不清方向,便抛锚停船。

范蠡上岸,发现是个荒芜的岛屿,海拔不足百米,到处是奇形怪状的礁石。他好不容易找到一个海边的渔民,一打听,吃了一惊——这里竟然是南莱州湾(今烟台境内)!离出发之地不过三四十海里。

范蠡哭笑不得,若此时重新出海,心里实在没底,只得请求老渔民帮助。老渔民把他们带到自己低矮的泥草房,让他们暂时住下。

一连几天,天上不停地飘着雪。泥草房檐下挂着成排的冰溜子,地上堆了厚厚的积雪;院子里有高高的茅草垛和成堆的树墩子,上面也满是积雪。老渔民让他们进屋,招呼他们取柴烤火。范蠡也跟这个比他年纪稍大的老渔民聊起来。

老渔民介绍,这几百里之地都称为莱夷,原本居住的是夷民,后来齐国的齐灵公灭了莱夷,将夷人全部列为隶臣隶妾,这差不多是百年前的事了。眼下夷人共有三处,一处是西莱夷(又称夜邑),在齐国境内;江淮之间靠海处是淮夷之后,称九黎,也叫九夷;据说东南大海之上有个大岛,岛上人也是夷人的后代,称为岛夷。

范蠡问:"这夷人有何特点?靠什么为生?"

"夷人九族各有不同。其中以东屠、夫余、高丽、满饰人数居多，四族占了夷人的大半。玄菟和天鄙在夷人中数量最少，玄菟是夷人中最尊贵的族人，是原莱君的亲属。而天鄙是夷人中最卑微的一族，却最为忠直，所以莱夷一带的齐人喜用天鄙族人为仆佣，因为他们忠心不二。东屠、夫余、倭人最善战，东屠族嗜杀，夫余族好利，倭人族最多勇士。乐浪族善水运物，高丽族善种树畜养，索家族善渔盐，满饰族善猎。各族之间互有征战，所以都有族兵，多者数千，少者数百。"

范蠡听了，不禁惊叹："莱夷人真是不简单！"

待大雪一停，范蠡便踏着冰雪到周边去考察地理民情，他想见见老渔民讲到的几种莱夷人，于是放弃了冬季渡海计划，让所有人一起把那只船拉到海岸上后，遣散船工，把船当成一个临时住所"定居"下来。

这个冬天很漫长，范蠡先后走访了夷人九族中的四族，在天鄙族找来一个十七岁的小伙做随从，向乐浪族探询海上通道，向高丽族学畜养之法，向索家族讨教制盐技术。那些人见年过六旬的范蠡如此诚心好问，都乐意尽其所知地教他，很多人成为他的新朋友。

范哲也闲不住，居然在夷人中拜了一个师父学剑。不管天寒地冻，每天都要练几个时辰。范智则每天钻研制盐要诀，准备来年天气转暖就煮盐或晒盐。

大海，给了人类无数的恩泽，是个巨大的宝库。它无所不有，尤其是晒盐、煮盐的海水，取之不尽、用之不竭。岛岸的养殖业也很发达，畜养的牲畜多为大驴、骡马、黄牛等。

知地取胜是范蠡的一贯商则，此地拥有鱼盐之利，他自然要善加利用。于是，他很快弄清了周边的环境：沿海绕岛向东，可入东海；横穿半岛向南，可到达越国都城琅琊；向西五六十里地，是齐国边境，再往西一点，便是二黑的家乡胶莱河；向东北行海，可到"海外"——燕国东部（今丹东）；向西北可以入渤海湾，到燕国内陆；也可出湾后即入黄河向西到中原各国。他要在这片原始的土地上寻找商机，寻求出路。

次年春，范智便着手开发盐场。他找到几个夷人当帮手，利用天然大沙堤，围起了长达几里的场子。靠海的沙滩平缓绵延，沙质洁白松软，形成一道漂亮的沙坝，既可防汛，又可防浪。南边的岩石礁盘，缓缓平铺，犹如天造地设的屏障，挡住了海风和海浪。到了夏天，烈日当空，晴天少雨，强烈的日照，使海水从纳潮到成盐只需要五十多天。他晒盐成功了。

在一个夕阳西下的傍晚，范蠡伫立在海边礁岩上欣赏儿子的劳动成果。只见盐田长达数里，雪白地平铺在山海之间，就像上苍用巨手挥就的一幅画作，无论在视觉上还是心理上，都给人带来极大的冲击力。

在邻近的地方还有一个更大的盐场，场主是个四十多岁的索家族汉子，据说这个盐场已传了几代人。范蠡走过去向他问候，只见他有着高大的身躯和黝黑的皮肤，在盐池里，用粗壮的大手从雪白的盐堆上抓起一把盐，动情地说："产盐并不难，可这里的盐比石头还便宜，晒盐的人都活不下去了，你们为啥还来找这个活路啊。"

"莫非岛上的人都不用盐？"范蠡感到奇怪。

"岛上人本来就不多，又分为不同的族，每个族首领都管制着自己的领地，不许同族人与外族人做生意，所以这里的物品仅在族人中交换，若买卖货物，就要到胶莱去。"

范蠡想，这里偏于一隅，交通不便，物品不流通，盐晒多了自然就不值钱。回到船上，范蠡对宛玉说："我们还是盖个茅屋住吧。这条船得重新修好，要靠它在海上重新打开一条新的商道。"宛玉问："夫君已经决定在此长居了吗？"

"智儿好像有此打算。还是等寻到了商道再说吧。"范蠡不置可否。

接下来，范蠡一边组织人动手建茅庐，一边请人修理海船。之后，他又去了胶莱河。在那里，他找到了二黑——胶莱河的首富。从交谈中，二黑得知他在半岛晒盐、养畜，大为惊讶和不解。但二黑深知范蠡做事一定有他的道理。他给范蠡推荐了一个精通航海、熟悉海上航线的夷人，临别时，又送给他一匹良马。

范蠡回到南莱州湾后,立即按二黑的话找到那个航海夷人。之后,他们经过几次出航,先后到达半岛东面的几个岛屿,到了燕国最东部、渤海湾和黄河入海口。

这几次航行前后历时大半年,经过一番比较,范蠡发现,向东北、西北航行都没好的出路,且航程远,风浪大;而由黄河逆流而上,航程近,风浪小,而且往中原各国贩盐还有不错的市场,因而是最佳的选择。所以,范蠡选中了这条商路,每次出门做生意时,又让仆从称他朱公。不久,中原的人们就发现经常有一个自称朱公的人将莱州湾的海盐和牲畜运往内地。

范智简直是个搞产业的天才,他不仅把盐场打理得井井有条,还有不少时间喂养牲畜、捕鱼狩猎。他觉得事情已经做得得心应手,渐渐习惯和喜欢上这里的生活。

范蠡原本也没有打算马上离开这里,但突然发生的一件事情使他觉得很有再迁的必要。原来,与范哲一起练剑的东屠人的族人和另一族发生地域纠纷,两族各选出五十名族兵斗剑,胜者留,败者走。结果一场血战,双方死伤过半。而范哲竟然扮成夷人参与了这场械斗,幸好命大,没有受伤。

范蠡觉得,这里虽民风淳朴,但夷人们也野蛮剽悍,尚武善射,莫不以武勇为荣,且语言难懂,文化落后,教化不驯。如果范哲长期混迹其中,不仅学不到人道礼法,甚至性命堪忧。

这一天,范蠡找到两族的头领,说:"为了一件小事,引得两族争斗,死伤数十人,这哪是真正的勇士所为?我不忍你们再斗,你们两族各选出一名最勇猛的剑士,哪一个能打败我,哪个族就赢,如果都打不过,你们必须就此罢休,不得再斗!"

两个头领一看,见是个年过六旬的老头,都点头同意,并各挑出本族中最精壮的剑士。比剑时,两族有很多人来观战。范蠡步态轻捷,身子轻轻一纵,落入场中。两个剑士上场后,他们紧盯着范蠡,并不出剑,因为范蠡手里根本没剑。只见他旁若无人,气定神闲地立着,与两方的剑士对视片刻后,剑士低头服输。

　　过了几天,那些夷人再寻范蠡时,已经找不到他的踪影。而后夷人们口耳相传,都说这个不知姓名的老人是齐国来的一位得道隐士。不同的是,有人说这位隐士上了崂山,有人说隐士浮海而出了。

第十一章　齐地再现陶朱公

1. 陶地朱公

平息了夷人间的争端后，范蠡举家从莱州湾经黄河口逆流而上。这次，范哲再也不问父亲去哪里了，因为他知道此次迁徙与他有关。但他不明白，为什么夷人的剑士还没有比剑，就愿意服输。

有一次，范哲寻到机会，便问道："久闻爹的剑法如神，但孩儿从未亲眼得见，那日本想一睹为快，没曾想是这样的结局。"

朱公微笑，心想，几句话恐怕讲不清楚高手对战的奥妙，倒不如趁机让他知道那日的用心，于是耐心说道："剑者，凶器也；比者，争斗也，刀剑岂可说比就比？学剑首重心法，出剑之前，心里对即将发生的结果应该一清二楚。两族为小事死了那么多人，这是双方都不愿意发生的，但谁都不会主动服输。我从中调解，就是帮他们找个台阶。虽然那两个剑士都想赢但都不敢赢，因为无论他们哪个赢我，械斗还会继续下去，只有都输，才能就此罢战。"

"朱公，您真比得道神仙还神。"站在一旁的夷人仆从情不自禁地说道。

"夷人的本性是好的。不过，这个名字不大好听。你的名字也得改改，叫你齐鲁好不好？"

"好是好，那是什么意思呢？"

"你是齐夷人，我们将到鲁国去。"朱公简洁地回答他。

"父亲，我们为什么去鲁国？我听说鲁国很穷。"三子范祈不解地问道。

"那一带文风鼎盛，可以让你们知书明理。"宛玉温柔地对儿子说。

船行五日后，到了泰山西麓。朱公让范智和船工留在船上，其余人登岸。他们雇了一辆牛车行数里进入一个村子，向路人打听得知，原来这里是古肥子国（今肥城境内），现在属齐国，与鲁国相去不远。又南行十余里，经过一个湖泊，朱公见水面宽阔无垠，周边河道纵横，湖边土地肥沃，是个水草丰美的地方，便下车步行，沿湖岸来到一个集镇上。集镇很热闹，有各种各样的店铺，人们熙熙攘攘，连大树底下也摆满了杂货小摊，出售皮毛、肉类和各种山货。向人一打听，才知道这儿就是昔日洪水横流时，大禹治水的熊耳山下古莘卢邑。那时禹王带领民夫在山的东北角处劈山开石，疏通河道，使洛水东流后水位下降，汇成一片几十里的大湖，人们才在湖边镇上过起安居乐业的日子。

湖之东北不远处有座山，据说是用挖湖的土石堆成，后人称之为陶山。山南则一马平川，全是涝洼地的黑褐土。山地盛产桃、木耳、山参、药材、葛麻等。

再细探访，又得知这里地理位置得天独厚，是通达各国的枢纽，东南是齐、鲁，西南通楚、越，西北达魏、秦，东北连赵、燕。这湖虽不太大，但直通汶河、济水、东平湖、微子湖等水域。朱公一直认为，交易能否让人致富全在建立通路这一重要举措，于是决定在陶邑居住下来。

"这里不过是穷乡僻壤，啥也没有啊！"转了一圈，范祈心直口快地提出异议。

"小祈，这青山绿水就是上苍对我们的恩赐，如何说'啥也没有'？这儿其实很富有，只不过村里的人还没有想到。"朱公兴致很高地说。

这一带的人的确不怎么富裕，主要水陆交通工具就是竹筏、舢板和牛车、木拖，村民的房子由泥块和石头垒砌，上面盖几层茅草，许多家庭是五六人挤在两间小屋里，十分拥挤和不便。周边两个村子和邑镇上的人加起来，也不过一百二十余户。附近没有客栈，朱公一行找了半天住处还是没着落，便在邑镇上一家挨一家地打听，看谁家有空置的住处。直到第三天，朱公才找到一个卖房者，是个孤寡老人，年近八旬，住在陶邑的南端。院落很宽敞，却只有两间土石砌成的房屋，一间是老人的住房，一间是灶房，长久的烟熏火燎，使墙壁、屋顶漆黑一片。屋旁还有一间偏房，与正房两间隔开，推开侧门，门轴发出一声残喘，落下无数灰尘。这里原为装储杂物和粮食的仓库，因老人一贫如洗，这间房等于空着。

老人没有讲明价钱，只说自己可能不久于人世，能为他养老送终即可。朱公与宛玉略微商量后就应承下来。朱公感谢老人说："人在难处，有个栖身之所，就谢天谢地了。对您老人家，我们会像对待自己的长辈一样。钱还是要给一些，可作贴补，老人家手头宽裕些，办什么事情也方便。"

老人见他们如此慷慨，便说："院子旁还有个闲置的果园，是祖上几辈传下来的，我老了，已经多年不照看，现在果园荒芜，你们若不嫌弃，得闲的时候就自己种起来。"

"不知您老的这片果园有多大面积？"朱公礼貌问道。

"估摸有二十好几亩地，不少呢。"

"园里都有什么？"

"几棵半死不活的梨树、桃树，还有一些挨墙靠边的刺枣树，只有靠近院子的地方是一些自种自吃的小菜。"

"这倒是个好地方，荒芜了实在可惜啊。"朱公轻轻蹙眉道。

"我们索性多付给老伯一些钱币，连这个果园一起买下来，夫君以为如何？"宛玉看着朱公说。

"甚好，不过为免得日后争执，最好留下些字据，请当地有名望之士见证才是。"

于是，按照朱公说的，老人请来了陶邑的地方官吏，找来四邻，丈量了庄院和果园的土地，写成契约，由买方和卖方签字按手印，证明人画押。不久后，朱公就将老人的房子修葺一新，同时又加盖了两间草房。

所谓"靠山吃山，靠水吃水"，老人告诉朱公，正东的齐国多产布帛和鱼盐等，北面的赵国则盛产鱼、盐、枣、栗，而南面的宋国和鲁国是桑麻产业发达的国家。当地的山货多，肉类、皮毛和粮食等产品，都很丰富，但是村民缺少食盐、衣服、日用物品等。

于是，朱公在陶地邑镇上开了家山货行，做起了收购山货的生意。他还打听到一个专门做山货生意的人，姓张，此人干这行也有几年的时间了。于是朱公跟他商量，由朱公供货，他负责外地的销路。张掌柜是个忠厚的人，听到朱公的想法，两人一拍即合。

回村后，朱公贴出告示，上面写着要高价收购各样山货。这个消息一传十，十传百，供货人络绎不绝地往这里跑，不满一个月，各种山货就把偏房堆满，他不得不再次扩建两大间仓库。

收购的山货越来越多，张掌柜应接不暇，于是朱公就把每种货物挑拣分类，把上等货另放。并雇了村里几个健壮的小伙子，买来几匹骡子。按各地商贾的需求，他们先把各类上等货用牲口驮运出山，送往各个要货的地方出售；得款后，他再到莱州湾购回食盐，或在鲁国购回桑麻布衣，或在魏、赵购回各类日用杂货等。

日子长了，光靠几匹骡子已经无法完成运送山货的任务，于是朱公就把货物运到村子外的河边，由竹筏运出。范智的海船更是发挥出极大优势，运货多，成本低，常年往返于海河之间，齐、鲁、魏、赵、韩、宋等中原各国的百姓都曾买到过这只海船运来的盐。

贩贱卖贵是远程贩运的商则，但朱公始终坚持只"逐什之一利"。结果，这些购回来的货物很快就卖完了，他把往返一次的利润一盘算，还是赚了很多钱。不到两年光景，朱公又聚集了大量的财富。

此后，朱公制订了一个"治产积居，与时相逐"的十年计划。他在陶邑湖畔搭起牲畜饲养栏；雇用当地人力，组织了运输销售队；开了屠宰、饮食、酿造、皮毛加工四个作坊；还办起了一家杂货店、两家客栈。

一天，朱公正在货铺盘点货品，一个书生模样的人进来对小伙计说，他前天在这里买了一把陶壶，没用两次陶壶就破损裂口了，因此声言要退货。小伙计拿起陶壶一看，不是本铺的货，不肯退。范智见了过来说："客家，我们这儿从来不卖次货，保不准是你一时错把别家的拿到我们这里来了……"不待范智说完，书生就抢过话头，生气地说他的记性好得很，背诗文很灵光，怎么会搞错。双方各执一词，争论越来越激烈。这时，朱公从里面出来，问清原委后对范智说："既然这壶品质不好，这位客家又记得是在这儿买的，那就把钱退给客家吧。"说完又向书生致歉，而范智很不服气地把钱退给了书生。

过了几天，这个书生又来了，他不好意思地说果真是自己记错了，所以特意来还回钱币。朱公笑说："客家买了次货，心里恼火是人之常情，这没什么。以后凡是朱家的货，只要有次品，一律包退。"

这件小事，让朱公得到两点启示：一是货品必须品质好；二是以后朱家的货，能做记号的一律做记号，以免和别家的货混淆，影响名声。自此以后，朱家所有货品都有特殊的标记，商队出行一律打着朱家的旗帜。朱公之名很快家喻户晓。

仅过了两三年，陶山附近就热闹起来，方圆二三十里，车来人往，人欢马叫，犹如繁华集市，随之便自然形成了像临淄一样的外城。外城地处中原水陆交通枢纽，诸侯四通，成为相互之间货物交易的中心和最富庶的商业城邑之一，手工业和商业非常发达。原来的邑镇则成为内城，相对于喧闹的外城市集，内城反倒显得清静幽雅。朱公于内城再建房屋数间，屋旁绿树成荫，鲜花绽放，有石桌石椅藏于树下，竹篱环绕庭院，门前远眺小山叠翠，近望湖水青碧，景色十分怡人。

这时的范智已娶妻成家，妻子是胶莱河畔一个非常质朴且勤劳善良的女子，两人生育了一子。

三年之后，朱公独据了陶地五畜市场。五年之后，牲畜养殖作为产业被推广到齐、鲁、宋、卫诸国。七八年后，范智成为闻名鲁、宋、魏、赵数国的大盐商，朱公成为方圆百里的首富。

2. 知地取胜

朱公行商，以远程异地交易为特色，东至大海，西至秦川，北至燕赵，南至楚越，一般商人很难有如此的胆识，也吃不了这番苦头。只有富商大贾舟车并用，辗转异域。

既然是异地交易，那么地方的选择就特别重要。从物产多的地方取货，价格就便宜，再运到需求大的地方销货，价格肯定提高。治产也是如此，什么地方适合产哪种物品，哪些物品可能卖出高价，这都需要调查。

有一次，朱公运货去秦地，打听到秦国人上至豪门、下至百姓，都以使用青铜器为荣耀，需求量大。朱公心想：这种青铜器在商洛一带出产量多，且商洛是中原最早使用青铜器的地方，青铜器具工艺精美，远近闻名。物以稀为贵，如果把商洛的青铜器运到秦国，肯定能够获取高利。于是他就雇了很多牛车和人，先到商洛地区去收集青铜器，再转运到秦国去卖。在去秦国时，为了标明身份，还在牛车和青铜器上都铸个"商"字，表示这些青铜器是商洛出产、运到秦地来卖的。

秦人看到牛头上写着"商"字，青铜器上也铸着"商"字，一件件器具光亮耀眼，精美绝伦。人们眼前一亮，叫着"商人来了，商人来了"，很快就把器具抢购一空。

有人传言，朱公不仅富可敌国，还有点石成金之术，乃神人所授。他不愿世人把他说得这般神奇，便一边做买卖，一边编写自己的从商心得——《陶朱公商训》。

每当朱公写累了便抚琴自娱。他在窗边种了一棵槐树，旁边是几丛竹子，温暖的午后，新生的竹子翠生生的，配上之前栽下的兰花，煞是好看，足可怡情。

这一天，有个年轻人骑着一头老黄牛，风尘仆仆地来到了陶山脚下。正是夕阳西下之时，年轻人看到朱公庄园耕养有序，所见之人彬彬有礼，十分高兴，心想朱公果然名不虚传。

此时，齐鲁见一个身材瘦高、衣衫褴褛的年轻人闯进院子，嚷着要见朱公，忙上前阻拦。年轻人推搡着齐鲁来到朱公门前，大叫："我是鲁国的王敦，我要见朱公！"

朱公听到叫声，停止抚琴，连忙说道："哦，远方来的客人，快请进，快请进！"

王敦被引进朱公家客堂，见过礼后，他仔细打量客堂的布置。客堂正中高悬一副太极图，图下是一个"易"字的鸟篆体。厅内几案坐榻皆为粗木制作，原始简朴；土黄色墙壁上，挂有牛角、羊角、狗皮、兔皮之类装饰。地上一角放有铁制农具、绳索之类，另一角有个兵器架，上面插挂有枪刀剑戟、弯弓箭囊……

这个年轻人原是鲁国的一个穷书生，读了数年书后，周游列国，因入仕无门，便想耕种治产。但是他"耕则常饥，桑则常寒"，饥寒交迫，艰难地生活着。正当他为生活一筹莫展的时候，听说陶地有个朱公，白手起家，几年间就成为巨富，王敦羡慕不已，特意前来请教。

朱公让范智给王敦搬了座榻，看他面有饥色，又让齐鲁给他拿来酒食。王敦连连感谢，他边吃边说："朱公真是仁德之君子，明察秋毫，不瞒您说，我已经一天没吃东西了。"

朱公笑称"过誉"，他听王敦介绍说是鲁国人，便向他问起公输班大师，王敦说，前些时还见公输般用竹子、木片做了只飞鸟，在天上飞了三天三夜。又问起鲁国的孔丘，王敦说已去世好几年。朱公听到孔丘已死，神情黯然。他心中崇敬的老聃、孙武、孔丘，接连都去世了。朱公陷入沉思之中，想到自己正在撰写的《兵法两篇》《陶朱公商训》，打算加快进度，早日完成。

齐鲁见朱公沉默不语，替朱公问道："读书人，你找朱公何事？"王敦尴尬地笑笑，说："听说朱公是天下首富，我想求个发财的门径。"

朱公听到王敦的话，收回思绪，很高兴地说："想发财是人之天性，好啊！人为财走，鸟为食飞。财也，食也，人之需也，不可弃也，正心求也，不可责也，邪念追也，不可学也……"

此时王敦需要的不是理论，而是可以解决实际问题的方法。但他知道朱公所说的是他数十年经商的经验，是十分宝贵的财富，因而也认真听取。朱公看王敦听得专心，又一口气讲了经商致富的十余条要领：勤快节俭，谨慎负责，规矩方正，价格讲明，钱财细慎，货分优劣，回验查明，期约限定，账目记清，随行就市，良机莫失，不负于人，富行其德……

王敦急于知道实践的办法，便打断朱公的话："端木子贡也曾这样教我，可我到底该如何开始做呢？"

朱公一下明白过来，这位穷书生还没入行，怎么会明白这些道理呢？得讲实际一点的才行。于是问道："你过去做过什么？"

王敦说："曾种地，但庄稼都死了。养桑蚕，蚕也都不能活。"

朱公又问："你打算再做什么呢？"

"听说朱公运盐致富，所以我想贩盐。"王敦很干脆地说。

朱公笑了笑，说："你既没有产盐之地，又没有本钱，如何能贩盐？"

"我的确没有本钱，那该怎么办呢？"王敦焦急地问。

朱公回道："没有本钱，就得择地生财。"他分析说，鲁地洙水、泗水以北地区人多地少，没有山林水泽资源，又屡遭水旱灾害，种地自然得不偿失，饱腹都非常困难，还谈何致富？雨水太多，蚕桑也易死。根据这些实际情况，朱公指点他说："你想快速致富，当找个适当的地方牧养五畜。"

朱公随即问他养过牛马驴没有。王敦说，养过两头黄牛、一只公羊，前年卖了一头黄牛，去年杀了公羊。现在全部本钱只剩下一头黄牛。

朱公一听，诚恳地向王敦建议，让他沿黄河两岸去寻块水草好的地方安顿下来，专养母牛、母羊，两年能翻番，五年能致富，十年能发家。王敦一听,十分高兴,但很快又失望地叹了口气,说自己仅有一头母黄牛,即使一年生个牛仔,也养不起。

朱公对王敦说:"我知道白手治产不易,既然给你出了主意,索性帮你一把吧。"他让夫人宛玉给王敦拿了三十个钱币作盘缠,又让范智带他去牛栏羊圈,挑出五头母牛和十只母羊。王敦感动得情不自禁地跪下叩头,要拜朱公为师。

范智领王敦挑牛选羊,心里一直在嘀咕:哪有这样收徒的,不仅收不到徒弟孝敬师父的大礼,反而倒贴蚀本。

待范智引王敦重新回到客堂后,朱公又置酒菜为王敦送别,王敦不胜感激。

王敦刚走,范哲就说:"爹,咱又没有摸清这个人的底细,您怎么如此慷慨?"齐鲁也不满地说:"朱公出手太大方了,顶得上咱渔场好几天的进项……"

朱公听后沉下脸来,说:"识人要有眼光,待人更要真诚。我看此人真诚、豪爽、可亲、可敬,从鲁国跑这么远,特地向我讨致富门路,可见他决心之大、毅力之韧,若天下人都像王敦这样求富心切,哪还有穷汉饿夫?我既然把他当朋友,就要以诚相待,给予他最大的支持和鼓励。我相信一个吃过苦又有志向的人肯定会奋发图强,说不定王敦十年后能富比王公贵族。"

受到朱公指点和帮助的王敦茅塞顿开,很受教益。他挈妇将雏,沿黄河西去,一路风餐露宿,千里迢迢来到临猗(今属山西运城)西河。他看到这一带水草丰茂,土地肥沃,尤其是临猗南二十里处有一片面积很大的草地,是一个天然理想的畜牧场所。于是就在附近定居下来,他先牧养易于饲养的大的母畜,如牛、马、驴,继而又饲养较小的母畜雌禽,如羊、猪、犬、鸡。他在实践中逐渐懂得良种繁殖对发展畜牧业的重要作用,遇到品种好的,就留下以提升后续品种的质量;遇到品种不好的,就拉到市场上卖掉,收回本钱。此外,他还留意购回怀有小犊的母畜,这样,在一年内,牛、马、驴的数量翻了一番,羊的数量则翻了两番。随着畜、禽数目迅速增多，其牧地也大为扩展，西抵桑泉，东跨盐池，南达中条山，北至峨嵋岭，纵横百里之广。

王敦大力发展畜牧业，除了供民食和祭祀之用外，还给西河之地的百姓提供了大量的畜力和仔畜，有力地促进了当地的农业和畜牧业的发展，使百姓生活更为富足。

在经营畜牧的同时，王敦已注意到位于临猗之南的河东地势。这里陡然由高变低，一座东西长、南北窄，纵横一百五十平方公里的盐湖赫然横亘在人们面前，这便是西河。当时这一带盐业已相当发达，尤以郇瑕（今山西运城解州）一带多产。

由于盐业生产非常分散，许多小盐场的小生产者们都很穷，不得不用自家生产的盐跟盐商换取饭钱和零用钱。如果家中出了什么事情，小到吃穿用度，大到生病求医，甚至天灾人祸，就不得不到商人那里去预支用钱，而这些支取费用均要打入盐价里，所以盐价很低，有时甚至不值钱，这些都由盐商说了算。

王敦在贩卖牛羊时，顺便用牲畜驮运一些池盐，连同牲畜一起卖掉。在此过程中，他逐渐认识到贩运池盐是一条获利更大的致富途径。于是，他在靠畜牧积累了足够的本钱后，便着意开发河东池盐。河东池盐为池水浇晒之盐，可直接食用，不需要煮炼。

王敦利用当地丰富的制盐资源，改进制盐方法，运用池中蓄咸水晒盐、池中凿泉井取盐、池中滤雨水积盐的制盐方法，制出池（畦）盐、井盐和花盐等盐产品种，开辟了历史上制盐的新途径，成为从事池盐生产和贸易的手工业者兼商人。

王敦辛勤经营，畜牧规模日渐扩大，果真如朱公预测，"十年之间，其息不可计，赀拟王公，驰名天下"。不仅如此，他还把视角转向海外，开辟了通往欧洲腹地的商路，进行对外盐业贸易。因起家于临猗，世人又称他为猗顿。他的成功再一次验证了朱公非凡的眼光。

3. 千金赎子

朱公七十多岁以后，远程行商已觉精力不济，便逐步把生意交给几个儿子打理。同时，自己也有更多的时间来完成几本有待修改完善的著述。

到陶地十多年了，作坊、商铺、养殖场、商队的活计都经营得很顺利。赚钱多少倒不要紧，重要是要有吃苦精神和商业头脑。所以当朱公从家人和雇工的身上看到了这种精神时，非常满意。

大儿子范智三十几岁了，依然保持勤耕苦作、省衣节食的朴实作风。他的妻子跟他一样，也十分勤劳，管理家产确是一把好手，进出往来账目一清二楚，分毫无差。二儿子范哲也年过三十，但对农商毫无兴趣，经常上泰山去求道，迷恋仙道又好斗狠，修仙不成而经常惹事，朱公很为他担忧。小儿子范祈是在朱公居于齐国临淄时出生的，从小娇生惯养，游手好闲，不拘小节，不喜读书、经营事务。

有一天，朱公到养殖场，看到养的牛品种退化，想起家乡宛县的黄牛。在他的印象中，宛县黄牛个大毛光，身挺尾长，性情温顺，耕地、拉车全行。他决定派范哲去宛县买一批回来，用作良种。这也是给他一次锻炼的机会。

朱公把范哲叫过来说："哲儿，你不是一直想回母国去吗？这次倒是个机会。你堂哥范成回楚国十几年了，他成家后就住在郢都，你顺路也去看看他。"

听到父亲要他去宛县买牛，范哲非常高兴，二话没说，骑马负剑就准备出门。朱公见他到了而立之年还如此毛躁，很不放心，让忠诚本分的齐鲁跟他同去。次日，范哲带了十镒（相当于二百两）黄金，和齐鲁一起骑着马直奔楚国而去。

两人走了半个多月，终于到了宛县城西。范哲在牛市看到的黄牛果然是父亲说的那样，身壮有力，毛色光亮，便选了五头公牛和三十头母牛。付了钱，又雇了两个人，高高兴兴地将牛赶出集市。

范哲想，正事已办，可以让齐鲁和那两个帮手照看牛群，自己则去郢都看望堂哥。他正在专心盘算，不想被一伙人拦住了去路。为首的穿着一身丝质长袍，气质轻浮，面露不敬，看样子是个有身份的人。他对范哲说："你们是买卖人吧，这个集市归我管，凡进出货物的商贾都得纳税。"

范哲从不知道有这种说法，与这人争执起来。有个好心的当地人悄悄告诉范哲，此人是县尹的公子，专到集市上敲商人"竹杠"。齐鲁机灵，连忙从所剩的黄金中拿出十两送了过去。范哲也赔着笑脸说初来乍到，不懂规矩，以后多纳些。但他心里却想，这十两黄金能买好几头牛呢，白送出去可惜了。

可那县尹的公子竟嫌少，一把打落在地，说私自贩牛出境，触犯了楚国法律。随后吆喝随身的一伙跟班，扭住范哲、齐鲁，扬言要送往官府。范哲、齐鲁挣脱，这伙人又一拥而上，拳脚相加。看热闹的路人，鼓噪起哄。范哲实在忍不下去，转身拔出剑来。

"怎么，你还想在楚国地界上撒野行凶不成？"纨绔公子轻蔑地笑着说。

那伙人又围上来，一边打一边夺范哲的剑。数人纠缠在一起。齐鲁用自己的身体护住范哲，被人打了好几拳，头上也渗出血。

范哲见脱不了身，便大叫一身，挥剑直逼纨绔公子："叫他们住手，不然刀剑无眼，我就不客气了。"这时，一个公子的跟班上来抓住他的剑柄，拼命争夺。尽管范哲很想出剑，但紧要关头依然谨记父亲的话，面对无法预料的结果，绝对不要出剑。想到这儿，他手一松，由着那个跟班把剑夺去。那个跟班用力很猛，没想到对方突然松手，顷刻间的惯性使剑尖直刺入公子的胸口。随着"啊"的一声惨叫，县尹公子倒了下去。众人错愕，不知所措。

齐鲁近前一看，那公子已然说不出话来，胸口的血顺着剑冒出来。他连忙劝范哲快走，范哲不听，说好汉做事好汉当，让齐鲁照看那些牛，自己则到官府去投案。县尹得知自己的儿子死了，哪里还管对错，当即把范哲关进大牢。

齐鲁根本没有心思照管牛，慌忙用剩下的几镒金子四处打点，试图救出范哲。但齐鲁的一切努力都是徒劳，人命关天，哪里像他们夷人那样，无理者因打斗死了根本不用偿命。县尹不仅不见他，反而用酷刑审了一堂，将范哲以"齐国强盗聚众在宛县造反致死人命"的罪名，派邑吏押送到楚都郢城等待发落。齐鲁人生地不熟，求助无门，只得赶紧回去报信。

这天，宛玉正懒洋洋地躺在树下的躺椅上闭目养神，静静地感受阳光穿过树叶照在她脸上的温暖。槐树开了花，香气袭人，呼吸之间甜丝丝的槐花香让人更觉惬意。她正享受这一切，心神突然莫名地慌乱，呼吸也跟着急促起来。

婢女忙为她倒水，这时候，齐鲁跑过来，"扑通"一声跪在地上，火急火燎地说："夫人，哲公子在楚国出事了，他杀了人，我没照顾好哲公子，我该死！"

宛玉慌忙坐起，说道："到底怎么回事？齐鲁，你慢慢说。"

齐鲁一边哭，一边把事情的经过叙说一遍。宛玉还没听完，就哭倒在石桌旁。朱公在房内也听清了齐鲁所说的话，他默默地走出来，先扶起宛玉，再扶起齐鲁。他的内心十分痛苦，责怪自己不该派范哲去宛县——那是令人怀念又让人伤心之地。他眺望陶山，顿觉山垮了；凝望陶湖，顿感地陷了。直望得两眼酸涩，他才慢慢转过身来对宛玉和齐鲁说："你们都去吧，好好歇歇。"

齐鲁不愿离去，叫道："朱公，想办法救救哲公子吧！他还年轻……拿我的命去救！"

朱公见他们都不动，便自己先回到房里。想到三个儿子，他最对不住的就是二子范哲，生下快三岁时父子才见第一面！少年时代，三次迁徙他乡，没有一天安稳的日子。这些年又忙于养畜经商，对范哲教育太少，以至于他遇事忘了分寸，致死人命。养不教，父之过，悔之晚矣。

但事到如今，又能如何呢？他夺走的是一条人命啊，谁不用偿还？朱公仰面长叹，悲痛一时难以排解。他缓缓坐下来，手操古琴，无声落泪。

宛玉病倒了，躺在床上，心中一直惦念着儿子。丈夫似乎没有救范哲的打算，多年夫妻，她深知丈夫脾性，愿干之事，一定要干成；不愿干之事，任谁也说不动。但宛玉还是不甘心，她强撑着起床，将范智、范祈、齐鲁等人聚在一处，鼓动他们去说服朱公。

宛玉哽咽地说："多年来，我没见哪件事难倒过你，难道你自己儿子的命比越国一国人的命都难救吗？"

朱公无可奈何地说："杀人偿命，这是天理，怎么去救？"

范智愤愤道："父亲，要不是您想引进宛县的黄牛，二弟怎么会出事？"

宛玉又说："夫君，我们经商多年，有一些积蓄，这些积蓄还不足以赎回哲儿的命吗？"

"爹，想办法把二哥救出来吧！"范祈劝道。

范智的妻子也劝说："公爹仁义慷慨，对不相识的人、对穷人都那么大方，对自己亲生儿子的生死之事又怎可能袖手旁观呢！"

朱公想了很久，说："杀人抵命，这是铁定的法理。我宁可帮助穷汉，也不去行贿养贪！然而俗话说：'千金富翁之子，不死于刑场之上。'我还是得救他一救。"于是，准备了五百镒金子，放到百余个陶罐里，又将坛口封死，装到两部牛车上，用牛车拉着，让小儿子范祈出面去救他二哥。

就在小儿子将要出发时，大儿子范智站出来表示一定要跟去。他作为长子，早就准备好去楚国救二弟范哲了，却听说父亲要让三弟去楚国。他不明白父亲的用意，但救弟心切，为稳妥起见，他来见父亲。

范智说："父亲，去楚国救二弟是人命关天的事，怎么能让三弟去呢，他还什么事都没经历过，万一办砸了，二弟的命可就不保了。"朱公也不解释，还是坚持让小儿子去。

范智见父亲不理会自己的恳求，鼻头一酸，哭着对朱公说："父亲，您一直让我这个长子管理家事，现在家里出了这么大的事，您却不让我去，而让少不更事的三弟去，这是说我不成器、不中用啊。我在这个家里活着还有什么用呢？"说着竟要去自尽。

宛玉赶紧拦住大儿子，又心急地对朱公说："夫君，智儿说得没错，这事怎么能让祈儿去呢，他未经历练，整日散漫，你让他去跟官府周旋，我的哲儿怎么办？再说智儿怎么不能去楚国，他能把生意做得那么大，为何做不好这事呢？"

朱公见家里闹成一团，只好退一步，同意让大儿子范智去楚国。临走前，朱公写了一封信交给范智。

朱公对范智说："为父在楚国有一个好朋友庄先生，你到了楚国，把这封信和所有的金子都给他，只要他收下，你就什么都不要管了，他自有办法。还有，你一定不要去见范成，你能按我说的去做吗？"范智答应了，不过他想，父亲老了，变得胆小畏缩了，自己得多担一些责任，于是自己又多带了一些钱，并叫齐鲁一起赴楚。

范智到了楚国，一打听，庄生虽贫穷却以廉直闻名于国内外，自楚惠王以下的官员、百姓都像对待老师一样尊敬他。范智有些惊讶，原来父亲还和这样的名人有交情。他循着打听到的地方去找庄先生，没想到却越走越荒凉。再向旁人打听，却又都说没错，说找到那家房子最破旧的就是了。范智越发疑惑，最后找到一家，门前长满很高的野草，像是很长时间没有人来过了，房子也很破旧。范智更疑惑了，可一问，这就是庄先生的家。

范智敲敲门，见无人应答，便进到屋里，见到一个衣冠不整的老人，不由心中发凉，想打退堂鼓。可想到父亲再三嘱咐，自己也答应了，还是决定按父亲说的做，于是说明来意，把金子和信都交给庄先生。

庄先生看完信，定神思索了一阵后说："我知道了，你赶紧回去吧，不要在这里逗留，等你弟弟出来，你也不要问是什么原因。"

范智疑惑着迈步出来，他实在看不出住在这荒郊野岭的老头能有什么办法把自己犯了死罪的弟弟救出来。范智想到这儿，庆幸自己带钱是明智的，父亲拜托的这个老头靠不住，还得另想办法。范智于是又找到楚国的官员熊伯，送上厚礼。熊伯收了礼，信誓旦旦地说："行，我一定帮你想办法，救出令弟。"范智哪知道，庄先生虽然穷，却能让楚惠王言听计从。

庄先生的妻子见庄先生收了钱，不解地问道："你从来不收人钱财，怎么也收起钱来了？"

庄先生说："我和朱公是故交，他托我办事，我怎么推得了？"

妻子说："推不了替他办就是了，为什么还要收钱呢？"

庄先生说："我要是不先把钱收下，朱公的儿子会觉得我不真心为他办事，等事情办成后再把钱还给他就行了。事成后，钱再退给他，他还能不愿意？你把金子收好，这可是朱公的钱。"

过了两天，庄先生去见楚惠王，禀告说："近日我观察到天上有赤星停留在楚，预示楚国将有灾难。"

楚惠王有些着急，问："那有什么办法能消除这个灾难吗？"

庄先生胸有成竹地说："广布德政即可消灾。"

楚惠王松了一口气，说："孤明白了，先生请回去休息，孤这就下令施行。"楚惠王于是下令，把储备钱币的库府都封了。

恰逢范智到熊伯这里打听消息，熊伯说："令弟吉人天相，惠王准备全国大赦了。"范智很惊喜，连问："上官怎么知道呢？"

熊伯说："公子有所不知，我国每次大赦之前，大王都要下令封储备钱币的库府，昨天库府已接到命令。"

范智一下轻松不少，想这是自己赶巧了，也许是自己把好运带给了弟弟，或许是弟弟否极泰来。随后，他赶紧让齐鲁回国把好消息告诉家人。

齐鲁马不停蹄回到陶地，见到朱公和夫人，滚鞍下马，叩头便报："朱公！夫人！有好消息，楚惠王要大赦，哲公子马上就能回来了！"

"真的？"宛玉兴奋地问。

"是真的！郢都的人都说楚惠王要大赦，一位宫中贵人还传信给大公子，说楚惠王已派人查验金钱仓库，查完金库就要大赦。大公子让我先回来报信，我把一匹马都跑死了，又买了一匹……"齐鲁滔滔不绝地向主人汇报情况。

宛玉激动地连声说："这下好了，这下好了！"

"范哲的罪是赎不了的，楚王不会特赦他。"一旁的朱公淡淡地说。

"为什么？"宛玉不明白。

"因为他是朱公的儿子。"朱公说，"楚惠王担心百姓说他收了朱公的大礼才恩赦范哲。哪个君王不想要好名声呢！宛玉，智儿没跟着齐鲁回来，哲儿已经死定了，你要有心理准备才是。这些天，我一直在想，曾经身任越国的掌兵大夫，我下令杀过不少刁钻强悍的人。一场灭吴之战，多少吴国的无辜百姓跟着遭殃。范哲之事，是上天惩罚我……"

宛玉听他这样解释，觉得无理，但反倒平静了些："事已至此，看他自己的造化，我只求上天保佑我的哲儿能平安无事。"

范智那天谢了熊伯，准备迎接弟弟出狱。他转念又想，因为楚国全国大赦，弟弟也被恩赦，这其实是不用花钱就能得到的好处，那些送给庄先生的金子算是白送了，那可是多大一笔金子呀，得拼命干十年八年才能攒起来。范智越想越觉得冤，想着想着，不觉朝着庄先生家走去。到了庄先生家门口，范智狠狠心，走了进去。

庄先生看见范智，十分惊讶，说："你怎么还没走？"

范智有些疑惑，说："小侄怕弟弟的事不能落实，很担心，所以没有走，现在听说弟弟要被大赦，料是没事了，所以来向您告辞。"

庄先生明白，他不是来告辞，是来要金子了。于是，庄先生微笑着说："令尊所托之事今已有了眉目，那笔金子你拿回去吧。"

范智本以为要回金子必定得费一番口舌，没想到庄先生这么善解人意，他没有推辞就进到屋子里面，把金子取走了。

范智出来后觉得自己的行为有些欠妥，但又想，庄先生这么痛快就把金子退还，想必也知道自己没办什么事，不好再要钱。想到这，也就心安了。

庄先生本是信义之人，对朱公送的黄金并无意接受，打算在事情办成后再还给他，而范智并不知其意。庄先生因范智的行为感到羞辱，甚至怀疑这是朱公的意思。庄先生越想越气，原本他与朱公并无深交，只是听闻朱公所做之义举才决定向他施以援手。他为朱公办事虽不求财，但也容不得他这样对自己无礼。

于是，庄先生又去见楚惠王，说："我前两天说赤星在楚，是想让您广施德政，可我最近听百姓们都在传言，是那个有钱的陶朱公的儿子在楚国杀了人。他仗着家里富足，拿钱买通了您的左右，所以百姓风传您不是为了体恤楚国而进行大赦，是因为想救陶朱公的儿子一人才大赦所有囚犯。"

楚惠王听了大怒，说："寡人乃一国之君，所求的不过是一国百姓的平安富足，岂会为了区区钱财滥行法令！"楚惠王于是下令，先杀了陶朱公的儿子，过后再进行大赦。

朱公那晚做了个梦，梦见一队大雁从头顶飞过，其中一只发出凄厉的哀鸣之声。第二天，朱公哀痛地对宛玉说："我看到哲儿了，正在向家中走来，他穿了一身白色盔甲，还唱着歌……"

宛玉吃惊道："夫君慎言，这些不吉利的话还是少说吧！"

"不，我看到哲儿了！我看到哲儿了！他没有埋怨我，只是安详地走了，像一阵清风轻轻地散了！"

果然，送金子的牛车成了丧车！不几日，失魂落魄的范智带着弟弟的尸体回来了。当他将二弟的遗体带回家中时，一门老少无不悲痛异常，连邻居们因为平日受了范家不少恩惠，也深为叹息。陶朱公却很镇定，苦笑着对宛玉说："我知道范智救不了他弟弟。他不是不愿救哲儿，他是有不能舍弃的东西。范智从小和我一起耕作、经商，什么苦都受过，知道钱来得艰难，所以他舍不得。祈儿自幼就过着锦衣玉食的富足生活，他整天骑马游荡，哪知道钱来得不容易，所以他拿钱不当回事，就是再多的钱都舍得花出去。这次我之所以力主让祈儿去，就是这个缘故。"宛玉哭着说:"既然夫君料事如神,为什么早不说,现在说有什么用?"

朱公无奈地说:"我早就说让祈儿去,你们坚决不从,还一齐向我说情让智儿去,我有什么办法。再说,我能料到大的道理,可办事的细节我却没法料到。我已经再三嘱咐过,让智儿把钱给了庄先生就行,不要在那等,他也答应了,可他到底忍不住,舍不得,有什么办法?此乃性格使然,也是天意如此。"

说罢,朱公绕过宛玉,来到丧车前,看着范哲的遗容长笑当哭。

4. 英灵化神

自从范哲死后,朱公就不再经商,将全部生意交给范智打理。他把小儿子送到名师门下,让他一心研究学问。朱公自己每天或安静地写书、弹琴;或骑着一头黄牛,行走于山水之间,横笛而歌;或垂钓于陶湖,"渔翁之意不在鱼"。

公元前431年夏,烈日炎炎,赤地千里。一连四个月没滴下一点雨,耕地里的庄稼早已全部涸死,原本湿润的湖区土地也裂开一道道口子,百年不遇的旱灾使地里颗粒无收。朱公登上泰山,夜观天象,三日三夜不休不眠。下山后,朱公每天头顶烈日,骑着黄牛,沿路劝陶邑镇及周边百姓事先准备好舢板和竹筏。认识朱公的百姓对他还算恭敬,只摇摇头,表示拒绝:人们都在拜神求仙,求天帝降下甘露,朱公为何这般古怪?至于那些不识朱公的人以为他是疯子,眼下江河断流,湖水都快干涸了,要舢板竹筏作何用?别说买,就是白送也不要。

朱公辛苦半个月,准备的几百只板筏只卖出五只。无奈,朱公只得吩咐雇工把所有板筏放到外城的几个主要路口,向过往人说明,只要他们愿意要,就可以拿走,不用花钱。即便如此,拿走舢板、竹筏的人仍然不多。人们需要的是粮食,是让庄稼生长的水。人们无限虔诚地向神祈求雨水,雨水终于来了。

这一年入秋，一连下了十多天暴雨，黄河水位猛涨，离陶邑不远的黄河堤坝决口，黄河水像一匹不曾驯服的野马，奔腾着，咆哮着，挟土卷沙，淹没了两岸的滩地，转眼间就冲进溃口附近的十余座村子。陶邑低平地带刹那间房屋倒塌，大树被连根拔起，许多百姓还在晨睡中没有苏醒，就被洪水卷得无影无踪。只有邑镇内城处于高坡之地，像个孤岛矗立在一片黄色的汪洋之中。

这年冬天，大水退去后，有个富豪从楚国请来数百名民夫，帮陶地的百姓修建房屋，重建家园；还派人从越国吴兴等地运来几万斗粮食，救助饥寒交迫的难民；又从齐国胶河一带运来良种马、驴和牛羊等牲畜……到了年底，传言有个老人给灾民们送去粮食、钱币。他一身红袍，头戴官帽，挨家挨户给受灾的百姓家发符帖。他告诉人们，只要拿着符帖，就可以到朱公家的各店铺兑换钱币或粮食。

那诡异的手法、奇妙的符纸，究竟是怎么回事？难道那老人就是传说中的得道之仙——财神？人们都说朱公家这么富足，肯定有神仙帮助；还有人干脆就说，朱公就是那个财神。

新春的一天，朱公坐在屋外一张铺有兽皮的竹椅上，远处又传来人们的阵阵欢笑声。夕阳西下，天边晚霞似火，波光粼粼的陶湖潋滟夺目，一抹灵光返投到朱公的脸上。他眺望峰峦尽染的陶山，不自觉地低吟了几句。当霞光渐渐淡去，朱公含笑而终。

朱公死后，族人遵其遗嘱，不事声张，将他葬于陶山主峰西麓（今山东肥城湖屯镇栖幽寺村）。

此后第二年、第三年的新春，还是有人扮成财神挨家挨户给陶地周边的百姓家送去符帖。有人说正月初二财神来，也有人说是正月初五财神降临。于是，一到正月初二或初五，家家户户都做好迎接财神的准备。当人们得知这个财神就是闻名天下的商人陶地朱公，就是越国的上大夫、大将军范蠡时，纷纷用各种方式纪念他。他们为他建庙立祠，并按各自对范蠡的印象和记忆为其塑身造像，立于庙宇，百世祭拜。不久，陶地就有一首民谣流传：

"红兰寺,朱漆门,堂上坐着大财神。大财神,出凡尘,三聚三散越王臣。越王臣,富贵身,手里捧着聚宝盆。聚宝盆,天下闻,财源滚滚满乾坤。"

陶山山势险峻,方棱四削,峰顶平缓,负阴抱阳,遍身披翠,伟岸挺拔,山中奇石遍布,天然石洞星罗棋布。如今,陶朱公墓就位于陶山主峰西麓,墓高约四米,围墙高一米,直径约八米,坐北朝南,四面有矮墙和多株松柏相护。范蠡墓右碑上有秦丞相李斯用小篆写的碑文:

忠以事君,智以保身,千载而下,孰可比伦

范蠡祠有一副石刻楹联:

避君隐陶称朱公流芳百世,聚财万贯济黎民功盖千秋

古往今来,向先贤拜求致富术者络绎不绝,后来者缅怀他的功绩及人品,汲取他的思想和智慧,"商圣"的光辉形象也激励着一代代后人。

陶朱公善于聚财,乐于散财,又肯帮助别人发财。聚财散财,随心所欲,财富对他来说几乎是招之即来,挥之即去,简直达到出神入化的境界。人们对这位驾驭财富得心应手的高蹈之士顶礼膜拜,愈传而名愈显,陶朱公在民间也完成了从凡人到圣人、由圣人变神仙的"演变"。秦汉以后,陶朱公就一直被商家奉为祖师爷——商圣、财神。

附录一　范蠡的著述

范蠡的主要著作有三部，即《计然篇》《通玄疑释》和《养鱼经》。

其早期著作《养鱼经》是一部养鱼技术专著。北魏贾思勰在《齐民要术》中收录的《养鱼经》，记述了田常聘范蠡为相时，他向齐王讲授养鲤鱼的事："威王聘朱公，问之曰：'闻公在湖为渔父，在齐为鸱夷子皮，在西戎为赤精子，在越为范蠡，有之乎？'曰：'有之。'曰：'公任足千万家，累亿金，何术乎？'朱公曰：'夫治生之法有五，水畜第一。水畜，所谓鱼池也。'……"流传现今的《范蠡养鱼经》已不是他的原著，全文不足五百字，篇幅虽短，却记述着养殖鲤鱼的一整套经验。书中记叙的养殖对象、鱼池构造、放养规格和季节、雌雄比例、密养轮捕等重要生产环节，都具有相当高的技术水平。

《通玄疑释》是对计然《通玄真经》要义的解释，是一部精深的古典哲学著作。

范蠡的哲学思想，植根于中国古代《周易》的圆道思想，其哲学思想之一就是"极而复反"的规律。朱公认为，天、地、人三者之间是不断变化的。万物生于土地，大地无所不包、无所不容，它总摄万物，是一个整体。禽兽、庄稼等始终不能离开大地，而不论美恶，大地对万物都一视同仁，使之生长，人类同样依赖大地得以养生。

但是，万物生长又各有定时，不到一定的时机，就不可能勉强生长；人的变化也一样，不到最后的转折点，也不可能勉强成功。因此，应该顺乎自然以处当世，等到机会到来时，就可以把不利于自己的局面扭转过来。范蠡善观大局，他把自己的"积著之理"放在自然环境、社会，乃至整个经济系统的圆道循环中看待。这样，通过研究事物内部的循环运动与外部自然环境中各要素的相互影响，就能有效地预见和利用事物发展的规律。

所谓"计然之策"，是范蠡之师计然从哲学、经济学、政治学的角度提出的治国方略，主要包括农业丰歉循环论、储备论、平粜论、息货论（商品流通理论）、价格论、货币周转论、国家调节论、自然贫富论及"积著之理"等。其中，"积著之理"是古代最早出现的商业经营管理原则。总之，"计然之策"用一句话概括就是"以商富国"。可以从三个方面理解。

其一，富国强兵的治国方略。提高军事实力最关键的就在于从事战备，做好后勤战略防备工作，时刻准备好待用之物。如果能知晓国库物资的多少，相互对照各种物资的供需状况，就可以做到胸有成竹、了如指掌。一个国家如果想要富国强兵、称雄于天下，首先必须将经济基础打好，只有国家富足了，才可能有条件训练军队，使国家兵力强盛。人民的富足，是军队立于不败之地的根本。

其二，货物增值的经商良策。要掌握货物的生产季节与社会需求的关系，才算得上熟悉货物。季节与需求的关系能够明确，那么，就能够看清楚所在地区货物的供需行情。以五行论，年岁在金时就会丰收，在水时就会歉收，在木时会发生饥荒，在火时会干旱。干旱时要先预备船只，水涝时得先准备好车辆，这才是掌握货物价格涨跌的关键。

其三，富国强兵与货物增值相辅相成。前者是战略层面，是方向、目的；后者是战术层面，是行动、手段。二者既有区别，又相互联系，不可分割。

《计然篇》是范蠡对计然之策的总结与提炼，将实践可操作的计策上升为一种理念、思想，提倡"计物之情与势必于审时度势"，为商者应权衡时机，"顺其自然，为可为，避不可为"。

在民间，范蠡被公认为"商祖"，受到经商者的崇拜。在历史上，经商成名的人颇多，比范蠡早的经商者也有不少，但是"商祖"却只有一个，那就是陶朱公，即范蠡。"陶朱公"一词成为财富的象征，范蠡的商业理论和经营技巧被称作"陶朱术"。

后人根据范蠡的经商思想加工整理而成的《陶朱公生意经》，至今仍在广泛流传，被各地商人奉为经商宝典。《陶朱公生意经》又被人称作《陶朱公商经》，亦称作《陶朱公商训》《陶朱公经商十八则》等。内容纲要如下：

一、生意要勤快，切勿懒惰，懒惰则百事废。

二、接纳要谦和，切勿暴躁，暴躁则交易少。

三、价格要订明，切勿含糊，含糊则争执多。

四、账目要稽查，切勿懈怠，懈怠则资本滞。

五、货物要整理，切勿散漫，散漫则查点难。

六、出纳要谨慎，切勿大意，大意则错漏多。

七、期限要约定，切勿延迟，延迟则信用失。

八、临事要尽责，切勿放任，放任则受害大。

九、用度要节俭，切勿奢侈，奢侈则钱财竭。

十、买卖要随时，切勿拖延，拖延则机会失。

十一、赊欠要识人，切勿滥出，滥出则血本亏。

十二、优劣要分清，切勿混淆，混淆则耗用大。

十三、用人要方正，切勿歪斜，歪斜则托付难。

十四、货物要面验，切勿滥入，滥入则质价低。

十五、钱账要清楚，切勿糊涂，糊涂则弊窦生。

十六、主心要镇定，切勿妄作，妄作则误事多。

十七、工作要细心，切勿粗糙，粗糙则出劣品。

十八、说话要规矩，切勿浮躁，浮躁则失事多。

据《史记》记载，当时到陶邑做生意的还有一位大商人，复姓端木，名赐，字子贡，乃孔子的得意门生。子贡在曹、鲁之间经商，是孔子弟子中最富有的人，"家累千金"。后来范蠡居陶经商成功，范蠡的经商手段及拥有的财富远远超过子贡，端木自愧不如范蠡，另到别国做生意去了。中国旧时商店的门面通常雕刻"陶朱事业，端木生涯"的楹联，就是将他二人认作鼻祖。

附录二　范蠡的基本思想

商业思想

（一）"知斗则修备，时用则知物"

范蠡经济思想的主导内容是经济治国。这不仅在战乱频繁的春秋战国时期是先进的、有远见的，而且对整个社会历史发展起推动作用，具有深远的意义。经济是基础，只有发展生产和繁荣经济，使人民富足、安居乐业、国力强盛，才能与列国抗衡，立于不败之地。范蠡深谙这个道理，他在越王勾践处境十分艰难之时，向勾践献出经济治国之策。他说："知斗则修备，时用则知物，二者形则万货之情可得而观已。"这三句话是说：知道要打仗，所以要从各方面做好战争的准备；知道货物何时需用，才算懂得货物的价值。只有把时和用这二者的关系搞清了，那么各种货物的供需情况和行情才能看得清楚。由此可以看出，范蠡向勾践进言的大前提是"知斗则修备"，是为了富国，为了国家强盛，为了战胜敌国，所以他主张发展经济，开展货物贸易，加强对商品经济的指导和管理，其目的是"关市不乏，治国之道也"。

（二）"旱则资舟，水则资车"

范蠡经济思想的突出特点，就是强调要懂得经济的发展规律，并要预谋在先。他针对当时以农业经济为本的实际情况，十分重视农业生产的自然条件，注意观察气候气象，并用五行之说总结出农业生产丰歉的一般规律，就是岁在金时，能够丰收；岁在水时，就有水灾之害，可能歉收；岁在木时，可能出现饥馑；岁在火时，则可能出现旱灾；每六年一丰收，六年一旱灾，十二年会有一次大的饥荒。根据这一规律，他辩证地指出："旱则资舟，水则资车，物之理也。"其意思是在旱灾时，要准备舟船待涝；在水灾时，要准备车辆待旱，这是事物发展规律的要求。生活在两千多年前的范蠡具有这样高明的辩证思想，实在令后人叹服。他的经济思想中，充满了"万事预则立"和"有备无患"的观念。他的主张用于治国则国强，用于生产则生产发展，用于经商则发财致富。

（三）市场预测，与时逐利

商场如战场，瞬息万变，所以时机非常重要。范蠡认为，"从时者，犹救火、追亡人也，蹶而趋之，唯恐弗及"（《国语·越语下》），"得时无怠，时不再来，天予不取，反为之灾"（同上）。时机稍纵即逝，范蠡在商业活动的各个环节都能捕捉有利时机，由此获取了丰厚的商业利润。进货是商人经商活动的起点，在进货时，范蠡主张"贱取如珠玉"。贱下极则反贵，当某种商品的价格跌到一定程度时，作为一名理智的商人，要及时购买，不要期望价格不停地跌下去，以致错过低价进货的机会。

范蠡还极力主张发展商品经济，使"财币欲其行如流水"，即让钱财像流水一样周转流通起来。他认为这是生财富国之道，因此，他对经商贸易有很高的见识和谋略思想。他对货物交换过程中如何赚钱赢利、积累财富研究得十分透彻。

他主张货物通过交换增值，商人在交换过程中赚取应得的利润。他的积财赚钱门道非常实在，且富有深刻的经商哲理与学问。他说："积著之理，务完物，无息币。以物相贸易，易腐败而食之货勿留，无敢居贵。"几句话就说出了积累财富的道理，一要重视货物的质量，二要防止造成资金的积滞。在进行货物买卖时，对于易腐烂变质的物品，要及时售出，不要为求高价而冒险囤积居奇。

(四)"平粜齐物，关市不乏"

范蠡既十分重视宏观调控，又注重调查了解经济实际情况，提出具体的策略方针。他在深入调研一国经济现状的基础上，强调要平衡物价，照顾到生产（农）和流通（商）两方面的关系。范蠡认为："夫粜，二十病农，九十病末。末病则财不出，农病则草不辟矣。上不过八十，下不减三十，则农末俱利，平粜齐物，关市不乏，治国之道也。"（《史记·货殖列传》）他的意思是说，粮食价格平稳了，可以带动其他货物的平等交换，市场交易才能兴旺不乏。在当时重农思想占绝对统治地位的情况下，范蠡能看到并十分重视排列为"末"的商人的利益和作用，实在难能可贵。

(五) 择地生财，知地取胜

对于经商治产者来说，地理环境很重要。任何一项产业都要受环境的制约，经商也是如此。范蠡选择陶地作为经商之地，是经过慎重考虑的。首先，他"以为此天下之中，交易有无之路通，为生可以致富矣"（《史记·越王勾践世家》），"以为陶天下之中，诸侯四通，货物所交易也"（《史记·货殖列传》）。便利的交通利于陶地与各诸侯国的车旅往来，加上商品资源丰富，故能推动商品的转运买卖。其次，陶地之东为齐国，多产布帛鱼盐；北为赵国，鱼、盐、枣、粟等物产极其丰富；南有邹、鲁，颇有桑麻之业。上述各国在春秋末战国初都是比较富强的国家，它们丰富多样的物产可为范蠡经商提供充足的货源。第三，陶地土地肥沃，物产丰富，气候适宜，既为经商奠定了良好的物质基础，又可为商人提供舒适的生活环境。范蠡为猗顿指的就是这样一条致富之路。

(六)"富好行其德"

两千多年来，人们一直奉范蠡为商业鼻祖。其中的原因除了上述宝贵的经济思想之外，很重要的原因是范蠡能"富好行其德"。商人逐利，唯利是图是他们的天性，所以历史上向来有"无商不奸"的说法。

范蠡却不然，他舍弃了越国的高官厚禄，在五湖、齐、陶等地艰苦创业，孜孜不倦地从事农业、畜牧业、水产养殖业、商业，都取得了巨大的成功。其目的不在于赚钱而在于实现其自我价值，即向世人表明他不仅能帮助越王勾践打败吴国，而且能亲自从事经济活动，经营致富。正是基于这种考虑，他不为金钱所累，三致千金，又三次尽散其财。更可贵的是，范蠡从不搞垄断，慷慨指导别人养鱼、制陶、耕种、制盐，指导鲁国穷士猗顿赴西河畜牛羊，十年之间遂成巨富。司马迁深为范蠡这种超然物外的境界所折服，称其为"富好行其德"。

哲学思想

（一）关于"天道"与"地道"

殷和西周时的传统天命观认为，同人类社会现象一样，自然现象也体现了神的意志，可以预示人事吉凶。到了春秋时期，当人们对自然现象的原因有了比较深刻的认识，有了更丰富的应对经验后，也逐渐把自然与人或神的意志区分开来，认识到自然界变化发展的客观规律，提出了一些从自然界本身说明自然现象的观点，如"盈而荡，天之道也"，"美恶周必复"，"盈必毁，天之道也"。这些虽是零散的、不成体系的看法，却是从对自然界客观现象的观察中得出的关于自然变化的客观规律的认识。

范蠡总结和发展了春秋时期自然观方面的唯物论观点，对自然界的客观规律有了比较完整、深刻的认识。他指出自然界的运行变化有其自身的客观规律，"天道""地道"就表现了这种规律。

关于"天道"，他说："天道盈而不溢，盛而不骄，劳而不矜其功。""天道皇皇，日月以为常，明者以为法，微者则是行。阳至而阴，阴至而阳；日困而还，月盈而匡。"（《国语·越语下》）对"天道"的这种看法表明，范蠡是从自然的观点来理解自然现象，日月的运行和变化与上天的意志无关,是无意志、无人格的,它们发展到一定阶段就向其反面转化。

关于"地道",他说:"节事者与地。唯地能包万物以为一,其事不失。生万物,容畜禽兽,然后受其名而兼其利。美恶皆成,以养其生。时不至,不可强生,事不究,不可强成。"(《国语·越语下》)通过这几句可知,在范蠡看来,大地生养万物有其客观规律,根本不体现神的意志。

(二)"人事必将与天地相参"

范蠡认为"天道""地道"是自然界客观规律的表现。人的行为必须遵循这种客观规律,才能把事情办好,这是"人道"的主要内容。他说:"自若以处,以度天下,待其来者而正之,因时之所宜而定之。同男女之功,除民之害,以避天殃。田野开辟,府仓实,民众殷。无旷其众,以为乱梯。时将有反,事将有间,必有以知天地之恒制,乃可以有天下之成利。事无间,时无反,则抚民保教以须之。"(《国语·越语下》)他认为平时一定要多加努力,从事生产,使国富民强,要懂得天地的常规,顺应自然,才能获益。

他认为在战争中更要服从客观规律,他说:"古之善用兵者,赢缩以为常,四时以为纪,无过天极,究数而止。……古之善用兵者,因天地之常,与之俱行。后则用阴,先则用阳;近则用柔,远则用刚。后无阴蔽,先无阳察,用人无艺,往从其所。"(《国语·越语下》)

总之,范蠡十分重视按照客观规律办事。客观形势对人的行动有利有弊,人了解天地自然的实际情况,依此而行事叫"人事"与"天地相参",在范蠡看来,"人事必将与天地相参,然后乃可以成功"(《国语·越语下》)。

范蠡比较深刻地认识到尊重客观规律和发挥人的积极能动性的关系,既重视服从客观规律,又重视人为努力,强调在形势不成熟时不能急于从事,要做好准备工作,而当形势成熟时决不能错过时机。他虽没有进一步深入系统地探讨自然观的基本问题，但他的"天人关系论"对于战国时期唯物主义自然观有一定的影响。

军事思想

（一）"善于虑患"

范蠡军事思想的主要内容是"善于虑患"，敢于面对严酷的现实；善于利用敌人的矛盾和弱点，注意战争因素的"赢缩转化"；因势利导，稳中行险，转危为安，转弱为强，转败为胜。

公元前494年，越王勾践不听范蠡劝阻，坚持出兵伐吴，结果大败，被吴国围困于会稽山。在生死存亡的紧急关头，勾践征询范蠡、文种等人的意见，范蠡、文种主张求和图存。为了达到求和的目的，越国不惜忍辱负重，"卑辞尊礼"，献出美女，交出政治、经济权力以至君臣到吴国去做人质。这是转危为安的一着险棋。范蠡之所以敢施此险计，是因为他对吴越双方的形势作了冷静的分析：一方面吴越实力悬殊，越国处于劣势，再战必亡，求和图存则可转危为安，保全国家，保存实力，徐图后计；另一方面吴国君臣之间存在可以利用的矛盾和弱点，吴王夫差与大夫伍子胥政见不同，夫差急于争霸中原，伍子胥主张先灭越，以除心腹之患，太宰伯嚭贪婪，"可诱以利"。

勾践采纳了范蠡、文种对吴国君臣利害的陈述意见。如果议和，越国不仅愿意以金钱、美女作为战争赔偿，而且作为吴的属国，"有带甲万人"听从吴王指挥；否则越"将焚宗庙，系妻孥，沉金玉于江"，与吴国决一死战。于是，在吴国君臣之间引发了一场争论。伍子胥认为，吴越是"仇雠敌战之国也，三江环之，民无所移。有吴则无越，有越则无吴……攻而胜之，吾能居其地，吾能乘其舟。此其利也，不可失也已"；如果与越和，"克而弗取，将又存之，违天而长寇仇"，"以是求霸，必不行矣"。因此，伍子胥坚决主张乘胜灭亡越国，然后北进争霸中原。伯嚭接受了越国的贿赂,又想迎合夫差急于称霸中原的心理,并借机谋夺伍子胥的权柄,因而极力主张接受越国求和条件。他对夫差说:"我听说古代伐人之国,使之屈服就行了。现在越国已经屈服,而且愿意交出政治、经济权力,越王勾践服侍您的左右,这等于名存实亡,再还要求什么呢?"吴王夫差听信伯嚭的进言,便决定与越国约和。

越王勾践留文种守国,自己则带范蠡等三百余人到吴国充当人质,过了三年奴仆生活。他们忍辱负重,"面无恨色",终于取得了吴王信任,被遣放回国。这一场谋略战,以越胜吴败而告终。

(二)"富邦强兵"

公元前492年,勾践和范蠡等人回到越国,商讨"富邦强兵"之策。范蠡认为,"使百姓安其居、乐其业者,唯兵。兵之要在于人,人之要在于谷。故民众则主安,谷多则兵强。王而备此二者,然后可以图之也"(《越绝书·卷十三》),而要做到这一点,必须顺应天道自然,做长期艰苦奋斗的准备,"时不至,不可强生,事不究,不可强成"。勾践采纳了范蠡的意见,并且命他总揽朝政,范蠡推荐文种共同执政。勾践又采纳范蠡的意见,决定由文种治政,范蠡治军。

于是,范蠡和文种辅佐勾践,以兴越为奋斗目标,采取一系列措施,"卧薪尝胆",励精图治。在政治上,"内亲群臣,下义百姓",尊贤厚士,广揽人才,使"君臣上下交得其志"。在经济上,奖励生产,"不乱民功,不逆天时",使"田野开辟,府仓实,民众殷";同时,奖励生育,繁殖人口。在军事上,扩充军队,制造武器,修筑城郭,加紧训练,造就了一支士气高昂、纪律严明的军队。在外交上,结齐,亲楚,附晋,以争取盟国,孤立吴国,加深齐、楚、晋与吴的矛盾;同时不断向吴王进贡珍玩美女,以助长吴王的骄奢淫逸,消除其对越国的戒备,诱使其北进争霸中原。公元前489年,吴王夫差和大夫伍子胥听说越国"遣使结齐晋而亲于楚",伍子胥认为"勾践不死,必为吴患",遂策划起兵伐越。勾践原想出兵迎战,范蠡以为,当时的实力对比仍然是吴强越弱,不可力敌,天时、地利、人和都不具备,建议遣使求和,"以广移吴王之心",使其"不以越为可畏",而与中原诸侯争霸。这样,"吴将自疲其民",越国就乘其敝而取之。吴王夫差认为越国不堪一击,自己又"将有大志于齐",故准备许和。

伍子胥识破了越国的图谋,劝夫差灭越而后北进。他说越国的企图在于"使吴甲兵钝敝,人民离落,而日以憔悴然后安受吾烬",不可让越国"玩吾国于股掌之上,以得其志"。夫差认为伍子胥对越国估计过高,坚持与越约和。公元前486年,吴王夫差决定举倾国之师北伐齐鲁,开凿至江淮的运河,以开通北上粮道。越王勾践派文种带领一万人工、百船粮食助吴开河,以坚定夫差北进的决心。伍子胥见势紧迫,再次进谏,声言"吴越势不两立",越之于吴是"心腹之患",齐鲁之于吴是"疥癣之病",相比之下,"今王不以越国是图,而图齐鲁,是忘内忧而医疥癣之病也"。伯嚭起来反驳:"越已服而伐之,方许其成又欲袭之,将何以示诸侯?君王之令所以不行于上国者,以齐鲁未服也。君王若伐齐而胜之,移其兵以临晋,晋必听命矣,是君王一举而服两国也。两国服,则君王之令行于上国矣,又何惧于越!"夫差遂决意出兵伐齐。

出兵之前,勾践又率领越国臣民送行,对吴国君臣皆有贿赂,吴人皆喜。看到这种情景,伍子胥忧心忡忡,再次建议吴王暂缓北进。夫差不但不听,反而派他去齐国约战。公元前484年,夫差率领倾国之兵北伐,在艾陵之战中大败齐军,又在黄池之会上取得霸主地位,气势极盛,不可一世。然而得之于北,失之于南,吴国内部的空虚给越国造成了可乘之机。这一回合的谋略战,又以越胜吴败而告终。

(三)"天予不取,反为之灾"

公元前482年,吴王夫差率领吴国精锐部队参加黄池之会,太子友和老弱兵卒守卫姑苏。吴军出发不久,越王勾践就急于出兵攻吴。范蠡建议暂缓出兵,因为吴王"兵始出境不远,闻越掩其空虚,兵还不难也",时机尚未成熟。数月以后,吴军到达远离吴国的黄池。范蠡认为时机已到,建议勾践抓住战机,对吴发动突然袭击。越军兵分两路:一路由海道进入淮河,切断吴军归路;一路主力由勾践亲率,直取吴都姑苏。只用了十几天的时间,越军就攻陷姑苏,消灭守城吴军,俘获吴太子友和两员将领。等夫差闻讯返回吴国时,局势已无可挽回,吴国不得已而求和图存。

范蠡认为当时吴军主力仍完好无损,不能很快被消灭,建议越王许和,班师回越。此后吴越两国都利用暂时的和平,积极准备战略决战。公元前478年,吴国遭受空前大旱,仓廪空虚,"市无赤米",民怨沸腾。勾践决定乘机攻吴,任命范蠡为上将军,亲率五万越军攻入吴境,吴王夫差则亲率六万吴军迎战。越军分兵为三,乘夜发动进攻。先由左、右两翼鸣鼓佯攻,诱使吴军分别抵御。然后乘吴军调整部署之机,中军主力隐蔽渡江,对吴中军发动突然袭击,吴军大败。越军乘胜追击,直逼姑苏。吴军依恃姑苏城防坚固,闭城固守。范蠡建议采取围而不攻的战术,保存实力,消耗吴军,"因吴之民而治之,因吴之粮而食之"。坚持两年之久后,越军日强,吴军日削,越国占领了吴国的所有土地,吴国只剩下万余亲兵固守孤城姑苏。

公元前476年,越王勾践又欲攻城,范蠡劝止,说:"凡兵之胜,敌之失也。今不能再分敌之兵,犹可疑敌之心也。"他建议采取声东击西之策,发兵攻楚,使吴军放松戒备,然后出其不意,对吴军发动总攻。事后,吴军果然中计。面对越军的突然进攻,吴王夫差惊慌失措,乘夜突围,据守姑苏山,并派公孙雄到越军营中求和。

在这个关键时刻,越王勾践一反常态,变得优柔寡断,意欲与吴约和。范蠡反问勾践:"孰使我早朝而晏罢者?非吴乎?与我争三江五湖之利者,非吴耶?夫十年谋之,一朝而弃之,其可乎?"他力劝勾践彻底灭亡吴国,不要许和。勾践又说"难对其使者",让范蠡处理这件事。范蠡遂提鼓援枹发号施令,赶走吴王使者公孙雄,指挥三千越军攻上姑苏山,俘获吴王夫差。孤立无援的夫差在绝望中自杀身亡。持续二十余年的吴越战争,最终以越胜吴败而宣告结束,客观上证明了范蠡治国思想的先进性与指导性,为后人留下宝贵的精神财富与朴素的智慧。